Georg Markus

Was uns geblieben ist

GEORG MARKUS

Was uns geblieben ist

DAS ÖSTERREICHISCHE FAMILIENBUCH

Mit 104 Abbildungen

AMALTHEA

Besuchen Sie uns im Internet unter:
www.amalthea.at

© 2010 by Amalthea Signum Verlag GmbH, Wien
Alle Rechte vorbehalten
Umschlaggestaltung: Kurt Hamtil, verlagsbüro wien
Umschlagillustration: Archiv des Autors
Herstellung und Satz: VerlagsService Dr. Helmut Neuberger
& Karl Schaumann GmbH, Heimstetten
Gesetzt aus der 12,5/17 Punkt Goudy
Druck und Binden: CPI Moravia Books GmbH
Printed in the EU
ISBN 978-3-85002-723-6

Meiner Familie
in Liebe

INHALT

Familiäre Spurensuche

Vorwort

Johann Strauß hätte nicht der Walzerkönig werden können, wäre er nicht genau in diese eine Familie hineingeboren worden. Vom Vater mit musikalischem Genie versehen, bekam er von der Mutter andere Eigenschaften, die um nichts weniger wichtig waren, um seine Persönlichkeit reifen zu lassen. Und dann gab es noch die Groß- und Urgroßeltern, alle mit speziellen Talenten und Charaktereigenschaften versehen.

Ich begab mich auf Spurensuche, ging der Entstehung österreichischer Familien nach, die Geschichte schrieben und deren Schicksale weit über ihr Privatleben hinausreichen. Nehmen wir die Familie Schnitzler. So manches von dem, das die Figuren des Dichters auf der Bühne erzählen, hat er selbst erlebt. In seinen Beziehungen, aber auch in den Qualen seiner Ehe, in der Tragödie seiner Tochter.

In einigen Kapiteln wird ein Phänomen geschildert, das es heute praktisch nicht mehr gibt. Die Großfamilie. Maria Theresia scheint mit sechzehn Kindern rekordverdächtigt, wird jedoch von ihrer Tochter Maria Karolina mit achtzehn und dem Gründer des Bankhauses Rothschild und seiner Frau mit zwanzig Kindern übertroffen. Noch an der Wende vom 19. zum 20. Jahrhundert hatte ein Ehepaar durchschnittlich vier bis fünf Kinder, von denen allerdings nur drei überlebten.

Zeigt das Maria-Theresia-Kapitel den Alltag einer Großfamilie auf, deren Oberhaupt nebenbei noch ein Riesenreich zu regieren hatte, so wird bei der Wiener Linie der Rothschilds die Geschichte einer jüdischen Dynastie erzählt, der in ihren Anfängen der Besitz von Grund und Boden untersagt war, die später aber zu den größten und reichsten Gutsherren der Monarchie zählte. Bei ihrer Vertreibung aus Österreich im Jahre 1938 befanden sich die Rothschilds dann wieder dort, wo sie am Anfang gestanden hatten: Jeglicher Besitz wurde ihnen von den Nationalsozialisten geraubt.

Unter den bedeutenden Industriellen- und Kaufmannsfamilien begegnet man in diesem Buch auch den Porsches, den Meinls, den Mautner Markhofs. Und den Laudas, von denen man bislang wenig wusste, da der Formel-1-Weltmeister kaum je über seine Vorfahren sprach.

Im Kapitel »Zwei Portionen Tafelspitz« geht es um zwei Familien, die unterschiedlicher nicht hätten sein können: Die Grafen Stürgkh waren kaisertreue Aristokraten, die Adlers sozialistischer Uradel. Am 21. Oktober 1916 erschoss Friedrich Adler den k. u. k. Ministerpräsidenten Karl Stürgkh beim Mittagessen. Von diesem Tag an sind die Geschichten der beiden Familien schicksalhaft miteinander verbunden.

Frauen spielen eine scheinbar untergeordnete Rolle. Die Großen, die Berühmten waren fast immer die Männer, ihre Gemahlinnen für Haus und Kindererziehung zuständig. Von Martha Freud, der sechsfachen Mutter und Frau des *Vaters der Psychoanalyse*, ist der Satz überliefert: »Die Psychoanalyse hört an der Tür des Kinderzimmers auf« – soll heißen: Was der Papa so erforscht, das mag ja ganz interessant sein, hat in unserem Privatleben aber nichts zu suchen.

Und doch beweist dieses Buch, dass die familiäre Rolle der oft »hinter den Herd« verbannten Frauen um nichts weniger bedeutsam ist, als die der im Rampenlicht stehenden Männer. Sie haben ihre Kinder großgezogen und zu dem gemacht, was sie wurden. Apropos Frauen: In kaum einer Strauß-Biografie wird erwähnt, dass die drei berühmten Brüder auch zwei gar nicht berühmte Schwestern hatten. Auch sie sollten die Strauß-Kapelle dirigieren, scheiterten jedoch an diesem Plan – die Welt war eben noch nicht soweit.

In jedem Schicksal des 20. Jahrhunderts spielt ein Name eine beklemmende Rolle. Es gibt kaum eine Familie, die nicht durch Adolf Hitler ins Unglück gestürzt wurde, sei es, dass deren Mitglieder aus »rassischen« oder politischen Gründen verfolgt, sei es, dass Väter und Söhne in den Krieg gehetzt wurden. Ich bin auch der Geschichte von Hitlers Ahnen nachgegangen, die sich ganz anders darstellt, als sie durch die NS-Propaganda konstruiert wurde und heute noch verfälscht in mancher Biografie des »Führers« zu finden ist.

Zwei familiäre Beziehungen haben schon im Vorfeld dieses Buches Aufsehen erregt. Die der 1921 in der Hinterbrühl bei Wien geborenen Lisa Lanett, die offen über ein Kapitel ihres Lebens spricht, das sie jahrzehntelang für sich behielt: Über ihre Affäre mit Amerikas legendärem Präsidenten John F. Kennedy. Sowohl sie als auch der aus dieser Beziehung stammende Sohn Tony Bohler vertrauten mir ihre außergewöhnliche Geschichte an, deren Spuren ich zwischen Österreich, Mexiko und den USA weiterverfolgte.

Auch der Maler Oskar Kokoschka hat uns möglicherweise einen Sohn hinterlassen, von dem bisher niemand wusste: In New York lebt der Filmregisseur und Oscarpreisträger Peter Foges, der Kokoschkas Doppelgänger sein könnte. Eine zufällige Ähnlichkeit käme jedoch einem Wunder gleich, da Peter Foges' Mutter und Kokoschka miteinander befreundet waren.

Die Liebe spielt in allen Familienkonstellationen eine wichtige Rolle, in manchen aber eine noch wichtigere: Vom Staatskanzler Metternich weiß man, dass er neben seinen drei Ehefrauen Dutzende Geliebte hatte. Ein Rätsel bleibt, wie er Familienleben, zarte Bande und einen Fünfzehn-Stunden-Arbeitstag unter einen Hut brachte – und das über mehrere Jahrzehnte. Ein großer Frauenfreund war auch Österreichs Nationaldichter Johann Nestroy, der zur Finanzierung seiner Amouren ein eigenes System geschaffen hatte: Ein Teil seiner Honorare ging an die »offizielle Geliebte« Marie Weiler, den Rest streifte er selbst ein, um sein aufwendiges Doppelleben finanzieren zu können.

Aus der jüngeren Zeit werden die Schicksale dreier Schauspieler-Dynastien geschildert: Die der Hörbigers, der Thimigs und der Familie Albach-Retty. Die Albach-Rettys sind heute in der sechsten Generation beim Theater, und vielleicht kann man den ebenso beeindruckenden wie tragischen Lebensweg der Romy Schneider ein wenig besser verstehen, wenn man die biografischen Details ihrer Ahnen kennt.

Sehr viele Familiengeschichten, auch aus längst vergangenen Zeiten, lassen sich bis ins Heute nachvollziehen. So konnte ich noch Angehörige der Familien Nestroy und Strauß treffen, aber auch eine Enkelin von Gustav und Alma Mahler und die Schwiegertochter Arthur Schnitzlers. Sie alle und viele andere Nachfahren hatten Interessantes, Dramatisches und Amüsantes aus den familiären Überlieferungen ihrer berühmten Ahnen zu erzählen.

In die eine Familie wird man hineingeboren, die andere gründet man. Liebe, Streit, Hass, Intrigen, Heiteres und Tragisches, manchmal sogar Mord und Totschlag – all das gab es innerhalb der hier beschriebenen Familien. Genügend Themen jedenfalls für ein Buch. Ich wünsche spannende Unterhaltung.

GEORG MARKUS
Wien, im August 2010

Danksagung

In vielen Fällen hatte ich Gelegenheit, die jeweiligen Familien-geschichten aus erster Hand zu erfahren, so durch Lisa Lanett und Tony Bohler; Roman Kokoschka und Peter Foges; Elisabeth und Niki Lauda; Alma Zsolnay; Rosa Albach-Retty; Ernest Freud; Manfred Mautner Markhof sen. und jun., Julius Meinl IV.; Paula Wessely, Attila und Paul Hörbiger, Christiane und Maresa Hörbiger, Monica Tramitz; Othmar Nestroy; Lilly und Michael Schnitzler; Eduard Strauss; Desirée Treichl-Stürgkh, Ladislaja Seyfferitz; Hermann und Hans Thimig, Vilma Degischer sowie Michael Heltau.

Darüber hinaus gilt mein Dank folgenden Personen: Verena Fischer, Kathy Alberts/Museum The Kennedys, Berlin; Gabriele Fischer/Medizinische Universität Wien; Roland Adunka/Auer von Welsbach Museum Treibach-Althofen; Iris Fink/Österreichisches Kabarettarchiv; Gabriele Hassler (Alma Zsolnay); Michael Hubenstorf/Institut der Geschichte der Medizin (Ernst Lauda); Marina Watteck (Familien Kokoschka und Foges); Gottfried Riedl (Familie Nestroy); Judith Pór-Kalbeck (Familie Jolesch); Jens Torner, Dieter Landenberger, Yvonne Knotek (Familie Porsche); Christine Karner, Susanne Schoberberger und Stefan Raynova-Lintl/*Kurier*; weiters Dietmar Schmitz sowie Carina Kerschbaumsteiner und Victoria Bauernberger vom Amalthea Verlag.

Aus diesen Familienarchiven wurden mir freundlicherweise wichtige Dokumente und Materialien zur Verfügung gestellt: Auer Welsbach, Bösendorfer, Freud, Hörbiger, Kokoschka, Lauda, Mautner Markhof, Nestroy, Porsche, Schnitzler, Strauss, Stürgkh, Thimig-Reinhardt.

16

KENNEDY & KAISERHAUS

Eine ungewöhnliche Familiengeschichte

Eines Tages läutet mein Telefon. Die Anruferin teilt mir mit, dass in den nächsten Tagen eine alte Dame nach Wien käme, die ich unbedingt treffen müsse, weil sie eine hochinteressante Familiengeschichte zu erzählen hätte.

Nun treffe ich immer wieder alte Damen, die mir hochinteressante Familiengeschichten erzählen, wobei sie einmal mehr und einmal weniger hochinteressant sind. Diese Familiengeschichte sollte sich allerdings in der Tat als außergewöhnlich erweisen. Bringt sie doch eine Verbindung zwischen den Häusern Habsburg und Kennedy zustande. Aber davon hatte ich vorerst noch keine Ahnung.

Die Anruferin erklärte, dass die Freundin mit der hochinteressanten Familiengeschichte Lisa Lanett heiße und als gebürtige Österreicherin seit vielen Jahren in den USA lebe. Ich gab mich zurückhaltend, auch als die Dame am Telefon sagte, dass Lisas Großvater ein echter Erzherzog gewesen sei – schließlich gibt es immer wieder solche Fälle, weil eine nicht unerhebliche Anzahl von Angehörigen des ehemaligen Kaiserhauses illegitime Kinder in die Welt gesetzt hat, deren Enkel und Urenkel nach und nach ihre Geschichten erzählen wollen.

Ich kann beim besten Willen nicht alle Leute treffen, die über hochinteressante Familiengeschichten verfügen, ich schaff es einfach nicht. Vielleicht war's Zufall, vielleicht Intuition – Glück war's

17

auf jeden Fall. Denn ich sagte zu und traf die Anruferin ein paar Tage später in Begleitung ihrer mittlerweile in Wien eingetroffenen Freundin Lisa Lanett im Café *Diglas* auf der Wollzeile.

Mrs. Lanett war damals 87 Jahre alt, in sehr guter Verfassung und immer noch berufstätig. Sie lebt in San Antonio im US-Bundesstaat Texas, wo sie trotz ihres hohen Alters ein kleines Immobilienbüro betreibt. Sie hat ein aufregendes Leben hinter sich, war Fotomodell, Tänzerin, Schauspielerin, eine wunderschöne Frau – und sechs Mal verheiratet. Aber das große Geheimnis ihres Lebens hatte sie bisher für sich behalten. Es betrifft ihren Sohn Tony, heute 65 Jahre alt.

»Also, Mrs. Lanett«, sagte ich, nicht ahnend, was da auf mich zukommen würde, »erzählen Sie mir Ihre Geschichte.«

Und sie erzählte: Dass sie am 7. August 1921 als Elisabeth Hortenau in der Hinterbrühl bei Wien zur Welt gekommen, dass ihr Vater Alfred von Hortenau ein unehelicher Sohn der Hofoperntänzerin Marie Schleinzer und des berühmt-berüchtigten Lebemannes Erzherzog Otto gewesen sei.

Nun ist in der Geschichtsschreibung der Familie Habsburg hinlänglich bekannt, dass »der schöne Otto«, wie man ihn in der Monarchie nannte, als Schürzenjäger verschrien war. Man weiß auch von seiner Liaison mit der Tänzerin Marie Schleinzer, der zwei Kinder entsprangen. Lisa Lanetts Herkunft als Enkelin der Marie Schleinzer ist nachweisbar, die Beziehung des Erzherzogs mit der Solotänzerin vielfach dokumentiert und unbestritten. Das also war die Geschichte, die Lisa Lanett mir erzählen wollte. Der Name John F. Kennedy war bis dahin nicht gefallen.

Ob sie selbst auch Kinder hätte, fragte ich Frau Lanett.

»Ja, einen Sohn«, antwortete sie.

»Und welcher Ihrer sechs Männer ist der Vater?«, wollte ich noch – eher aus Höflichkeit denn aus ehrlicher Neugierde – wissen.

»Keiner von ihnen.«

»Wer sonst?«, staunte ich.

Frau Lanett wandte sich nun ihrer Freundin Verena Fischer zu, der seinerzeitigen Anruferin, und fragte sie: »Soll ich's ihm sagen?«

»Ja«, nickte Frau Fischer, »sag's ihm.«

»Der Vater meines Sohnes ist John F. Kennedy.«

In diesem Moment drohte ich an einem Stück Kuchen zu ersticken, den ich an dem kleinen Kaffeehaustisch zu mir nahm. »Wie bitte? Wer ist der Vater Ihres Sohnes?«

»Präsident Kennedy.«

Ich sah sie ungläubig an und ließ Lisa Lanett weiterreden. Sie ist in Wien, Abbazia, Mailand, Paris, London und Salzburg aufgewachsen. Als Hitler 1938 in Österreich einmarschierte, war sie siebzehn und besuchte gerade eine Schauspielschule in Rom. Gemeinsam mit ihrer Mutter beschloss sie, nicht nach Wien zurückzukehren, sondern in die USA zu reisen. Nach ihrer ersten kurzen Ehe ging Lisa mit ihrer Mutter nach Phoenix, der Hauptstadt von Arizona, wo sie mit dem bisschen Geld, das sie aus Europa mitnehmen konnten, ein kleines Motel, das *Monterey Lodge*, eröffneten.

Dort wurden während des Krieges amerikanische Offiziere und Soldaten einquartiert. »Einer von ihnen hieß John F. Kennedy«, erzählte Lisa. »Er war auf dem Weg nach Florida und blieb für ein paar Tage bei uns im *Monterey Lodge*.«

Wir schreiben das Jahr 1942. Der gutaussehende Millionärssohn ist 25 Jahre alt, die bildschöne Lisa vier Jahre jünger. »Wir verliebten uns, und ehe er weiterzog, lud er mich ein, ihn in Miami zu besuchen. Danach verbrachten wir ein Wochenende in Kuba und waren

*Die bildschöne Lisa Lanett
geb. Hortenau, etwa in
der Zeit, als sie John F.
Kennedy kennen lernte*

dann einige Zeit in New York. Das ging drei Jahre so, bis ich im Frühjahr 1945 feststellte, dass ich schwanger war. Ich fuhr zu ›Jack‹ und teilte es ihm mit. Er bot mir daraufhin an, mich zu heiraten.«

»Jack«, wie Kennedy von Freunden gerufen wurde, gehörte einer damals schon sehr prominenter Familie an, war aber natürlich noch lange nicht *der* Kennedy. »Ich hatte bis dahin ein wunderbares, freies Leben geführt«, fuhr Lisa Lanett an jenem Nachmittag im Café *Diglas* fort, »und dieses freie Leben wollte ich nach meiner ersten Scheidung, die ich bereits hinter mir hatte, auch nicht aufgeben. Deshalb kam eine Ehe für mich zu dieser Zeit nicht infrage. Ich muss auch sagen, dass ›Jack‹ nicht unbedingt die große Liebe meines Lebens war. Wir waren jung, und er hat mir gefallen, weil er fesch war. Und umgekehrt war's wohl ebenso. Dass mehr daraus wurde als ein Gspusi, wie man in Wien sagt, liegt nur daran, dass ich

1945 unseren Sohn Tony zur Welt brachte. Kennedy ist damals aus allen Wolken gefallen und hat wohl auch nur im ersten Schock gemeint, dass wir heiraten sollten.«

Und doch blieben Lisa und »Jack« auch nach dem 29. September 1945, dem Tag an dem Tony zur Welt kam, in Kontakt. Auch noch nach 1953, als »JFK« Jacqueline Bouvier, Amerikas spätere *First Lady*, heiratete. »Wir trafen uns immer wieder, auch als seine politische Karriere begann und er Senator in Massachusetts wurde. ›Jack‹ kam für die Kosten der *Peekskill Militärakademie* bei New York auf, die unser Sohn Tony besuchte.«

Das war Lisa Lanetts Erzählung während unseres ersten Treffens in einem Kaffeehaus in der Wiener Innenstadt. Ich verabschiedete mich, glücklich eine so aufregende Geschichte erfahren zu haben, und beschloss ihr auf den Grund zu gehen.

Als erstes nahm ich Kontakt mit ihrem Sohn Tony auf. Antonio Bohler lebt in der kalifornischen Stadt Fairfield, er ist mittelgroß, hat graue Haare, einen dichten Bart und ist als kaufmännischer Angestellter bereits in Pension. Seine Ehe mit einer gebürtigen Sizilianerin, der die Söhne Richard und Michael entsprangen, ist geschieden.

Tony Bohler sprach gleich ganz offen mit mir. »Als ich jung war, sagte mir meine Mutter, dass ihr erster Mann, Juan del Puerto, mein Vater sei. Eine Zeitlang habe ich das geglaubt, aber irgendwann begann ich daran zu zweifeln. Denn Juan war Mexikaner und sah auch sehr mexikanisch aus. Ich aber gar nicht. Als ich etwa dreißig war und sie meine Zweifel bemerkte, gestand sie mir, dass mein tatsächlicher Vater ein anderer sei. Ich fragte sie nach seinem Namen. Und sie sagte John F. Kennedy.«

*Ist Tony Bohler (*1945) der Sohn von John F. Kennedy (1917–1963)?*

Und dann erzählte sie ihrem Sohn, wie sie den späteren US-Präsidenten kennen gelernt und sich in ihn verliebt hätte.

Tony Bohler war, wie er mir berichtete, zunächst fassungslos. »Ich bin mit Mutters Geschichten von österreichischen Erzherzögen aufgewachsen, die ich in meiner Kindheit alle nicht recht glauben konnte, aber heute weiß ich, dass sie stimmen. Also vielleicht stimmt auch die Geschichte mit Kennedy. Bitte, sie war eine wunderschöne Frau, es würde mich nicht wundern.«

Tony heißt übrigens Bohler, weil er als Kind von Lisa Lanetts Mutter Charlotte adoptiert wurde, die in zweiter Ehe mit dem österreichischen Industriellen Richard Böhler verheiratet war. In den USA wurde der Name Böhler dann auf Bohler geändert.

Einen Beweis für Kennedys Vaterschaft konnte Lisa ihrem Sohn nicht liefern. Als der Präsident der Vereinigten Staaten 1963 in Dallas ermordet wurde, war Tony achtzehn Jahre alt. Es gab damals noch keine DNA-Analysen, mit deren Hilfe verwandtschaftliche Beziehungen festgestellt werden können. Lisa hat auch zu Kennedys Lebzeiten nie einen Vaterschaftstest beansprucht. Es gibt also keine Beweise.

Jedoch eine nicht unerhebliche Kette von Indizien, die belegen, dass Lisas Geschichte stimmen kann:

- Erstens haben sich alle nachweisbaren Details der von ihr geschilderten Familienchronik in meinen Recherchen als korrekt erwiesen.
- Zweitens handelt es sich bei ihren Erinnerungen zweifelsfrei nicht um die Fantasien einer alten Frau, die mit weit über achtzig Jahren ihre Lebensgeschichte neu erfunden hat. Das ist schon deshalb nicht möglich, weil sie ihrem Sohn bereits dreißig Jahre zuvor erzählt hatte, dass John F. Kennedy sein Vater sei.

Weitere Hinweise finden sich in Wien:

- Die Arztwitwe Verena Fischer, die mir Lisa Lanett vorgestellt hat, kennt sie seit mehr als zwanzig Jahren: »Etwa im Jahre 2005 sahen wir uns gemeinsam Bilder aus ihrer Familie an, und bei dieser Gelegenheit hat sie mir zum ersten Mal erzählt, dass Kennedy der Vater ihres Sohnes ist. Ich kenne sie sehr gut und habe keinen Zweifel an dem, was sie sagt. Ich glaube zu hundert Prozent, dass es stimmt.«
- Der Wiener Rechtsanwalt Professor Nikolaus Lehner vertrat Lisa Lanett in den 1990er-Jahren in einer Erbschaftsangelegenheit. »Sie erzählte mir schon damals plausibel und glaubwürdig davon, dass Präsident John F. Kennedy der Vater ihres Sohnes sei«, erinnert sich Lehner. »Ich habe, da ich als Anwalt an die Verschwiegenheitspflicht gebunden bin, natürlich nie darüber gesprochen.«

Um Lisa Lanetts Geschichte weiter zu verfolgen, versuchte ich herauszufinden, ob John F. Kennedy in der fraglichen Zeit überhaupt in Phoenix in der Nähe des damaligen Wohnsitzes der gebürtigen Österreicherin gewesen sein konnte. Die Stationen seines Lebens sind angesichts seiner historischen Bedeutung als 35. Präsident der Vereinigten Staaten penibel dokumentiert: in der *John F. Kennedy Library* in Boston ebenso wie im Berliner *Kennedy Museum*, in seiner umfangreichen Korrespondenz wie in Dutzenden Biografien.

John F. Kennedy war seit 1941 Mitglied der US-Armee und wechselte nach dem Angriff auf Pearl Harbor zur Marine über. Tatsächlich befand er sich zur Jahreswende 1942/43, wie von Lisa behauptet, auf dem Weg nach Florida, genau genommen nach Jacksonville, einer am Atlantischen Ozean gelegenen Stadt, in der er auf weitere Befehle warten sollte. In Joan und Clay Blairs Biografie *The Search for J.F.K.*, die sich im Besonderen mit den Kriegsjahren des späteren Präsidenten beschäftigt, ist sein Leben in dieser Zeit minuziös dokumentiert. Interessanterweise fehlen – so schreiben die Autoren – in sämtlichen Aufzeichnungen am Beginn des Jahres 1943 dreizehn Tage. Dreizehn Tage, von denen niemand weiß, wo Kennedy sich aufhielt, und über denen ein geheimnisvoller Schleier des Schweigens liegt. Verbrachte »Jack« diese Zeit im *Monterey Lodge?*

Erwähnenswert ist in diesem Zusammenhang auch, dass im März 1942, wenige Monate ehe seine Beziehung mit Lisa begonnen haben soll, Kennedys erste große Liebe auf dramatische Weise zu Ende gegangen war: »Jack« hatte als blutjunger Armeeangehöriger ein Verhältnis mit der verheirateten Journalistin Inga Arvad. Was er nicht wissen konnte, war, dass die gebürtige Dänin unter ständiger Beobachtung des FBI stand, da sie während der Zeit ihrer journalistischen Tätigkeit in Berlin in Nazikreisen, auch mit Hitler und

Göring, verkehrt haben soll. Kaum in die USA eingereist, stand sie unter Spionageverdacht. Als »Jacks« Vater, Joseph Kennedy, davon erfuhr, untersagte er seinem Sohn jeden weiteren Kontakt mit der schönen Inga, da diese seiner weiteren Karriere, egal ob bei der Marine oder im Staatsdienst, im Wege gestanden wäre.

John F. Kennedy hatte mittlerweile erfolgreich die Marineoffiziersschule absolviert und wurde als Kommandant des Schnellbootes PT 109 in den Pazifik entsandt. Als das Kriegsschiff am 2. August 1943 von einem japanischen Zerstörer gerammt wurde, erlitt er schwere Verletzungen, die seine ihn seit Jugendtagen plagenden Rückenschmerzen erheblich verschlimmerten. Ende November 1944 wurde Lieutenant Kennedy deshalb nach zwei Operationen, die sein Leiden nicht lindern konnten, für »dauerhaft dienstuntauglich« erklärt.

Und damit gelangen wir in die Zeit, in der Lisa Lanett den späteren US-Präsidenten – so ihre Geschichte stimmen sollte – getroffen haben muss, da sie nun schwanger wurde. Es gibt mehrere Hinweise darauf, dass Kennedy und Lisa einander in der »fraglichen Zeit« gesehen haben können. So schreibt JFK im Herbst 1944 an Paul B. Fay* aus dem Marinespital in Chelsea: »Von hier werde ich zu Weihnachten nach Hause fahren und dann ungefähr ein Jahr in Arizona bleiben, um wieder eine gute Kondition zu bekommen.«

Kennedy ist kein ganzes Jahr geblieben, wie er es vorhatte, hielt sich aber mehrere Monate in Arizona auf, wo auch Lisa Lanett lebte. Laut Robert Dalleks Kennedy-Biografie *Ein unvollendetes Leben* verbrachte

---

* Paul B. Fay (1918–2009) war ein enger Freund Kennedys und wurde von diesem nach seiner Wahl zum US-Präsidenten als Marine-Staatssekretär in die Regierung geholt.

Das in Phoenix/Arizona gelegene Motel »Monterey Lodge«, in dem John F. Kennedy und Lisa Lanett einander 1942 kennen lernten

er den Winter 1944/45 zur Rekonvaleszenz in einem Vorort von Phoenix/Arizona – und zwar in der für ihre heilenden Quellen berühmten Kuranstalt *Castle Hot Springs*. Dort wurde er mehrmals von seinem behandelnden Arzt Frank Lahey besucht, der Joseph Kennedy schriftlich über den jeweiligen Zustand seines Sohnes informierte.

Mit anderen Worten: John F. Kennedy war nachweislich zu dem Zeitpunkt in der Stadt, in der er Lisa Lanett rund drei Jahre zuvor kennen gelernt hatte, in der sie nach wie vor lebte und in der sie neun Monate später ihren Sohn Tony zur Welt brachte.

Das ist natürlich noch immer kein Beweis für John F. Kennedys Vaterschaft, aber ein weiteres Indiz dafür, dass Lisa Lanett jedenfalls keine Märchenerzählerin ist.

Bei unserer zweiten Begegnung, diesmal in der Wohnung ihrer Freundin Verena Fischer, ging Mrs. Lanett auf ihre Verbindung zum österreichischen Kaiserhaus ein. »Meine Großmutter Marie

Schleinzer war eine berühmte Tänzerin«, setzte Lisa die Erzählung aus ihrem Leben fort. »Eines Abends bemerkte sie nach der Vorstellung, dass ihr ein eleganter Herr von der Oper bis zur Straßenbahnstation gefolgt war. Er stieg in denselben Tramwaywagen ein und sprach sie an. Der Mann hatte sie während der Aufführung im Opernhaus beobachtet und an ihr Gefallen gefunden.«

Der elegante Herr war Erzherzog Otto, eine der schillerndsten Figuren des österreichischen Kaiserhauses:
• Er war der Neffe Kaiser Franz Josephs,
• der jüngere Bruder des 1914 in Sarajewo ermordeten Thronfolgers Franz Ferdinand,
• der Vater des späteren Kaisers Karl und
• der Großvater Otto von Habsburgs.
Die Beziehung zwischen Erzherzog Otto und Marie Schleinzer dauerte von 1891 bis zu seinem Tod im Jahre 1906. Damit erlebte die Tänzerin an seiner Seite die wohl aufregendsten Jahre im Leben des Habsburgers, da dieser 1896 – sieben Jahre nach dem Tod Kronprinz Rudolfs und unmittelbar nach dem Tod seines Vaters Karl Ludwig – an die zweite Stelle der Thronfolge rückte. Besonders dramatisch wurde die Situation, als sein älterer Bruder Franz Ferdinand an einer lebensbedrohlichen Tuberkulose erkrankte und man Otto schon als künftigen Kaiser sah, was in der Monarchie angesichts seines ausschweifenden Lebenswandels für gehörige Unruhe sorgte.

»Aus der Beziehung meiner Großmutter mit dem Erzherzog gingen mein Vater und dessen Schwester Hildegard hervor, die vom Erzherzog beide offiziell als seine Kinder anerkannt wurden.«

Marie Schleinzer war eine von vielen Affären des Erzherzogs, eine weitere hatte er mit der Schauspielerin Louise Robinson. Und verheiratet war er natürlich auch – und zwar mit der sächsischen Königstochter Maria Josepha, die er ständig mit seinen außerehelichen Skandalen brüskierte. Zur berühmtesten Eskapade kam es in einem Séparée des Hotel *Sacher*, das er fluchtartig verließ, als ihn ein eifersüchtiger Ehemann in den Armen seiner Frau ertappte. Das Pikante an der Szene war, dass Otto beim Verlassen des Hotels nur mit einem Säbel »bekleidet«, ansonsten aber splitternackt gewesen ist. Der »Auftritt« des Erzherzogs machte noch am selben Abend in Wien die Runde.

Offiziell wohnte Otto mit seiner Frau und seinen beiden ehelichen Söhnen – unter ihnen der spätere Kaiser Karl – im Augartenpalais, tatsächlich aber mit Marie Schleinzer und den unehelichen Kindern Alfred und Hildegard in einer Villa in der Anton-Frank-Gasse in Wien-Währing.

Der Liebe Erzherzog Ottos und Marie Schleinzers entsprangen zwei Kinder

Marie Schleinzer hat im Übrigen den Beweis erbracht, dass sie mehr als eine Mätresse war: Sie pflegte den Erzherzog in seinen letzten Lebensjahren aufopfernd, ehe er im November 1906 qualvoll an den Folgen seiner Syphiliserkrankung zugrunde ging.

Dabei hatte die Tänzerin noch zu Ottos Lebzeiten den angesehenen, in Abbazia ordinierenden Kurarzt Julius Hortenau geheiratet, der später von Kaiser Franz Joseph in den erblichen Adelsstand erhoben wurde. Derartige »Vorgänge« waren durchaus üblich, um den Konkubinen des Kaiserhauses und ihren Nachkommen eine gutbürgerliche Existenz zu ermöglichen. Den Namen »von Hortenau« nahmen dann auch Ottos und Marie Schleinzers Kinder an.

Stammbaum
(Auszug)

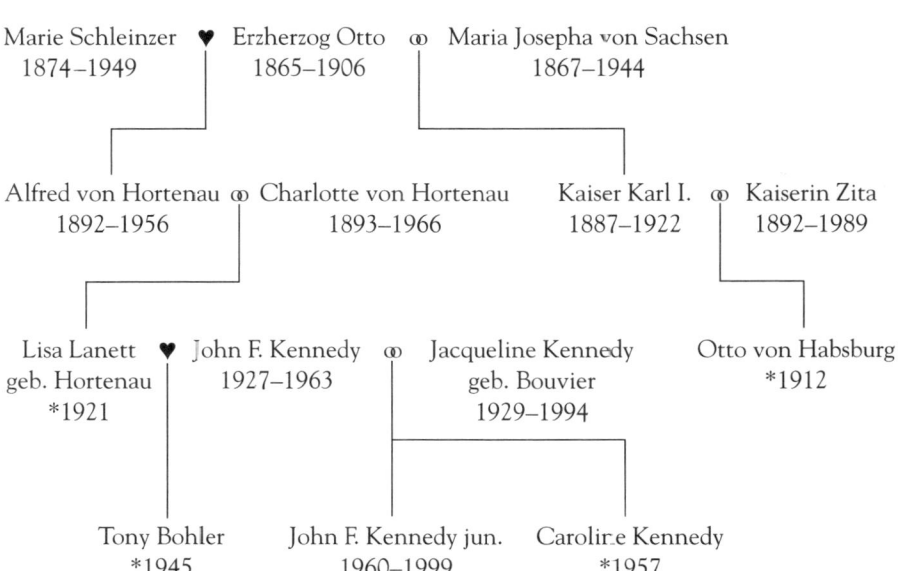

29

Lisa Lanett hat ihre Großmutter Marie Schleinzer noch in guter Erinnerung, »schon weil ich nach der Scheidung meiner Eltern bei ihr aufwuchs. Sie kannte Gott und die Welt, und als ich zwölf war, besuchten wir gemeinsam ihre Freundin Katharina Schratt in deren Villa in der Gloriettegasse, wo sie uns eine Jause mit Guglhupf servierte, genau wie früher dem Kaiser, wie sie uns sagte.«

Lisas Vater Alfred von Hortenau »führte ein ähnlich unstetes Leben wie sein Vater, Erzherzog Otto. Er hat sein ganzes Geld auf dem Spieltisch verloren und soll sogar mein Gitterbett verspielt haben. Wie der Erzherzog hatte auch er zahllose Affären. Die Ehe meiner Eltern wurde geschieden, als ich zwei Jahre alt war, danach war er zwei weitere Male verheiratet.«

Kaum hatte ich Lisa Lanetts Aussage, dass John F. Kennedy der Vater ihres Sohnes war, in meiner Kolumne im *Kurier* am 22. März 2009 veröffentlicht, berichteten Medien aus aller Herren Länder darüber: amerikanische Blätter und Fernsehstationen ebenso wie die *Süddeutsche Zeitung*, der *Daily Telegraph*, *The Sun*, *Le Soir*, *La Repubblica* und *Le Figaro*, ja sogar eine chinesische Zeitung vermeldete das Auftauchen von »John F. Kennedy's Austrian Son«. Während der Name Lisa Lanett vor Erscheinen meines Artikels in der Internet-Suchmaschine *Google* kein einziges Mal aufschien, findet er sich danach in rund 40 000 Einträgen.

Jetzt einmal abgesehen von ihren Verbindungen zu den Häusern Kennedy und Habsburg, hat Lisa Lanett auch sonst ein spannendes Leben hinter sich. Der erste ihrer sechs Ehemänner war Mexikaner, der letzte hieß Joe Lanett und fand ein tragisches Ende: »Er wurde am 4. März 1974 in einer Bar in der kalifornischen Stadt Sacramento erschossen. Er saß dort zufällig als

Betörende Leinwand-Schönheit: Lisa Lanett als Isabel del Puerto, 1949 in dem Film »Entre Abogados Te Veas« (»Unter Advokaten«)

Gast, als eine Schießerei losging, mit der er absolut nichts zu tun hatte.«

In Mexiko hat Lisa Lanett als Schauspielerin unter dem Namen Isabel del Puerto zwölf Spielfilme gedreht, ohne eine große Karriere zu schaffen. Und doch: Ihre betörende Schönheit und ihr Sexappeal waren wohl der Grund, dass der Frauenheld Kennedy bei ihr Feuer fing. Er hatte ein Faible für Schauspielerinnen und solche, die es werden wollten – wobei die anderen wesentlich berühmter waren als Lisa. Sie hießen Sophia Loren, Zsa Zsa Gabor, Lee Remick, Marilyn Monroe …

Dass Kennedy keine Schauspielerin, sondern Jacqueline Bouvier heiratete, lag wohl auch daran, dass sich in den Fünfzigerjahren sein politischer Höhenflug abzuzeichnen begann und »Jackie« aus einer erstklassigen Familie stammte. »Sie war die ideale Frau für ihn«, sagt Lisa Lanett, »ich wäre als seine Frau ungeeignet gewesen, ich war ein bunter Vogel und hätte ein Leben am Rande der Politik nicht ertragen. Abgesehen davon hätte er nie Präsident werden können, wenn bekannt geworden wäre, dass wir ein uneheliches Kind haben. Daher haben wir unsere Affäre immer privat gehalten. Dass ich mit Ihnen darüber spreche, ergab sich nur, weil ich über meine Beziehungen zur Familie Habsburg reden wollte.«

Einen Nachweis für John F. Kennedys Vaterschaft gibt es bis zum heutigen Tag nicht, zumal kein Mitglied der *First Family* in den USA bereit ist, sich einem DNA-Test zu stellen.

Eigentlich schade. Käme es bei einer solchen Analyse zu einem positiven Ergebnis, wäre dieses wohl auch mit einer kleinen genealogischen Sensation verbunden.

Dann wären nämlich die Habsburger mit den Kennedys verwandt.

Ereignisreiche Familiengeschichte: Tony Bohler und seine Mutter Lisa Lanett heute

»Auch sein Bett sollte
Räder haben«

Vom Entstehen des Porsche-Clans

Autos galten in jenen Tagen als übelriechende Ungeheuer, vor denen die Menschen mehr Angst als Respekt hatten und an deren Zukunft kaum jemand glauben wollte. »Wird aa wieder abkommen«, murrten die Dorfbewohner, wenn so ein stinkendes Gefährt unter enormer Lärm- und Staubentwicklung die Landstraße hinaufzuckelte.

In Maffersdorf freilich, einem Vorort der sehr früh vom industriellen Zeitalter erfassten Stadt Reichenberg in Böhmen, gab es einen kleinen Buben, der sich nicht satt sehen konnte an den sonst so misstrauisch beobachteten Kraftfahrzeugen. Sie übten eine Faszination auf ihn aus, und er träumte von nichts anderem, als selbst einmal so einen Wagen fahren – oder gar bauen zu können.

Da er mit vierzehn noch keine Autos chauffieren, geschweige denn konstruieren konnte, tröstete sich Ferdinand Porsche vorerst mit einer anderen technischen Spielerei, der die Menschen damals ähnlich skeptisch gegenüberstanden. Mit der Elektrizität. Und so brachte er auf dem Dachboden seines Elternhauses durch eine Batterie kleine Lämpchen zum Glühen. Mit unheilvollem Ausgang, denn als ihn sein als cholerisch verschriener Vater bei der Herstellung einer solchen Lichtquelle ertappte, zertrampelte er den »Firlefanz«, nannte seinen Sohn einen elenden Nichtsnutz und untersagte ihm jedwedes weitere Experiment.

Ferdinand Porsche nahm diese Anordnung nicht besonders ernst, er setzte seine Experimente fort – und das für den Rest seines Lebens. Der Grund für die unbarmherzige Reaktion des Vaters Anton Porsche war sein Wunsch, dass der 1875 geborene Ferdinand das Spenglerhandwerk erlernen und später einmal seinen Betrieb übernehmen würde, statt unsinnige Flausen wie Autos und elektrisches Licht im Kopf zu haben, die ohnehin keine Zukunft hätten. Hinter der strengen Forderung des Vaters stand eine Familientragödie: Ferdinands für die Übernahme der Spenglerei ursprünglich vorgesehener älterer Bruder war bei einem Unfall in der familieneigenen Werkstatt ums Leben gekommen, weshalb nun der Zweitgeborene verpflichtet wurde, eine Spenglerlehre zu absolvieren.

Kaum hatte sein Vater jedoch ein paar Tage außerhalb von Maffersdorf zu tun, wurden sie von Ferdinand genützt, um im ganzen Haus heimlich elektrischen Strom zu installieren. Als er heimkam, verfügten Wohnung und Werkstatt nicht nur über eine Klingel, sondern auch über elektrisches Licht. Das war der Moment, in dem Anton Porsche erkannte, dass der Bub für das »möglicherweise doch« anbrechende technische Zeitalter wie geschaffen – und für den Familienbetrieb verloren war. Und er ließ ihn schweren Herzens aus der Spenglerei ziehen, in der nun sein dritter Sohn Oskar ausgebildet wurde.

Ferdinand Porsche ging in die Haupt- und Residenzstadt, mietete sich in einem kleinen Zimmer nahe der Matzleinsdorfer Kirche ein und wurde Praktikant der *Vereinigten Elektrizitäts-AG*, aus der später die *Brown Boveri Werke* hervorgingen. Béla Egger, der Chef des Unternehmens, zählte zu den technischen Pionieren der Gründerzeit und hatte sich auf die Elektrifizierung von Eisenbahnen, Fabriken sowie die Errichtung von Kraftwerksanlagen spezialisiert.

Porsche beschäftigte sich als einer seiner dreihundert Mitarbeiter mit der Entwicklung des Radnabenmotors, einem revolutionären Elektroantriebssystem, nach dessen Prinzip siebzig Jahre später das erste Mondauto bewegt werden sollte.

Wenn der junge Ferdinand Porsche von seinen Biografen als *Workaholic* beschrieben wird, der nichts anderes als die Konstruktion von Automobilen im Kopf hatte, dann stimmt das nur bedingt. Denn gerade in der Zeit, als er für Béla Egger tätig war, dachte er sehr wohl auch an sein privates Glück. Eines Tages fiel ihm auf dem großen Werksgelände eine junge Mitarbeiterin namens Aloisia Kaes auf, die 1895 im Alter von siebzehn Jahren als Lager-Buchhalterin bei der *Vereinigten Elektrizitäts-AG* begonnen hatte.

Porsche zog es nun nicht nur auffallend oft ins Lager, sondern auch vor Aloisias Elternhaus, um das er seine Runden drehte. Zwei Kolleginnen machten die junge Buchhalterin auf den offensichtlichen Verehrer aufmerksam, der zu schüchtern war, sie anzusprechen. Stattdessen besorgte sich Ferdinand Porsche eine Fotografie, auf der alle weiblichen Mitarbeiter der *Vereinigten Elektrizitäts-AG* abgebildet waren und ließ daraus das Porträt der von ihm angehimmelten Aloisia vergrößern. Er zeigte es ihr – und sie war beeindruckt, dass der junge Mann sich so viel Mühe gegeben hatte, um mit ihr in Kontakt zu kommen. Der Bann war gebrochen, und in den nun folgenden Monaten konnten die beiden einander näherkommen.

Aloisia Kaes war die Tochter eines in Wien ansässigen Schneidermeisters, der aus einer böhmischen Weberfamilie stammte, und auch ihre Mutter Margaretha war böhmischer Herkunft. Wie es sich gehörte, brachte Aloisia ihren Galan bald mit nach Hause, um ihn den Eltern vorzustellen. Ferdinand Porsche, der die nicht besonders zukunftsträchtige Position eines Montagetechnikers innehatte, wurde im Hause Kaes skeptisch betrachtet und von Aloisias Mutter mit den Worten empfangen: »Den hab ich schon öfter gesehen, er schleicht ja immer um unser Haus herum. Ich erkenne ihn an seinem steifen Kragen.«

Tatsächlich legte Porsche mit seinen 22 Jahren Wert auf ein gepflegtes Äußeres, er kleidete sich eleganter als seine Kollegen in der Werkstatt und wurde, weil man ihn meist in schwarzem Anzug und weißem Kragen sah, von Aloisias Brüdern für einen Pfarrer gehalten. Das war er aber ganz sicher nicht, Ferdinand Porsche hatte ernste Absichten und besiegelte am 30. Mai 1897 auf einer Parkbank im Wiener Prater mit einem Kuss die Verlobung mit seiner Aloisia.

In Maffersdorf hatte das heimliche Eheversprechen einen neuerlichen Wutausbruch zur Folge, da Anton Porsche seinen Sohn bereits einer Tochter der in Reichenberg beheimateten Familie Ginzkey versprochen hatte. Doch Ferdinand war nicht bereit, von seiner Aloisia zu lassen, und die beiden heirateten am 17. Oktober 1903 entgegen dem väterlichen Befehl in der Pfarrkirche von Maffersdorf. Die Hochzeitsreise führte das junge Paar durch Österreich, Frankreich und Italien und wurde vom frischgebackenen Ehemann zur Vorsprache bei diversen Automobilunternehmen genützt, bei denen er für seine technischen Innovationen warb.

Das junge Paar bezog eine Wohnung in der Berggasse 6, was sich insofern als praktisch erwies, als Ferdinand Porsche mittlerweile bei der *k. u. k. Hof-Wagenfabrik Jacob Lohner* in der nahegelegenen Porzellangasse angeheuert hatte, die gerade dabei war, ihre Produktion von Pferdekutschen auf elektrisch betriebene Kraftwagen umzustellen. Nun war Ferdinand dort, wo er seit seinen Kindheitstagen hinwollte. Nach wenigen Monaten in den *Lohner-Werken* erregte er

Heirat gegen den Wunsch des Vaters: Ferdinand Porsche, Aloisia Kaes, 1903

bereits bei der Pariser Weltausstellung des Jahres 1900 mit einem Elektromobil großes Aufsehen. Bald sprach sich seine außerordentliche Begabung als Konstrukteur, aber auch als Renn- und Herrenfahrer herum, sodass ihn der Thronfolger Franz Ferdinand aufforderte, ihn zu den Kaisermanövern zu chauffieren.

In diesen Jahren wurde der Grundstein für den Aufbau des legendären Porsche-Clans gelegt, der heute zu den bedeutendsten und reichsten Dynastien der europäischen Industrie zählt: 1904 durch die Geburt der Tochter Louise, fünf Jahre später durch Sohn Ferry, die beide ein wesentliches Stück Automobil- und Unternehmensgeschichte schreiben sollten. Wie sehr Porsche den Automobilsport liebte, zeigt die Tatsache, dass er am 19. September 1909 – dem Tag, an dem sein Sohn in Wiener Neustadt zur Welt kam – ein Rennen am Wiener Exelberg absolvierte.

Ferdinand Porsche (vorne) mit Ehefrau Aloisia, die hier am Steuer eines »Lohner« sitzt. Aufgenommen bei einem Ausflug in der Umgebung Wiens

Im Alter von 31 Jahren technischer Direktor der *Austro-Daimler-Werke* in Wiener Neustadt geworden, entwickelte Porsche bahnbrechende Auto- und Flugmotoren. Die beiden Kinder wurden auf dem Fabrikgelände groß, wodurch ihr Weg in die Fahrzeugindustrie vorgezeichnet war. »In dieser Welt des Automobils wuchs ich auf«, schreibt Ferry Porsche in seiner Autobiografie, »schon als Knirps fühlte ich mich zum Automobil hingezogen. Waren wir mit dem Auto unterwegs, dann hatte ich in Gedanken vor mir ein Lenkrad, mit dem ich während der ganzen Fahrt mitlenkte.«

Als Porsche 1916 Generaldirektor der *Austro-Daimler-Werke* wurde, bot sich den beiden Kindern mehr denn je die Gelegenheit, den steten Fortschritt des Automobilbaues zu beobachten. »Wir wohnten in unmittelbarer Nähe des Werks, und es verging kein Tag, an dem ich dort nicht herumspazierte«, erinnert sich Ferry, der »mit allen Meistern gut Freund war und Zutritt zu den Werkstätten hatte. Am Sonntag ging mein Vater stets in das Konstruktionsbüro und nahm mich mit. Ich war noch ein kleiner Bub, von dem man annehmen hätte können, er wollte am Sonntag lieber spielen gehen; aber mich hat dieser sonntägliche Werksbesuch in keiner Weise gelangweilt, obwohl die Erwachsenen, die mit meinem Vater technische Angelegenheiten besprachen, der Meinung waren, ›der Bub versteht eh nix‹. Ich verstand aber eine ganze Menge von dem, was da diskutiert wurde.«

Die Ehe von Ferdinand und Aloisia Porsche galt als vorbildlich – abgesehen davon, dass der Patriarch kaum Zeit für seine Familie hatte. Ruhelos in seiner Arbeit, war Porsche Tag und Nacht unterwegs, eilte von einer Sitzung in Wiener Neustadt zu Besprechungen nach Wien, Berlin und von dort zu einem Rennen am Nürburgring. Aloisia drückte die Rastlosigkeit ihres Mannes mit dem treffenden Satz aus: »Am besten wär's, auch sein Bett hätte Räder.« Was das Ehepaar verband, war die Liebe zum Theater – auch wenn sie für die Opern Richard Wagners und er für die leichte Muse schwärmte. Musik und Inhalt waren ihm dabei nicht so wichtig, da er in jeder Vorstellung schon nach wenigen Minuten einzuschlafen pflegte.

Es war klar, dass Aloisia samt Kindern ihrem Mann überallhin folgen würde, wo er eine neue Aufgabe fand. So auch 1923, als er Chefkonstrukteur bei *Mercedes-Benz* in Stuttgart wurde und dann fünf Jahre später, als er wieder nach Österreich zurückkehrte – diesmal, weil die *Steyr-Daimler-Werke* riefen. Dass er in den meisten Autofabriken nur kurze Zeit blieb, hatte oft wirtschaftliche Gründe, lag aber auch an Ferdinand Porsches Hang zu Wutausbrüchen. Wie sein Vater neigte auch er zu Jähzorn.

Ehemalige Mitarbeiter berichteten, dass er – wenn nicht alles nach seinem Kopf lief – zuweilen seinen Hut auf den Boden warf und auf ihm herumtrampelte. Nachdem Porsche mit fast allen großen Automobilerzeugern zerstritten war, blieb ihm 1931 nichts anderes übrig, als sich selbständig zu machen. Die Familie ging einmal mehr nach Stuttgart, wo der Senior – nun schon assistiert von Sohn Ferry – sein eigenes Konstruktionsbüro eröffnete und die Entwicklung von Rennwagen vorantrieb, in denen dann spätere Legenden wie Hans Stuck, Rudolf Caracciola und Bernd Rosemeyer Weltrekorde fuhren.

Gleichzeitig erkannte Porsche aber auch, dass die Zukunft des Autos nicht in der Produktion von ein paar Renn- und Luxuslimousinen liegen könne, sondern im Fortbewegungsmittel für die

Ferdinand Porsche mit Frau Aloisia und fünf ihrer Enkelkinder, am Wörthersee 1941

Massen. Deshalb erdachte er einen kleinen, billigen Pkw, wie ihn die Autoindustrie bis dahin abgelehnt hatte: den späteren *Käfer*, der der Familie Porsche zu Reichtum und Macht verhalf.

Freilich legte er sich zur Verwirklichung dieses Traums mit dem Teufel ins Bett: Hitler war es, der die Möglichkeiten schuf, Porsches *KdF*-Auto*, auch *Volkswagen* genannt, für den »kleinen Mann« zu bauen. Wenn auch vorerst nur für kurze Zeit, denn während des Krieges durften im *Volkswagen-Werk* Wolfsburg ausschließlich Schwimm- und Kübelwagen für die Wehrmacht erzeugt werden.

Die Folgen des Pakts mit dem »Führer« waren schwerwiegend, zumal Porsche 1945 von den Alliierten verhaftet wurde, weil er mit Hilfe von 20000 Zwangsarbeitern an der Rüstungsindustrie der Nazis erheblich profitiert hatte.

Während der 22 Monate, die Ferdinand Porsche im Gefängnis saß, übernahm sein Sohn – nachdem auch er kurz in Haft gewesen war – die Leitung der Betriebe. Nun setzte der unvergleichliche Aufstieg des *Käfers* als Symbol des Wirtschaftswunders ein: Er wurde insgesamt 21 Millionen Mal verkauft – nicht zum Schaden der Familie Porsche, die ab 1945 an jedem einzelnen Exemplar mit fünf Mark beteiligt war.

Ferdinand Porsche wollte nach seiner Freilassung aus der Gefangenschaft, obwohl bereits 72 Jahre alt, nicht untätig bleiben. Er siedelte sich mit seiner Frau am familieneigenen *Schüttgut* in Zell am See an und begann in zwei winzigen Baracken der Kärntner Ortschaft Gmünd mit der Konstruktion jenes Sportwagens, der heute noch – in modifizierter Form – erzeugt wird und seinen Namen trägt. Wäre es nach ihm gegangen, wäre Gmünd auch die Produktions-

---

* Abkürzung für »Kraft durch Freude«.

stätte des *Porsche* geworden, doch da sich in Österreich keine Geldgeber zur Finanzierung der Serienproduktion fanden, verlegte er sie nach Stuttgart.

Nach Ferdinand Porsches Tod im Jahre 1951 wurde sein Erbe zwischen seiner in Österreich lebenden Tochter Louise – die seit 1928 mit dem Wiener Rechtsanwalt Anton Piëch verheiratet war – und Sohn Ferry Porsche aufgeteilt. Während Louise die Porsche Holding in Salzburg leitete – sie ist mit 17 000 Mitarbeitern heute Österreichs größtes privat geführtes Unternehmen – besteht Ferry Porsches Leistung darin, das Stuttgarter Ingenieurbüro seines Vaters zu einem Großkonzern ausgebaut zu haben.

Wie ihre Vorfahren haben auch Louise Piëch und Ferry Porsche ihr auf komplizierte Weise miteinander verbundenes Firmengeflecht sehr emotional geführt. Hatte Anton Porsche noch am Dachboden seines Hauses in Maffersdorf Lämpchen zerstört und Ferdinand Hüte

Ferdinand Porsche und Sohn Ferry (links) vor dem ersten »Porsche«, 1948 in Kärnten

zertrampelt, soll es zwischen Ferry und Louise sogar zu Handgreif-
lichkeiten gekommen sein.

Ferry Porsche starb 1998 in Zell am See, Louise Piëch im Jahr
darauf ebendort. Während er vier Söhne als Erben hinterließ,
hatte sie drei Söhne und eine Tochter. Die unausbleiblichen
Machtkämpfe wurden nun mit wesentlich subtileren Mitteln aus-
getragen: 1972 waren die Familien Porsche und Piëch dermaßen
zerstritten, dass es keine andere Möglichkeit gab, als alle Clan-
Mitglieder von der operativen Leitung des *Volkswagen-Werks*
abzuziehen.

Zuweilen nahmen die Familienstreitigkeiten in der dritten
Generation auch skurrile Züge an, als sich nämlich in den Macht-
kampf auch Liebe und Eifersucht einzuschleichen begannen: Als
Höhepunkt des Krieges zwischen den Cousins Ferdinand Piëch
und Gerd Porsche fing der eine mit der Frau des anderen eine Affäre an: Ferdinand Piëch und Marlene Porsche wurden ein Paar. Den
Vorwurf, dies sei aus Verbitterung über den Rückzug der Familie
aus der Konzernspitze geschehen, wies Piëch zurück. Es sei auch
nicht sein Plan gewesen, dass sich die Mehrheitsverhältnisse durch
die folgende Scheidung der Eheleute Gerd und Marlene Porsche
verändern würden.

Aber praktisch war die neue Konstellation allemal. Piëch, auch
sonst kein Kind von Traurigkeit – er hat zwölf Kinder aus vier Beziehungen – war zwölf Jahre lang mit der Frau seines Cousins liiert und
übernahm 1993 als Vorstandsvorsitzender die Hebel der Macht bei
VW. All der Streit und auch der Liebes-Reigen konnten aber nichts
daran ändern, dass das Haus Piëch-Porsche mit einem geschätzten
Vermögen von dreißig Milliarden Euro zu den reichsten Familien im
deutschsprachigen Raum zählt. Europas größte Automobil-Dynastie

besteht aus rund sechzig Mitgliedern, allesamt leibliche und ange-heiratete Nachfahren des Konzern-Vaters Ferdinand Porsche. In ihrem Besitz befinden sich die (deutsche) *Porsche Fabrik* und die (österreichische) *Porsche Holding*, weiters kontrolliert die Familie das größte Aktienpaket am *Volkswagen-Werk*, dessen Aufsichtsrats-vorsitzender seit 2002 Ferdinand Piëch ist.

NICHT IMMER IM DREIVIERTELTAKT

Bekannte und weniger bekannte »Sträuße«

W er hätte das gedacht. Neben den berühmten Strauß-Brüdern gab es noch zwei Schwestern. Doch von denen weiß man bislang wenig, obwohl es sogar den Plan gab, auch sie im Walzergeschäft unterzubringen.

Anna und Therese Strauß waren um vier beziehungsweise sechs Jahre jünger als der Walzerkönig und im Gegensatz zu Johann, Josef und Eduard nicht besonders attraktiv. Auch sie hatten die damals übliche musikalische Ausbildung erfahren und sollten nach dem Willen ihrer Brüder Dirigentinnen werden. Der Grund war ein kommerzieller: Der Name Strauß hatte zur Mitte des 19. Jahrhunderts eine solche Popularität erreicht, dass es weit mehr Konzert-Angebote gab, als die »Firma Strauß« annehmen konnte. So entstand 1862 die Idee, auch die Schwestern in die Leitung des Strauß-Orchesters mit einzubeziehen. Das war zu der Zeit, als Johann sich verstärkt aufs Komponieren konzentrierte und neben Josef und »Nachzügler« Eduard weitere Kapellmeister gesucht wurden, die man als der Familie Strauß zugehörig verkaufen konnte. Einmal tauchte sogar die Idee auf, die »Strauß-Mädeln« auf das Podium des Musikpavillons im Volksgarten zu stellen.

Sie wurde wieder fallengelassen, als man erkannte, dass die Konzertbesucher eigentlich nur den »Schani«, den »Pepi« oder den »schönen Edi« sehen wollten. Therese und Anna, genannt Netti, blieben unverheiratet und ohne Beruf. Sie wurden zeitlebens vom Walzer-

45

könig finanziell unterstützt, der die engste Beziehung zu ihnen hatte. »Der Johann«, schrieb Therese nach dessen Tod im *Illustrierten Wiener Extrablatt*, »hat ein Herz wie Gold gehabt. Wie er ein berühmter Mann geworden ist, da hab ich müssen jeden Freitag bei ihm speisen.«

Anna sollte noch eine delikate Rolle in Johanns Leben spielen. Als ihr nämlich im Herbst 1881 die undankbare Aufgabe zufiel, ihren Bruder darüber zu informieren, dass seine zweite Frau Lili ein Verhältnis mit Franz Steiner, dem Direktor des Theaters an der Wien, hatte. Das wusste zwar »ganz Wien« – nur Johann Strauß Sohn selbst hatte keine Ahnung davon. Der Walzerkönig war

Neben Johann, Josef und Eduard sollten auch deren Schwestern Therese (links) und Anna die Strauß-Kapelle leiten. Doch der Plan wurde wieder fallengelassen

zutiefst enttäuscht, nicht nur von seiner Frau, sondern auch von Steiner, der ihm einige der größten Publikumserfolge seiner Direktionszeit zu verdanken hatte.

Als wenige Tage nach Bekanntwerden der Affäre just im Theater an der Wien die neue Strauß-Operette *Der lustige Krieg* Premiere hatte, kursierte der Witz: »Der häusliche Krieg mit Lili, der lustige Krieg mit Girardi.«

Johann Strauß zog, als Anna ihn informiert hatte, die Konsequenzen. Er trennte sich von Lili und heiratete 1887 ein drittes Mal und fand in Adele die Partnerin für den Rest seines Lebens.

Wenn schon nicht als Dirigentinnen, so gingen die Strauß-Schwestern dennoch in die Musikgeschichte ein, als Johann sie in seiner Komposition *Traumbilder* charakterisierte, über die er 1895 an Bruder Eduard schrieb: »Du kommst auch dran, niemand ist vor meiner Grausamkeit gefeit. Denke an das Portrait der Netti und der Therese.«

Während die Schwestern in Johanns Testament mit einem lebenslangen Nutzungsrecht seiner Häuser bedacht wurden, verlief sein Verhältnis zu den Brüdern nicht immer im Dreivierteltakt. Da muss in der Kindheit viel passiert sein, was bei den schwierigen Familienverhältnissen nicht weiter verwundert.

Der durch die Schöpfung des *Radetzkymarschs* selbst unsterblich gewordene Vater der Strauß-Brüder und -Schwestern stammte aus einer Gastwirtsfamilie und war erst sieben, als seine Mutter starb und zwölf, als sein Vater – hoch verschuldet – in der Donau ertrank. Bis dahin hatte er in den elterlichen Schänken *Zum heiligen Florian* und *Zum guten Hirten* die dort aufspielenden Musiker beobachtet und sich oft einfach dazugesetzt, um sie zu begleiten.

Johann Strauß Vater hatte vierzehn Kinder, sechs mit seiner Ehefrau Anna geborene Streim und vermutlich acht mit seiner Geliebten, der Modistin Emilie Trampusch. Neben den drei berühmt gewordenen Musikern Johann, Josef und Eduard und den Töchtern Anna und Therese gab's aus der Ehe noch einen Sohn, Ferdinand, der im Jahr seiner Geburt an einem »hitzigen Wasserkopf« starb.

Strauß Vaters Abgang aus der ehelichen Wohnung zu der 21-jährigen Emilie war nicht gerade nobel. Nur zwei Monate nachdem seine Frau im März 1835 ihren jüngsten Sohn Eduard zur Welt gebracht hatte, gebar die Geliebte bereits ihr erstes Kind.

Johann Strauß Vater hatte die schöne Hutmacherin auf einem Ball, dessen musikalischer Leiter er war, kennen gelernt. Er zog aus der ehelichen Wohnung in der Taborstraße 17 aus, um mit Emilie zunächst in ein anderes Haus in der Leopoldstadt und später in die Kumpfgasse zu ziehen. Da er sich von seiner Frau nach dem für Katholiken geltenden Recht nicht scheiden lassen konnte, kamen die acht Kinder der Emilie Trampusch in den Jahren 1835 bis 1844 unehelich zur Welt, wobei eines wie Johanns ältester Sohn den Namen Johann erhielt und ein anderes wie eine der beiden ehelichen Töchter den Namen Therese. Auch darüber war man in der »verlassenen Familie« empört: Josephine Streim, die Schwester der sitzengelassenen Anna, bezeichnete ihren Schwager verächtlich nur noch als den »Bettgeher der Trampusch«.

Für die drei genialen Strauß-Buben war die eheliche Krise ein persönliches Drama – musikalisch jedoch ein Glücksfall. Denn während der Vater gegen Johanns Wunsch, Berufsmusiker zu werden, ankämpfte und ihm sogar die Geige weggenommen haben soll, die dieser sich durch Klaviernachhilfestunden selbst verdient hatte, unterstützte Mutter Anna inmitten eines regelrechten »Rosen-

Johann Strauß Vater hatte mit seiner Frau Anna geb. Streim sechs Kinder, daneben zeugte er noch acht uneheliche mit einer Wiener Hutmacherin

kriegs« die Ambitionen ihres ältesten Sohnes. Da aber nach seinem Auszug Strauß Vaters Einfluss schwand, konnte Johann bald ungestört seiner Berufung nachgehen. Entsprechend war das Verhältnis Johanns zu seinen Eltern: Während er die Mutter liebte, bewunderte er den Vater zwar, aber fürchtete ihn auch.

Josef und Eduard stiegen erst nach dem Tod des Vaters in das Musikunternehmen Strauß ein.

Der erste uns namentlich bekannte Strauß war der Großvater von Strauß Vater: Johann Michael Strauß stammte aus Budapest und übersiedelte nach Wien, wo er am 11. Februar 1762 die Jägertochter Rosalia Buschin ehelichte. Als die Nationalsozialisten 1941 im Dompfarramt St. Stephan die Heiratsurkunde mit dem Vermerk, Johann Michael sei »ein getaufter Jud«, fanden, musste etwas unternommen werden. Keine anderen Melodien waren so populär wie die des Walzerkönigs, die als »deutsche Musik« in der Nazi-Presse verherrlicht wurden. Sein Werk wegen seines jüdischen Ahnherrn zu sperren, war undenkbar. Wie sollte man *Fledermaus*, *Zigeunerbaron* oder den *Donauwalzer* verbieten? Das Problem wurde an Joseph Goebbels in Berlin herangetragen, der eine Lösung fand: Der Propagandaminister ließ das Trauungsbuch in das Reichssippenamt nach Berlin bringen, wo die verräterische Seite herausgeschnitten und unter Weglassung der Strauß-Hochzeit an die Pfarre St. Stephan in »beglaubigter Kopie« zurückgegeben wurde. Das Dokument war »gerettet« und mit ihm die Walzer und Polkas des nunmehrigen »Ehrenariers« Johann Strauß. Nach dem Krieg wurde das Original wiederentdeckt und an das Dompfarramt St. Stephan retourniert.

Johann Strauß Vater wurde, als er 45 Jahre alt war, von einem seiner unehelichen Kinder mit Scharlach infiziert, er starb in der Nacht vom 24. auf den 25. September 1849 – nur etwa ein Jahr nachdem er die Komposition seines Lebens, den *Radetzkymarsch*, geschaffen hatte. Emilie Trampusch verließ noch in der Nacht seines Todes mit ihren Kindern fluchtartig die gemeinsame Wohnung. Allerdings hatte sie nicht – wie später fälschlich behauptet wurde – Geld und Wertgegenstände mitgenommen.

Als die einst schmählich verlassene Anna Strauß die Nachricht vom Tod ihres Mannes erhielt, schickte sie ihren mittleren Sohn Josef in die Kumpfgasse, wo er den Leichnam seines Vaters vorfand und sich um dessen Abholung und die weiteren Formalitäten kümmerte. Auf der Parte unterschrieb Anna Strauß als Witwe, als hätte es weder Trennung noch Geliebte mit acht Kindern gegeben, und nannte den Verstorbenen »meinen innigst geliebten Gatten«.

Und das, obwohl dieser die »erste Familie« auch in seinem Testament mehr als schofel behandelt hatte: »Letzter Wille, kraft dessen ich endesgefertigter Johann Strauß zu Erben meines Nachlasses die Emilie Trampusch, k.u.k. Kameralarztenstochter, zum einen und deren Kinder Johann, Emilie, Clementine, Maria und Therese Trampusch zum anderen Theile einsetze. Meine Kinder aus meiner Ehe mit Anna Strauß geb. Streim, sollen auf den Pflichtteil gesetzt werden.«

Drei seiner Kinder mit Emilie Trampusch waren zu diesem Zeitpunkt bereits tot, auch die anderen wurden nicht sehr alt. Emilie Trampusch starb im Alter von 43 Jahren.

Johann Strauß, der Walzerkönig, ging weder zum Begräbnis seines Vaters noch zu dem seiner Mutter, seines Bruders Josef oder zu dem seiner ersten Frau »Jetty«, weil er eine panische Angst vor Krankheit und Tod hatte.

Anna Strauß hatte sich nach dem Schock, als sie von ihrem Mann über Nacht mit fünf Kindern allein gelassen worden war, für ihre Söhne und Töchter aufgeopfert und ihnen unter schwierigsten finanziellen Umständen das Musikstudium ermöglicht. »Die glänzende Laufbahn ihrer Söhne«, schrieb das *Neue Wiener Tagblatt* im Februar 1870 in einem Nachruf, »entschädigte die Greisin in hohem Maße für so viel Ungemach, das sie in jungen Jahren hat erleiden müssen.«

Annas mittlerer Sohn Josef Strauß überlebte seine Mutter nur um fünf Monate, er starb am 22. Juli 1870. Mit seinem Tod brach ein Familienzwist aus, zumal Johann noch ehe sein Bruder begraben war, aus dessen Wohnung von einem Diener alle auffindbaren Noten des Verstorbenen abholen ließ. Kistenweise wurden sie abgeschleppt, ohne je wieder aufgetaucht zu sein. Am 29. März 1886 fragte Josefs Witwe Lina Strauß in einem Brief an ihren Schwager Johann nach dem Verbleib der Originalhandschriften: »Der damalige Verleger Spina wollte mir dieselben mit 5000 Gulden* abkaufen, doch Du ließest dies nicht zu, mit der Bemerkung, man kann daraus viel mehr bekommen, indem diese Skizzen auch eine Operette enthielten, welche das einzige Kapital repräsentierte, was Dein Bruder seiner Familie hinterlassen hat. Pepi ist nun 16 Jahre tot. Und ich habe von diesem Vermächtnis nichts bezogen.«

Eduard Strauß erklärte, er würde es seinem Bruder Johann durchaus zutrauen, Kompositionen des nicht minder genialen Josef als seine eigenen auszugeben. Musikforscher schließen nicht aus, dass Johann für seine drei Jahre nach Josefs Tod entstandene *Fledermaus* bei diesem Melodien »entwendet« haben könnte. Der jüngste Bruder ließ auch sonst kein gutes Haar an Johann. Dieser, behauptete Eduard, hätte sich über ihn lustig gemacht, indem er sich etwa beim Einkauf in eleganten Stadtgeschäften mit den Worten vorstellte: »Johann Strauß, der Bruder vom Eduard.«

Allerdings war Eduard auch kein ganz einfacher Patron. Er, der als einziger von den »Strauß-Buben« Söhne in die Welt setzte, gab diesen die Namen Johann und Josef, was darauf schließen lässt, dass er in jungen Jahren jedenfalls auch mit seinem Bruder Johann ein gutes Einvernehmen gehabt haben muss. Doch eben diese Söhne bereiteten Eduard später große Sorgen. In einem Brief an »Schanis« dritte Frau Adele beklagt sich Eduard Strauß 1889 über deren »Streiche«,

---

* Die Summe entspricht laut »Statistik Austria« im Jahre 2010 einem Betrag von rund 50 000 Euro.

*So harmonisch wie es hier scheint, war das Verhältnis der Brüder nicht: Eduard,
Johann und Josef Strauß (von links) auf einer zeitgenössischen Fotomontage*

die ihm und seiner Frau den Schlaf raubten und gesundheitliche
Schäden zufügten. Im Besonderen lässt er sich über seinen Sohn
Josef aus, der »sein tolles Leben mit Schauspielerinnen fortsetzt, und
jetzt mit einer dem Kronprinzen nahe gestandenen Hetäre« verkehren würde. »Die scheußlichsten notorischen und stadtbekannten
Lumpen sind in seiner Gesellschaft! Und fort und fort neue Schul-
den! Was nützt, liebe Adele, da bei einem Menschen Erziehung und
Familie – wenn einer zu solcher Entartung geeignet ist. Bedaure
mich und Marie.«

Mit der »Hetäre« meint Eduard Strauß die langjährige Geliebte
des Kronprinzen Rudolf, die Prostituierte Mizzy Caspar, mit der die-

ser – noch ehe er die Baronesse Mary Vetsera traf – die Nacht vor Mayerling verbrachte und die jetzt offensichtlich in einer Beziehung mit seinem Sohn Josef stand. Eduards Söhne hatten exorbitante Spielschulden, die sie durch Plünderung seines Bankkontos auszugleichen trachteten. An seinen älteren Sohn, der sich unter dem Namen »Johann Strauß III.« als wenig erfolgreicher Komponist und Dirigent versuchte, schreibt Eduard 1897: »Ich bin nicht mehr in der Lage, mit Dir verkehren zu können. Meide meine Wohnung. Dein Vater.«

Obwohl der wohlhabende Walzerkönig wusste, dass sein jüngster Bruder zeitweise in beengten Verhältnissen lebte und dessen Besitz mehrmals gepfändet werden musste, schloss er ihn aus seinem Testament* aus.

Eduards »Rache« ist schrecklich: Acht Jahre nach dem Tod des übermächtigen Bruders bringt er das Notenarchiv der gesamten Familie – bestehend aus mehreren Wagenladungen mit musikhistorisch unwiederbringlichen Originalhandschriften und noch ungedruckten, nie kopierten Werken – in zwei Ofenfabriken im sechsten und im neunten Wiener Gemeindebezirk, um das Material verbrennen zu lassen. Der Ofenfabrikant Karl R. erklärte später im *Neuen Wiener Journal*:

---

* Alleinerbin nach Johann Strauß Sohn war die Gesellschaft der Musikfreunde, den Großteil seines Vermögens hatte er jedoch noch zu Lebzeiten seiner Frau Adele – unter der Bedingung, dass sie sich nach seinem Tod nicht wieder verehelichen würde – geschenkt. Der Gesamtwert wird auf 800 000 Kronen geschätzt (laut »Statistik Austria« im Jahre 2010 rund vier Millionen Euro); dazu kommen noch die Aufführungsrechte seiner Bühnenwerke.

Ich redete ihm zu, die Sache noch rückgängig zu machen, Strauß starrte eine Weile vor sich hin, dann rief er: ›Ich kann nicht!‹ … Eduard Strauß setzte sich in einen Fauteuil vor den Ofen, meine Arbeiter öffneten die Pakete und streuten die Notenblätter vor den Augen des Hofballmusikdirektors in die auflodernden Flammen des mannshohen Ofenraumes. Bei einzelnen Notenpaketen, die besondere Familienerinnerungen enthielten, war er sichtlich bewegt. Er stand auf, blickte weg und ging für kurze Zeit in das Bureau zurück. Er verließ aber die Fabrik erst, nachdem das letzte Notenblatt verbrannt war. Von dem Umfang des Archivs hat man vielleicht eine Vorstellung, wenn ich mitteile, dass das Verbrennen der Musikalien von zwei Uhr nachmittags bis sieben Uhr abends dauerte.

Laut Eduards im Jahre 1906 veröffentlichten Memoiren hätte es einen Vertrag zwischen ihm und Johann gegeben, demzufolge der den anderen überlebende Bruder »alle Arrangements des Verstorbenen zu vernichten« habe. Mit dieser Aussage versuchte der jüngste Strauß-Bruder offensichtlich sein Vorgehen zu rechtfertigen – der Vertrag ist jedoch nie aufgetaucht.

Die Nachkommen des 1916 verstorbenen Eduard sollten sich nach den familiären Turbulenzen doch noch »erholen«: Sein Enkel Eduard Strauss II. war ein weltweit anerkannter Dirigent, dessen Sohn Eduard Strauss ist Senatspräsident am Wiener Oberlandesgericht und Präsident des Wiener Instituts für Strauss-Forschung (und legt Wert darauf, dass der Name seiner Familie nicht »Strauß«, sondern »Strauss« geschrieben wird).

Stammbaum der Familie Strauß
(Auszug)

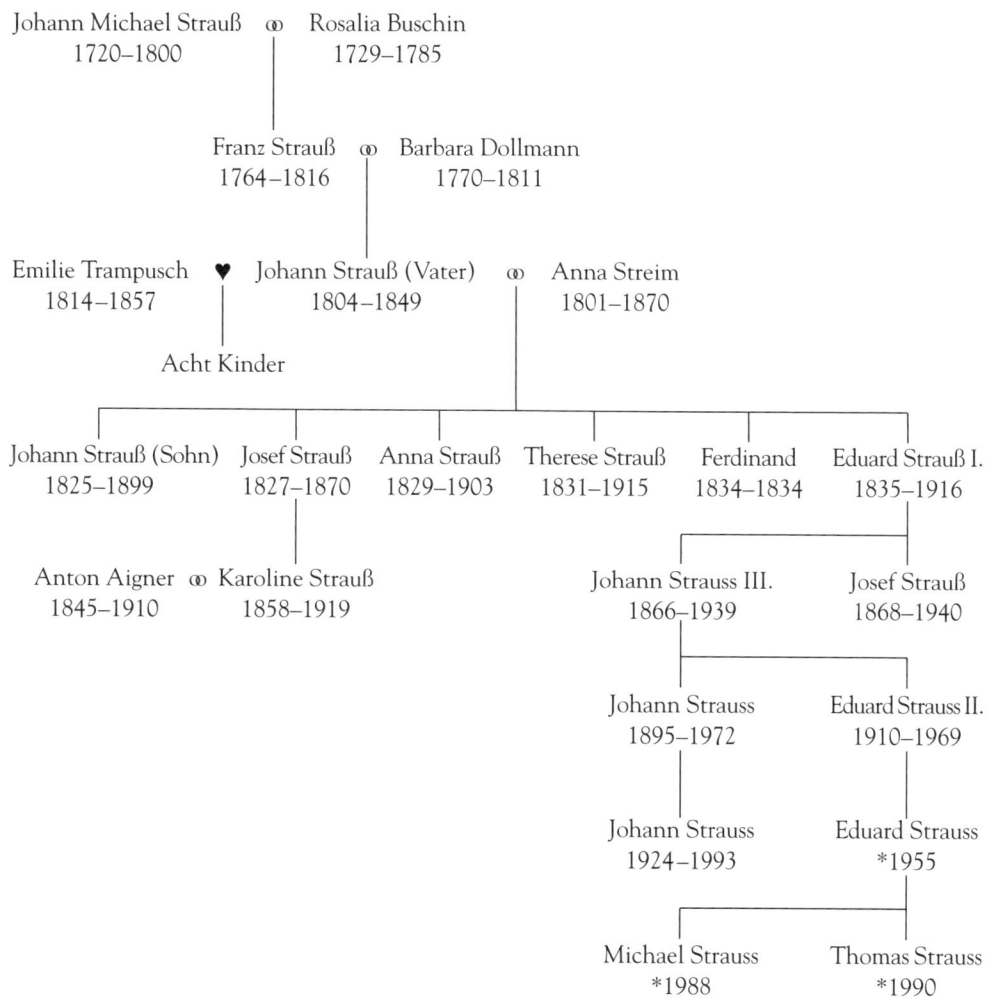

Johann Michael Strauß ∞ Rosalia Buschin
1720–1800   1729–1785

Franz Strauß ∞ Barbara Dollmann
1764–1816   1770–1811

Emilie Trampusch ♥ Johann Strauß (Vater) ∞ Anna Streim
1814–1857   1804–1849   1801–1870

Acht Kinder

Johann Strauß (Sohn)   Josef Strauß   Anna Strauß   Therese Strauß   Ferdinand   Eduard Strauß I.
1825–1899   1827–1870   1829–1903   1831–1915   1834–1834   1835–1916

Anton Aigner ∞ Karoline Strauß   Johann Strauss III.   Josef Strauß
1845–1910   1858–1919   1866–1939   1868–1940

Johann Strauss   Eduard Strauss II.
1895–1972   1910–1969

Johann Strauss   Eduard Strauss
1924–1993   *1955

Michael Strauss   Thomas Strauss
*1988   *1990

Seine dritte Frau war das
Glück der späten Tage:
Adele und Johann Strauß

Adele Strauß, die Witwe des Walzerkönigs, überlebte ihren Mann um 31 Jahre und setzte ihre Tochter Alice testamentarisch als Alleinerbin ein. Alice stammte aus Adeles erster Ehe mit dem Bankier Anton Strauss* und galt laut Nürnberger Rassegesetzen als »Volljüdin«. Sie überlebte die Nazizeit, da sie durch die Ehe mit dem »arischen« Offizier Rudolf von Meyszner »geschützt« war.

Um die Enteignung ihres Vermögens und persönlicher Gegenstände aus dem Nachlass von Johann Strauß zu »legalisieren«, startete das Kampfblatt *Der Stürmer* im Juni 1939 eine Hetzkampagne gegen die Stieftochter des Walzerkönigs: »Die Jüdin Meyszner ist in ihrem Äußeren, in ihrem Charakter und in ihrem Wesen geradezu

---

* Eine zufällige Namensgleichheit, Anton Strauss war mit der Musikerdynastie nicht verwandt.

der Typ der jüdischen Rasse. Sie ist von einer abstoßenden Hässlichkeit … Sie besitzt heute noch in ihrer Wohnung Gußhausstraße 12 eine Unmenge kostbarer Erinnerungswerte an die Künstlerfamilie Johann Strauß. Dem raschen Eingreifen der Behörden gelang es, diese großen Werte bei der Jüdin Meyszner zu beschlagnahmen. Es war auch höchste Zeit. Man war im Begriffe, diese Dinge in die Schweiz zu verschieben. Die Jüdin Meyszner aber hat damit bewiesen, dass diese Erinnerungsstücke für sie nicht etwa ›unantastbare Reliquien‹ sind, sondern lediglich eine Kapitalanlage, die man nach Bedarf veräußert. Sie hat damit auch jede Berechtigung über diesen erschwindelten Besitz verloren …«

Die »Sammlung Strauß-Meyszner« wurde »sichergestellt« und als »Geschenk« in das Eigentum der Stadt Wien übertragen. In der Zweiten Republik vergingen fast sechzig Jahre, bis alle Gegenstände an die Erben von Alice Strauss restituiert waren. Im Jahre 2002 wurden sie von der Stadt Wien gekauft.

Zwei Portionen Tafelspitz

Die Stürgkhs und die Adlers

Zwei österreichische Familien, wie sie unterschiedlicher nicht sein könnten.

Die Stürgkhs wurden als kaisertreue Aristokraten 1638 in den Freiherren- und 1715 in den Grafenstand erhoben und trugen im 18. Jahrhundert dazu bei, die Thronansprüche des Hauses Habsburg zu sichern.

Die Adlers sind sozialistischer Uradel, deren prominentestem Mitglied Victor Adler es gelang, die zersplitterte österreichische Arbeiterbewegung zu einen und 1889 die sozialdemokratische Partei zu gründen.

Seit dem 21. Oktober 1916 sind die Namen der beiden Familien schicksalhaft miteinander verbunden. Der österreichisch-ungarische Ministerpräsident Karl Graf Stürgkh betritt an diesem Samstag – wie fast jeden Tag zu Mittag – den im ersten Stock gelegenen Speisesaal des noblen Hotels *Meißl und Schadn* auf dem Neuen Markt in der Wiener Innenstadt. Der 56-jährige Regierungschef setzt sich und bestellt Tafelspitz.

Am Nebentisch sitzt Victor Adlers Sohn, der 37-jährige Friedrich Adler. Er hat sich für dieselbe Speise entschieden und nimmt danach noch eine Portion Zwetschkenkuchen. »Ich habe mir gesagt, wer weiß, wann ich wieder zum Essen komme«, wird er später bei der Gerichtsverhandlung erklären. Als Adler mit dem Nachtisch fertig ist, ruft er den Ober, begleicht seine Rechnung und

*Die Ermordung
des Grafen
Stürgkh durch
Friedrich Adler,
Zeitungsausschnitt
Oktober 1916*

erhebt sich. Er geht auf den Grafen Stürgkh zu und feuert aus einem Revolver drei Schüsse ab. Der Ministerpräsident ist auf der Stelle tot.

Ein knappes Jahrhundert danach kennt man den Namen Stürgkh nicht so sehr durch den auf dramatische Weise ums Leben gekommenen Politiker als durch die Organisatorin des Wiener Opernballs. Ihr Urgroßvater war der Bruder des ermordeten Ministerpräsidenten. Desirée Treichl-Stürgkh selbst hat aus einem anderen tragischen Grund innerhalb ihrer Familie nur wenig von diesem Ereignis erfahren: »Als ich fünfzehn war, starben meine Eltern knapp hintereinander. Zuerst mein Vater an einem Herzinfarkt, ein halbes Jahr später meine Mutter an Krebs. Ich hatte also niemanden, der mir die Familiengeschichte nahe bringen konnte.«

Der Oberkellner, Herr Grumbach, und mehrere zufällig anwesende Offiziere halten Friedrich Adler, als die Schüsse gefallen sind, bis zum Eintreffen der Polizei fest. Danach lässt sich der Attentäter widerstandslos festnehmen und legt ein Geständnis ab.

- Der Täter. Friedrich Adler kam 1879 in Wien als Sohn des Arztes und Politikers Victor Adler zur Welt, studierte in Zürich Physik und lehrte dort nach seiner Promotion als Privatdozent. Er heiratete die Russin Katarina Germanisskaja, mit der er zwei Töchter und einen Sohn hatte, die zum Zeitpunkt der Tat noch im schulpflichtigen Alter waren. 1909 bewarb sich Friedrich Adler gleichzeitig mit Albert Einstein, dem er seit der gemeinsamen Studienzeit freundschaftlich verbunden war, an der Universität Zürich um die Stelle eines außerordentlichen Professors für theoretische Physik, verzichtete dann jedoch zugunsten Einsteins. Als dieser zwei Jahre später an die Universität Prag wechselte, schlug er Adler als seinen Nachfolger vor, der zu diesem Zeitpunkt jedoch bereits politische Ambitionen zeigte. Er kehrte nach Wien zurück und wurde Parteisekretär der Sozialdemokratischen Arbeiterpartei, als der er sich stets vehement gegen den Eintritt Österreichs in einen Krieg aussprach.

- Der Vater des Täters. Victor Adler bricht, als er von der Tat seines Sohnes erfährt, zusammen. Er ist 64 Jahre alt und schwer herzkrank. Als Spross einer wohlhabenden Prager Kaufmannsfamilie 1852 in Prag geboren, studierte er in Wien Medizin, wo er sich zunächst den Deutschnationalen um Georg von Schönerer anschloss, die er jedoch wegen deren wachsendem Antisemitismus verließ und dem Arbeiterbildungsverein beitrat. 1878 lernte er im Café *Griensteidl* seine Frau Emma Braun kennen, die ein Jahr später den gemeinsamen Sohn Friedrich zur Welt brachte. 1883 eröffnete Victor Adler in der Berggasse 19 eine Arztpraxis, in der er acht Jahre lang als »Armeleutedoktor« ordinierte, ehe er sie an Sigmund Freud weitergab. Da er nie Honorare verlangte, verlor er dadurch sein Vermögen und musste das vom Vater geerbte Haus verkaufen.

Obwohl er zum Zeitpunkt des Attentats ein schwer kranker Mann ist, entschließt sich Victor Adler, für seinen Sohn zu kämpfen, indem er – auch als Zeuge vor Gericht – behauptet, dieser hätte in plötzlicher Geistesverwirrung gehandelt. Das schien ihm die einzige Chance, sein Leben zu retten, andernfalls hätte ihn die sichere Todesstrafe erwartet.

• Das Opfer. Karl Graf Stürgkh, 1859 in Graz zur Welt gekommen, gehörte der Gruppierung der Großgrundbesitzer im Reichsrat an. Der studierte Jurist wurde zunächst als Unterrichtsminister ins Kabinett geholt und 1911 zum Ministerpräsidenten ernannt. Stürgkh regierte ab 1914 unter Ausschaltung des Reichsrats autoritär und ignorierte jegliche Forderung der Opposition nach Wiedereinberufung des Parlaments. Nach Stürgkhs Tod ernannte Kaiser Franz Joseph den bisherigen Finanzminister Ernest von Koerber zu seinem Nachfolger. Es war dies eine seiner letzten Amtshandlungen – der Kaiser starb vier Wochen nach dem Attentat, am 21. November 1916, im Alter von 86 Jahren.

Karl Stürgkh hinterließ keine Kinder. Er war nie verheiratet – laut Familienüberlieferung deshalb, weil er ein derart treuer Diener seines Herrn gewesen sei, dass eine Frau an seiner Seite keinen Platz gefunden hätte. Angeblich hatte er sogar in einem Vorraum des jeweiligen Ministerbüros, in dem er gerade tätig war, ein Feldbett aufgeschlagen, auf dem er zuweilen zu schlafen pflegte.

Friedrich Adler muss sich am 18. und 19. Mai 1917 im Wiener Landesgericht in einem Aufsehen erregenden Mordprozess verant-

Tod im Hotel »Meißl und Schadn«: Ministerpräsident Karl Graf Stürgkh (1859–1916)

worten, dessen stenografische Protokolle vorliegen. Warum er sich nicht einmal durch den Gedanken an seine Frau, seine Kinder und seine Eltern von der Tat abhalten ließ, wird Adler von Richter Ehrenreich gefragt. Im Krieg auf fremde Menschen zu schießen, antwortet der Angeklagte, sei um nichts weniger verwerflich als ein Mordanschlag auf den Ministerpräsidenten, den er als gefährlichen Kriegshetzer sah. Es könne nicht sein, dass geschichtliche Taten nur von kinderlosen Waisen durchgeführt werden dürfen.

Danach beginnt Friedrich Adler mit der Schilderung des Tathergangs: »Hinter dem Tisch des Grafen Stürgkh saß eine Dame. Es ist dort ein Durchgang zwischen Säule und Wand, durch den man durchschießen könnte, und ich habe mir gesagt, wenn ich danebenschieße, könnte ich die Dame treffen, und ich sagte mir, das

kann ich nicht tun … Dann ging die Dame weg, um 2 oder
$^1/_2$ 3 Uhr. Die Uhr des Hotels war gerade vor mir. Von dem Momen-
te an sagte ich mir: Jetzt muss es geschehen. Doch es kamen immer
wieder Kellner dazwischen, die den Grafen Stürgkh bedienten. Es
bewegten sich immer mehr Leute durch den Saal … Dann kam ein
Moment, wo kein Kellner da war und da gab es mir einen Ruck und
ich bin vorgegangen. Es war eine Überraschung für mich, wie
schnell die Automatik funktioniert hat, so dass die Schüsse gefallen
sind.«

Die Einvernahme Adlers, der mit einem *Browning-Revolver* auf
Stürgkh geschossen hat, dauert fast sechs Stunden. »In dem rück-
wärtigen Saale des Restaurants saßen einige hohe Offiziere«, fährt
Friedrich Adler fort. »Sie haben mich dann am Kragen gewürgt und
mir die Brille heruntergerissen, und über mir war ein Säbel. Da habe
ich gerufen, ich bin Dr. Adler, ich stelle mich dem Gericht …« An
anderer Stelle erklärt er, zu diesem Zeitpunkt bereits mit seinem
Leben abgeschlossen zu haben.

Friedrich Adler ist vor dem Ausnahmegericht nicht bereit, die
Strategie seines Vaters, er hätte in einem Anfall von Geistesverwirrung gehandelt, zu übernehmen. Er legte sogar Wert darauf, die volle
Verantwortung für die Tat zu übernehmen, weil sie als Wahnsinns-
tat für ihn, für das Land und für die internationale Arbeiterbewegung »nutzlos gewesen wäre«.

Am 19. Mai 1917 spricht der Vizepräsident des Landesgerichts
Wien, Hofrat von Heidt, das Urteil: »Im Namen Seiner Majestät
des Kaisers. Friedrich Adler ist schuldig, gegen Dr. Karl Graf
Stürgkh in der Absicht, ihn zu töten, durch Abgabe von drei
Revolverschüssen auf solche Art gehandelt zu haben, dass daraus
dessen Tod erfolgte. Dr. Friedrich Adler hat hiedurch das Verbre-

Ein Familienbild aus besseren Tagen: Friedrich Adler mit Ehefrau Katarina, zwei Töchtern und seinen Eltern Emma und Victor Adler

chen des Mordes begangen und wird nach § 136 zur Strafe des Todes verurteilt.«

Doch Friedrich Adler sollte seiner Hinrichtung entgehen, da kurz vor der Vollstreckung eine Amnestie für politische Gefangene eingeleitet wurde. Der Attentäter blieb in Haft, aber als Kaiser Karl in seinen Gesprächen mit dem sozialdemokratischen Parteiführer die letzte Chance zur Rettung der Monarchie sah, wollte er ein Zeichen setzen und begnadigte dessen Sohn. Nicht genug damit, dass Friedrich Adler am 1. November 1918 aus der Strafanstalt Stein entlassen wurde, stellte ihm der Kaiser für die Fahrt aus dem Gefängnis sogar seinen privaten *Gräf & Stift*-Wagen zur Verfügung.

Den Thron kann er auch dadurch nicht retten. Wenige Tage später werden Victor Adler und die österreichisch-ungarische Monarchie gleichzeitig zu Grabe getragen. Adler stirbt am 11. November 1918 und damit just an dem Tag, an dem der Kaiser »auf jeden Anteil der Staatsgeschäfte verzichtet«. 24 Stunden später wird die Republik Deutsch-Österreich ausgerufen.

Friedrich Adler fand nach seiner Freilassung wieder in ein bürgerliches Leben zurück. Da er stets für den Frieden plädiert hatte, wurde er nach dem Krieg, der zehn Millionen Menschenleben gefordert hatte, fast wie ein Volksheld gefeiert. Der glühende Pazifist wurde Abgeordneter zum Nationalrat und Generalsekretär der Sozialistischen Internationale und emigrierte nach Hitlers Einmarsch in die USA, wo er die Exilorganisation der österreichischen Sozialisten leitete.

1946 übersiedelte er mit seiner Familie wieder nach Zürich. Und nach seinem Tod am 2. Jänner 1960 wurde er im Ehrengrab an der Seite seines Vaters am Wiener Zentralfriedhof beigesetzt.

Einem anderen Grafen Stürgkh war von der Geschichte eine weitaus glücklichere Rolle zugewiesen worden als dem ermordeten Ministerpräsidenten: Georg Christoph Stürgkh hatte knapp zwei Jahrhunderte vor dem Attentat einen wesentlichen Beitrag zur Rettung des Habsburgerreichs geleistet. Er war es, der als Hofkanzler Kaiser Karls VI. mit seiner historischen Unterschrift die *Pragmatische Sanktion* gegenzeichnete, durch die Maria Theresia 1740 Regentin von Österreich werden konnte.

Seit den Tagen des Hofkanzlers Georg Christoph Stürgkh war das steirische Schloss Halbenrain Sitz der Familie Stürgkh. Das Anwesen stand zum Zeitpunkt der Ermordung Karl Stürgkhs im Oktober

1916 im Eigentum des Ministerpräsidenten und ging, da er keine direkten Nachkommen hatte, danach in die Hände seines jüngeren Bruders Heinrich Graf Stürgkh über.

In einen spektakulären Fall war auch ein angeheirateter Onkel des Ministerpräsidenten verwickelt: Karl Graf Spaur diente als königlich-bayerischer Gesandter im Vatikan, als die europaweite Revolution im Herbst 1848 auch den Kirchenstaat erreichte. Als Kardinalstaatssekretär Pellegrino Rossi am 15. November nach kaum zweimonatiger Amtszeit an der Treppe des römischen Parlaments von Rebellen erstochen wurde, bestand auch höchste Gefahr für das Leben des Papstes. Damit schlug die Stunde des Grafen Spaur, mit dessen Hilfe Pius IX. nun aus Rom flüchtete. »Mein Mann kam nach Hause und erzählte mir voller Entsetzen, wie die bewaffnete Masse den Quirinal* umringte, wie sie die Kanonen gegen das Haupttor richteten und den Papst seiner Schweizergarde beraubten«, schildert Therese Gräfin Spaur in dem Buch *Papst Pius' IX. Fahrt nach Gaeta*. Vorerst begab sich Spaurs Komplize, der französische Botschafter de Harcourt, in den Palast, um mit großer Mühe – an den Aufständischen vorbei – zum Papst zu gelangen. Er steckte den Heiligen Vater in das Gewand eines einfachen Priesters, setzte ihm Brillen auf und lotste ihn durch einen geheimen, seit Jahrzehnten stillgelegten Gang zu einer Nebenpforte. Dort bestieg der verkleidete Papst einen Wagen, der ihn zum Grafen Spaur brachte. Dieser erwartete ihn »in höchster Angst und Aufregung und bis an die Zähne bewaffnet«.

Durch seinen diplomatischen Status konnte Spaur mit seinem prominenten Fahrgast unkontrolliert die bereits von den Aufstän-

---

* Der Quirinalpalast war bis 1870 Amtssitz des Papstes.

dischen kontrollierte und zur Republik ernannte Stadt Rom verlassen. Der französische Botschafter war unterdessen allein im Quirinal geblieben und sprach auffallend laut weiter, sodass die Revolutionäre vor der Tür der päpstlichen Gemächer dachten, er wäre in ein Gespräch mit dem Pontifex vertieft. Nach zwei Stunden verließ der französische Botschafter den Palast und sagte den Wachen, der Heilige Vater hätte sich nun zur Ruhe begeben.

Der aber war zu dieser Stunde mit dem Grafen Spaur unterwegs nach Neapel, wo ihn König Ferdinand II. von Sizilien aufnahm und in Gaeta einquartierte. Knapp zwei Jahre später konnte Pius IX. nach Rom zurückkehren und sein Pontifikat fortsetzen. Graf Spaur aber wurde zum Retter des Papstes ernannt und von diesem mit höchsten Orden versehen.

Trotz der Ermordung des Ministerpräsidenten gingen zwei seiner Neffen in die Politik: Barthold Stürgkh, ein Sohn seines Bruders Heinrich, war in der Ersten Republik steirischer Landeshauptmannstellvertreter und in der Zweiten Republik Abgeordneter zum Nationalrat der Österreichischen Volkspartei. Geschichte schrieb auch Carl Georg Stürgkh – ein weiterer Neffe des Ministerpräsidenten – der nach dem Einmarsch der Nationalsozialisten mit Otto von Habsburg in Paris eine österreichische Exilregierung gründete. Stürgkh wurde von der Gestapo festgenommen und im Juni 1942 »wegen Vorbereitung zum Hochverrat zum Tod durch das Fallbeil« verurteilt, später jedoch begnadigt.

Nach Barthold ging Schloss Halbenrain in den Besitz des Maximilian Stürgkh – dem früh verstorbenen Vater der Opernballorganisatorin – über. Auch sie ist dort aufgewachsen, musste das Anwesen jedoch nach dem Tod ihrer Eltern, »da unser Vater ein finanzielles Chaos hinterließ«, gemeinsam mit ihren Geschwistern verlassen. »Das Attentat auf den Ministerpräsidenten«, erinnert sie sich heute, »war für uns Kinder nur eine Episode, die wir nicht sehr ernst nahmen. Immer wenn wir am Neuen Markt vorübergingen, haben wir den Witz gemacht, dass der gute Onkel Karl wenigstens erst nach dem Mittagessen ermordet wurde.« Desirée Treichl-Stürgkh und ihre Geschwister wuchsen, nachdem Schloss Halbenrain an das Land Steiermark verkauft wurde, in einem Wiener Internat auf.

Die Stürgkhs und die Adlers. Zwei österreichische Familien, wie sie unterschiedlicher nicht sein könnten.

Eine schrecklich un-nette Familie

Die Vorfahren der Romy Schneider

Die Familie kann auf eine wahrhaft lange Tradition zurückblicken. Romy Schneider war Schauspielerin in fünfter Generation, die Theaterdynastie ist somit noch älter als die der Thimigs, der Hörbigers und anderer Künstlerfamilien. Bereits Romy Schneiders Eltern, ihre Großmutter, ihre Ur-Großeltern, zwei ihrer Ur-Ur-Großväter sowie eine Tante hatten bereits Bühnenkarrieren gemacht:

- Romys Mutter Magda Schneider kam 1909 in Augsburg zur Welt und hatte von klein auf den Wunsch, zum Theater zu gehen. Da das aufgrund der beengten Verhältnisse, in denen sie aufwuchs, nicht möglich war, musste sie zunächst als Stenotypistin arbeiten. Abends besserte sie sich ihr Gehalt als Komparsin am Augsburger Stadttheater auf, wo man ihr nach einiger Zeit auch kleine Rollen gab. Von dort ans Münchner Gärtnerplatztheater geholt, machte sie sich schnell einen Namen und wurde von der *UFA* für den Film entdeckt. Bei den Dreharbeiten zu der Verwechslungskomödie *Kind, ich freu mich auf dein Kommen* lernte sie 1933 ihren Kollegen Wolf Albach-Retty kennen, den sie vier Jahre später heiratete.

- Romy Schneiders Vater Wolf Albach-Retty wurde 1906 als Spross einer alten Theaterdynastie in Wien geboren, wo er nach Absolvierung des Reinhardtseminars gleich ans Burgtheater kam. 1927 drehte er seinen ersten Stummfilm, danach entwickelte er sich als jugendlicher Liebhaber zu einem der beliebtesten Kinostars seiner Zeit.

• Romys Großmutter Rosa Albach-Retty, 1874 in der deutschen Stadt Hanau zur Welt gekommen, hatte von Kindheit an Theaterluft geatmet. Sie war mit 21 Jahren nach Wien gekommen, wo sie am Volks- und am Burgtheater auftrat und ihr 1913 von Kaiser Franz Joseph der Titel Hof-Schauspielerin verliehen wurde. Rosa Albach-Retty stand mit Legenden wie Josef Kainz, Katharina

Besessene Schauspieler: Romys Großmutter Rosa Albach-Retty (1874–1980), Vater Wolf Albach-Retty (1906– 1967), Mutter Magda Schneider (1909–1996)

Schratt, Adolf von Sonnenthal und Hedwig Bleibtreu auf der Bühne. Ihr Mann, der Wiener Rechtsanwalt Karl Albach, war eine der wenigen theaterfremden Personen in der Familie.

• Rosa Albach-Rettys Mutter, Käthe Retty – die Ur-Großmutter der Romy Schneider –, war selbst Tochter eines Schauspielers und einer holländischen Sängerin. Käthe stand schon mit siebzehn Jahren auf der Opernbühne, beendete ihre Gesangskarriere jedoch, als Rosa zur Welt kam. Die Mutter der 105 Jahre alt gewordenen Rosa Albach-Retty starb mit nur 45 Jahren an Krebs.

• Käthes Ehemann Rudolf Retty wurde von seiner Tochter Rosa als Allroundtalent am Theater beschrieben. »Er ist in Opern und Operetten, in Tragödien und Komödien aufgetreten, besaß einen sehr schönen Bariton und konnte hervorragend tanzen. Obendrein war er ein gesuchter Regisseur.«
Verzweifelt über den frühen Tod seiner Frau, begleitete er seine Tochter 1895 zunächst nach Wien, um etwas später mit der Schauspielerin Frieda Grossmüller seine zweite Ehe einzugehen. Mit ihr ließ sich Rudolf Retty in Leipzig nieder, wo er 1913 freiwillig aus dem Leben schied. Rosa Albach-Retty musste am Abend seines Todes auf der Bühne des Burgtheaters stehen, weil für sie kein Ersatz gefunden wurde. »Bis zum dritten Akt habe ich wie in Trance gespielt«, erinnerte sie sich, »als der Vorhang fiel, verließen mich die Nerven und ich brach zusammen.«

• Romy Schneiders Ur-Ur-Großvater Adolf Retty – der Großvater Rosa Albach-Rettys – war der Gründer der Theaterdynastie. Seine Karriere hätte der Komödie *Der Raub der Sabinerinnen* als Vorlage dienen können, in der ein vom Schulalltag gelangweilter Gymnasiallehrer Theaterblut leckt: Der einer italienischen Familie entstammende Adolf Retty war Professor

Romy Schneiders Ur-Großeltern, die Opernsängerin Käthe und der Schauspieler Rudolf Retty, hatten tragische Schicksale

für Latein und Literatur am Königsberger Gymnasium und studierte eines Tages mit seiner Klasse Molières *Tartuffe* ein. Als der Hauptdarsteller erkrankte, blieb dem Professor nichts anderes übrig, als für ihn einzuspringen. Der Direktor des Königsberger Stadttheaters saß in der Vorstellung und erklärte Adolf Retty, dass es »bei Ihrem Talent ein Wahnsinn wäre, Lehrer zu bleiben. Ich biete Ihnen einen Dreijahresvertrag.« Retty kündigte seinen Posten am Gymnasium und wurde ein erfolgreicher Heldendarsteller.

• Begeistert von dieser beruflichen Veränderung zeigte sich auch Adolf Rettys Frau, die großes Verständnis für dessen Theaterleidenschaft hatte, da ihre Schwester Opernsängerin war. Sie ereilte jedoch ein tragisches Schicksal: Sie verschwand nach einer Probe an der Berliner Oper spurlos und wurde tot in der Spree entdeckt.

73

Ihr Leichnam wies Würgespuren auf, doch der Hintergrund ihrer Ermordung konnte nie geklärt werden.

• Auch Carl Ludwig Schaefer, Rosa Albach-Rettys Großvater mütterlicherseits, hatte sich in Jugendtagen einer Schauspieltruppe angeschlossen, war aber nie über die Mitwirkung an Dilettantenbühnen hinausgekommen. Als er um die Hand seiner späteren Frau anhielt, wurde er von deren Vater mit den Worten »Ich werde doch mein Kind keinem fahrenden Schauspieler zur Frau geben« hinausgeworfen. Die beiden ergriffen bei Nacht und Nebel die Flucht und traten ohne elterlichen Segen vor den Traualtar.

Zum Schicksal des Literaturprofessors und Heldendarstellers Adolf Retty ist noch nachzutragen, dass er eines Abends nach einer Vorstellung nicht mehr nach Hause kam. Die Polizei leitete eine Großfahndung ein, doch er blieb verschollen und wurde nach zehn Jahren amtlich für tot erklärt. Was blieb, ist die Vermutung, dass er sich nach Paris abgesetzt hatte, zumal die Polizei herausfand, dass er kurz vor seinem Verschwinden in Königsberg einen Französischkurs belegt hatte.

Das also ist die Geschichte jener Familie, in die Rosemarie Magdalena Albach am 23. September 1938 in Wien hineingeboren wurde. Romy, wie man sie von Anfang an rief, wurde bereits mit vier Monaten von ihren Eltern abgeschoben, ebenso wie später ihr um drei Jahre jüngerer Bruder Wolf-Dieter, der nichts mit dem Schauspielberuf zu tun haben wollte und Arzt wurde. Die Eltern drehten einen Film nach dem anderen, hatten nur ihre Karrieren im Kopf und waren – neben Willy Fritsch und Lilian Harvey – *das* Traumpaar des deutschen Kinos.

Klar, dass da keine Zeit für die Kinder blieb. Romy wuchs bei den Großeltern mütterlicherseits in Berchtesgaden, bei Kinderfrauen und in Internaten auf. Während Mama von den jeweiligen Drehorten Briefe schickte, verlor sich Romys Kontakt zu dem abgöttisch geliebten Papa praktisch vollkommen. Wolf Albach-Retty war ein notorischer Schürzenjäger, der sich intensiv um seine Liebschaften, nicht jedoch um seine Kinder kümmerte. Romys Sehnsucht nach ihren Eltern konnte meist nur in deren neuesten Filmen gestillt werden, die sie sich im Kino anschauen durfte.

Als sie sieben war, ließen sie sich scheiden, und von da an war ihr Vater überhaupt ganz von der Bildfläche verschwunden. Magda Schneider ließ keine Gelegenheit aus, ihre kleine Tochter über die permanente Untreue ihres Vaters zu informieren, was wohl dazu beitrug, dass Romys Beziehungen zeitlebens problematisch waren. Schon mit dreizehn schrieb sie in ihr Tagebuch: »Männer bleiben ja selten treu.«

Alle – wirklich alle – der in dieser Zeit lebenden Vorfahren Romy Schneiders waren Hitler zutiefst ergeben: Wolf Albach-Retty begnügte sich nicht damit, der NSDAP anzugehören, sondern war – obwohl Österreicher – bereits 1933 »förderndes Mitglied der SS«. Vier Jahre später legte er von sich aus die österreichische Staatsbürgerschaft zurück, um ein »nationalsozialistischer Deutscher« zu werden.

Magda Schneider zählte zum intimsten Kreis des »Führers« und ließ keine seiner Einladungen in Berlin und auf dem Obersalzberg aus. Sie nahm ihre kleine Tochter zu den »Kinderfesten« der Nazibonzen mit, wo deren Töchter und Söhne ihre Spielkameraden waren. Romy, entsetzt von Magda Schneiders Nähe zu Hitler, vermutete später sogar, »dass meine Mutter ein Verhältnis mit ihm hatte«. Hitler hatte Magda Schneider schon in ihren Anfängen am Gärtnerplatztheater verehrt und ihr nach den Vorstellungen Blumenbouquets überreicht. Längst an der Macht, sagte er einmal am Rande eines Künstlerempfangs in der Reichskanzlei zu ihr: »Ich hoffe, Sie wissen, dass ich damals in München nur Ihretwegen ins Theater gegangen bin.«

Der Kontakt zu den Machthabern hat sich jedenfalls gelohnt: Magda Schneider drehte während der Zeit des Dritten Reichs dreißig, Wolf Albach-Retty vierzig Filme, allesamt seichte Unterhaltungsware, hervorragend dazu geeignet, von Krieg und Terror abzulenken. Im Gegensatz zu Paula Wessely, Attila Hörbiger und anderen Künstlern, deren Karrieren zur gleichen Zeit ihren Höhepunkt erreichten, wurde weder von Magda Schneider noch von Wolf Albach-Retty bekannt, dass sie sich für verfolgte Kollegen eingesetzt oder ihnen zur Flucht verholfen hätten.

Nicht nur Romys Eltern, auch deren spätere Ehepartner waren stramme Nazis:

Magda Schneiders zweiter Mann, Hans Herbert Blatzheim, war NSDAP-Mitglied und machte in dieser Zeit als Restaurantbesitzer blendende Geschäfte. Auch Wolf Albach-Rettys Ehefrau Nummer zwei, die Schauspielerin Trude Marlen, genoss Hitlers höchste Wertschätzung. Sie durfte sich als eine der wenigen Auserwählten persönlich an ihn wenden, wenn es ihr an Rollen mangelte. Das war freilich nie nötig, da die gebürtige Grazerin ab 1933 schnell Karriere machte und in Berlin als »deutsche Antwort auf Jean Harlow« gehandelt wurde. Ab 1941 war sie Mitglied des Burgtheaters.

»Wenn es nach mir ginge, würde ich sofort Schauspielerin werden, so wie Mami«, schrieb die 13-jährige Romy Schneider in ihr Tagebuch. »Aber mit ihr habe ich noch nie darüber gesprochen.« In der katholischen Klosterschule Goldenstein bei Salzburg träumte sie von einer Filmkarriere, sie kannte ja auch nichts anderes als den Beruf des Schauspielers.

Zwei Jahre später begann sich ihre Mutter zum ersten Mal für sie zu interessieren – natürlich nicht aus plötzlich entflammter Liebe, sondern weil sie sah, dass Romy ihrer eigenen Karriere förderlich sein könnte: Magdas große Zeit war vorüber, die Filmindustrie hatte sie nach dem Ende des Dritten Reichs fallengelassen. Da erkannte sie, dass es im Schatten ihrer schönen, begabten Tochter auch für sie wieder aufwärts gehen könnte. Tatsächlich akzeptierte Romy in ihren ersten Jahren als Schauspielerin nur Filmangebote, in denen es auch eine Rolle für »Mamile« gab.

Die wohl hässlichste Figur im Sittenbild dieser schrecklich unnetten Familie war zweifellos Romys Stiefvater, den sie »Daddy« nennen musste, obwohl er ihr von Anfang an verhasst war. Hans Herbert Blatzheim, der sich gerne als Beschützer des angehenden Weltstars ausgab, nützte nicht nur schamlos deren Prominenz für seine geschäftlichen Zwecke, sondern versuchte sie auch mehrmals sexuell zu missbrauchen.

Und bestohlen hat er sie auch. Da Romy Schneider noch minderjährig war, als sie mit ihren drei *Sissi*-Filmen viel Geld zu verdienen begann, ließ Blatzheim sämtliche Gagen auf seine Konten in Liechtenstein überweisen. Als er dann mit seinem Gastronomieunternehmen pleiteging, war das für Romy »verwaltete« Millionenvermögen weg. Seltsam, dass sich der feine Herr, der 1968 starb, nie für all seine Untaten vor Gericht verantworten musste.

Auch Romy Schneiders Großmutter Rosa Albach-Retty war eine stramme Anhängerin Hitlers. Bis 1938 Mitglied der *Vaterländischen Front*, wechselte die Grande Dame des Burgtheaters nach dem »Anschluss« zur Gegenseite über und wurde, wie schon zuvor ihr Sohn, »förderndes Mitglied der SS«. In der *Kleinen Volks-Zeitung* vom 10. April 1938 erklärte sie: »Wie alle Menschen bin ich natür-

Die kleine Romy mit ihrer stolzen Großmama Rosa Albach-Retty

lich eine begeisterte Verehrerin des Führers, aber ich darf mich überdies rühmen, ihm besonders nahe zu sein. Dies schon deshalb, da meine Schwiegertochter Magda Schneider in Schönau* bei Berchtesgaden ein Haus besitzt. So hatte ich das Glück, den Führer oftmals in Berchtesgaden zu sehen, und bei der Olympiade war es mir vergönnt, knapp hinter ihm zu sitzen. Wer Adolf Hitler derart nahe war, fühlt doppelt die gewaltige Macht seiner Persönlichkeit.«

Ich traf die 102-jährige Rosa Albach-Retty im August 1977 in Bad Goisern, als dieser Teil ihrer Vergangenheit noch unbekannt war. Die alte Dame verbrachte dort ihren alljährlichen Sommerurlaub und erzählte auf der Terrasse des Kurhotels aus ihrem Leben. »Ich glaube, ein gutes Naturell zu haben«, erklärte sie das Phänomen, in so guter Verfassung so alt geworden zu sein. »Dinge, die mich belasten, kann ich ziemlich leicht abschütteln. Ich sage mir, es hat keinen Sinn, sich allzu sehr aufzuregen.«

---

* Schönau liegt in der Nähe von Hitlers Feriendomizil Obersalzberg.

Über ihre damals 39-jährige Enkelin Romy Schneider sagte sie: »Sie ist leider keine Schauspielerin geworden – nur Filmschauspielerin.« Da kannte die Großmama kein Pardon, auch wenn Romy zu diesem Zeitpunkt längst ein Weltstar war, war sie für die Großmama »nur Filmschauspielerin«. Hier waren zwei Schauspielergenerationen und zwei Welten aneinandergeraten. Dass Romy sie schon seit Jahren nicht besucht hatte – nicht einmal an ihrem hundertsten Geburtstag – erwähnte Rosa Albach-Retty nur am Rande. Dass sie die weltberühmte Enkelin erst wenige Wochen davor zum zweiten Mal zur Ur-Großmutter gemacht hatte, gab ihr zu denken: »Ich verstehe das nicht recht. Sie kann sich doch kaum um die Kinder kümmern, wenn sie soviel zu tun hat.« Die Nichterfüllung elterlicher Pflichten war freilich nichts Neues in dieser Familiengeschichte – nicht nur Romys Eltern hatten keine Zeit für ihre Tochter, auch Rosa Albach-Retty musste einst, wenn sie ihren Vater sprechen wollte, »ins Theater gehen oder auf den Sonntag Vormittag warten«.

Ob die vielbeschäftigte Rosa Albach-Retty für ihren eigenen Sohn Wolf mehr Zeit hatte, wissen wir nicht, seinen frühen Tod im Alter von sechzig Jahren bezeichnete sie jedenfalls als »den härtesten Schlag meines Lebens«.

Rosa Albach-Retty starb am 26. August 1980 im Künstlerheim in Baden bei Wien in ihrem 106. Lebensjahr.

»Wie sieht die Zukunft dieses Mädels aus?«, hatte sie damals in Bad Goisern noch zu mir gesagt. »Kann ein junger Mensch so viel Lob, so viel Bewunderung, dieses ständige Im-Mittelpunkt-Stehen überhaupt verkraften?«

Romy konnte das, wie wir heute wissen, nicht. Sie ertrug es nicht, von ihrer großen Liebe Alain Delon gedemütigt und betrogen zu werden. Sie ertrug das Scheitern ihrer Ehe mit Harry Meyen und

Sie stand in der fünften Generation einer Theater-dynastie und erlangte durch den Film Weltruhm. Aber glücklich wurde sie nicht: Ausnahme-Schauspielerin Romy Schneider (1938–1982)

dessen späteren Selbstmord nicht. Und auch die Trennung von Daniel Biasini, ihrem zweiten Ehemann, war zu viel für sie. Dass ihre Tochter Sarah Biasini eine gefragte Schauspielerin werden und die Dynastie um eine weitere Generation bereichern sollte, hat sie nicht mehr erlebt.

»Verzeihen Sie, wenn ich das so simpel sage, aber das hätte alles sehr viel besser laufen können mit meinem Leben«, sagte Romy Schneider in einem ihrer letzten Interviews. Dabei konnte sie nicht ahnen, dass die größte Katastrophe noch vor ihr lag: Am 5. Juli 1981 sollte ihr Sohn David, vierzehn Jahre alt, tödlich verunglücken.

Sein Tod war auch ihrer. Romy Schneider starb ein knappes Jahr später, am 29. Mai 1982, im Alter von 43 Jahren an einer Überdosis Tabletten.

Mag sein, dass man den Weg dieser Frau ein wenig besser versteht, wenn man ihren familiären Hintergrund kennt.

»Die wilde Brut«

Alltag in Maria Theresias Großfamilie

Also, ganz so romantisch wie man sich das vorstellt, war's auch wieder nicht. Maria Theresia regiert von 8 bis 18 Uhr, kommt dann in ihre Privatgemächer, in denen sechzehn Kinder herumtollen, spielt mit ihnen, bringt sie zu Bett. Am nächsten Morgen geht's dann gleich zur nächsten Kabinettssitzung – nein, so war's nicht.

Gar so viele Kinder waren nie auf einmal versammelt – einige starben früh, und der Rest wohnte aufgeteilt in verschiedenen Hofgebäuden, weil für alle selbst Schönbrunn zu klein gewesen wäre. Jedes Kind hatte seinen eigenen Hofstaat, bestehend aus Erziehern, Kammerdienern, Kammerfrauen, Kammerheizern und Kammertürhütern. Nur Thronfolger Josef und zwei bis drei seiner Schwestern wohnten bei den Eltern, die anderen in der Hofburg, einem der privaten Palais, manche sogar in den Dienstwohnungen ihrer Kammerdiener. Man kann sich das Geheul der Sprösslinge vorstellen, die vor dem Schlafengehen in ihre Unterkünfte gebracht und somit von Eltern und den privilegierten Geschwistern getrennt wurden.

Tagsüber waren sie aber viel zusammen. Gefrühstückt, gespielt und soupiert wurde gemeinsam, wenn möglich mit den Majestäten, Mama und Papa also.

Als Maria Theresia selbst noch ein Kind war, hatte sich ihr Vater, Kaiser Karl VI., schon Gedanken gemacht, wen sie einmal heiraten würde. Zur Auswahl standen die Kronprinzen von Spanien, Bayern und Preußen – letzterer hätte sie liebend gern genommen, wurde dann aber als Friedrich der Große ihr größter Feind und erbittertster Kriegsgegner. Nein, die kamen alle nicht in Frage, doch als sie Franz Stephan von Lothringen sah, war's um sie geschehen. Es war von beiden Seiten Liebe auf den ersten Blick und diese hielt – trotz mannigfacher Probleme – bis zum Ende.

Eine der wenigen Angehörigen des Hauses Habsburg, die ihr privates Glück fanden: Maria Theresia im Alter von 23 Jahren, kurz vor der Thronbesteigung

Als sie im Februar 1736 heirateten, war Maria Theresia 19 und er 27 Jahre alt. Die erste Tochter kam im darauffolgenden Jahr, dann noch eine und noch eine. Zu diesem Zeitpunkt war's gar nicht so sicher, ob Maria Theresia Österreich je regieren würde. Hätte sie nämlich zu Lebzeiten ihres Vaters einen Sohn zur Welt gebracht, wäre der automatisch Thronfolger und somit nächster Kaiser geworden – und sie wäre bis zu dessen Volljährigkeit bestenfalls sein Vormund gewesen, mehr nicht. Aber als ihr erster Sohn Josef im März 1741 geboren wurde, war Kaiser Karl VI. seit einem halben Jahr tot, es ist sich also knapp ausgegangen, dass sie aufgrund der *Pragmatischen Sanktion* Kaiserin wurde.

Das heißt, Kaiserin war sie gar nicht, sie war ab 1745 die Frau des Römisch-Deutschen Kaisers. Der Titel Majestät stand ihr eigentlich nur zu, weil sie Königin von Ungarn war. In Österreich führte sie den relativ bescheidenen Rang einer Erzherzogin, aber all das spielte keine Rolle, weil Maria Theresia selbst dann, wenn die Leute sie »Resi« nannten, über eine natürliche Autorität verfügte und sich des Respekts und der Liebe ihrer Untertanen erfreuen durfte.

Regieren und Muttersein, das ging bei ihr irgendwie Hand in Hand. Zwischen Schlesischem Krieg, Erbfolgekrieg, Siebenjährigem Krieg, Verwaltungs-, Handels-, Strafrechts- und Bildungsreform brachte sie es immer wieder zuwege, ein paar Stunden für sich und die Kinder abzuzweigen. Mutter war sie in allem, als Regentin ihrer Völker und für ihre Töchter und Söhne sowieso. Um ein Licht auf die Familiensituation zu werfen, seien hier die sechzehn Kinder, die Maria Theresia zur Welt brachte, genannt:

- Maria Elisabeth, 1737–1740
- Maria Anna, 1738–1789
- Marie Karolina, 1740–1741
- Josef, später Kaiser Josef II., 1741–1790
- Marie Christine, 1742–1798
- Maria Elisabeth, 1743–1808
- Karl Joseph, 1745–1761
- Maria Amalia, 1746–1804
- Leopold, später Kaiser Leopold II., 1747–1792
- Karolina, geboren und gestorben 1748
- Johanna Gabriela, 1750–1762
- Maria Josepha, 1751–1767
- Maria Karolina, 1752–1814

- Ferdinand Karl, 1754–1806
- Maria Antonia, später Königin Marie Antoinette von Frankreich, 1755–1793
- Maximilian Franz, 1756–1801

Es mag verblüffen, wie sich das enorme Pensum, das die Herrscherin eines Riesenreichs zu erledigen hatte, mit der fast alljährlich auf sie zukommenden Geburt eines Kindes und der Hingabe einer Mutter und Ehefrau vereinen ließ. Das Geheimnis war Maria Theresias Fleiß und ihre Fähigkeit, Arbeit und Familienleben unter einen Hut zu bringen. Einmal entschuldigte sie sich bei einem ihrer Minister dafür, dass ein wichtiges Dokument einen Kaffeefleck aufwies – sie hatte beim Frühstück, umgeben von der Kinderschar, an dem Akt gearbeitet und ein Bub hatte währenddessen ein Kaffeehäferl umgeworfen. Dass sie sich um die Erziehung bis zu einem gewissen Grad selbst kümmerte, beweist die Direktive an eine Kinderfrau, die kleinen Erzherzöge müssten sich »einmal in der Woche die Füße waschen« (was für die Hygieneverhältnisse ihrer Zeit durchaus fortschrittlich war).

Natürlich hat Maria Theresia nicht die Windeln ihrer Kinder gewechselt, aber sie hat darauf geachtet, ihnen die ihr eigene Fröhlichkeit, die positive Ausstrahlung und den Lebensmut zu vermitteln.

Das Zusammenleben so vieler Geschwister konnte natürlich nicht ohne Streit ablaufen, wie einer überlieferten Szene zwischen dem erstgeborenen Sohn Josef und dem zweitgeborenen Karl aufzeigt. Karl war hochintelligent, aber jähzornig und sicherlich eifersüchtig auf die Sonderstellung des künftigen Regenten. »Du bildest dir was drauf ein, dass du Kronprinz bist«, warf Karl seinem um vier

Jahre älteren Bruder vor. »Dabei war dein Vater, als du zur Welt kamst, noch ein simpler Großherzog, aber als ich zur Welt kam, war er bereits Kaiser.« Tatsächlich wurde Franz Stephan erst kurz vor Karls Geburt gekrönt.

Der reiche Kindersegen ist auch an Maria Theresia nicht spurlos vorübergegangen. Die Gestalt der fast zierlichen jungen Frau veränderte sich im Lauf der Jahre stark, um nach der Geburt ihres letzten Kindes gänzlich »aus der Fasson zu geraten«, und der Ansatz eines Doppelkinns war auch nicht zu übersehen. »Die vielen Geburten«, beschreibt sie der in Wien akkreditierte preußische Diplomat Graf Podewils, »haben sie äußerst schwerfällig gemacht, und doch kann man nicht leugnen, dass sie eine schöne Person geblieben ist.«

Kinder waren ihr unendlich wichtig, die eigenen wie die des Volkes. Wenn sie 1774 die allgemeine Schulpflicht einführte, dann kam das von Herzen, und sie wusste genau, was sie da tat, hatte sie doch selbst eine hervorragende Ausbildung erfahren. Zu den Fächern, die sie belegt hatte, gehörten Religion, Latein, Spanisch, Italienisch, Französisch, Geschichte, Geografie, Literatur, Musik, Tanz, Reiten und Theaterspielen. Nur mit den Regierungsgeschäften hat sie ihr Vater eigenartigerweise nie wirklich vertraut gemacht – wohl weil er bis zuletzt hoffte, doch noch einen männlichen Thronerben zu bekommen.

Maria Theresia achtete darauf, dass ihre Kinder ebenso fundiert unterrichtet würden wie sie selbst. Der damals berühmte Komponist Georg Christoph Wagenseil war deren Klavierlehrer, ein italienischer Tenor unterrichtete Gesang, der Dichter und Komponist Metastasio führte Regie, wenn die Hofgesellschaft Vorbereitungen zur Aufführung eines Bühnenstücks traf. Allerdings wurde bei Maria

»Entschuldigen Sie bitte den Kaffeefleck«: Maria Theresia, Kaiser Franz Stephan und ihre Kinderschar

Theresias Kindern, wie sich später herausstellen sollte, ein bisschen zu viel Wert aufs Theaterspielen und zu wenig auf die Allgemeinbildung gelegt.

Besonders streng achtete man auf Anstand und Sitte des ältesten Sohnes und künftigen Kaisers. Die von seinem Erzieher Graf Karl Batthyány 1752 verfassten *Instructionen* regelten genau, wie sich der Elfjährige bei einem Besuch im Appartement der kaiserlichen Eltern zu verhalten habe: »Sobald er sich den Majestäten nähert, zeige er respektvolle Miene, gehe Ihnen entgegen ohne zu laufen, küsse Ihnen respektvoll und zärtlich die Hand, sehe Sie an während er mit Ihnen rede, unterhalte er sich mit Ihrer Majestät so gut es ihm möglich ist, ohne sich dabei auf Sie oder den Sessel zu stützen. Er bemühe sich, von Zeit zu Zeit einen Blick auf mich zu werfen, damit ich nicht gezwungen bin, ihn zu korrigieren und es alle Welt bemerke. Er hüte sich davor, darüber zu sprechen, was in den Zimmern der Majestäten vorgefallen ist, selbst gegenüber seinen teuren Schwestern ist darüber Stillschweigen zu bewahren.«

Den Erziehungsanweisungen für die Erzherzoginnen ist zu entnehmen, dass sie »mit ihren jüngeren Geschwistern verkehren sollten, nicht jedoch mit den älteren«. Man befürchtete wohl, dass diese den Kleinen »Unsinnigkeiten« beibringen würden. Dem Personal gegenüber hatten sie sich »freundlich, aber nicht zu vertraulich zu verhalten«. Während die Söhne auf ihre künftige Rolle als mögliche Regenten vorbereitet wurden, wies Maria Theresia ihren Töchtern vor allem den Weg ins Eheleben: »Fügsamkeit gegenüber dem Gatten«, dem zu gefallen oberstes Ziel war, »sich aus Intrigenspielen heraushalten, keine Vertraulichkeiten mit Untergebenen, religiöse Übungen einhalten und sich keinesfalls in die Politik einmischen«. Gerade die letzte Regel mag verwundern, zumal die hochpolitische Herrscherin ihr ganzes Leben gegen diese Regel verstieß.

Hin und wieder wollen Kaiser und Kaiserin allein sein, anders hätten sie »die wilde Brut«, wie Maria Theresia ihre vielen Kinder nannte, nicht zustande gebracht. Über genügend Ausweichquartiere, um sich zurückziehen zu können, verfügt man ja: Hofburg, Schönbrunn, Laxenburg, Hetzendorf, Schlosshof und noch ein paar kleinere Palais in Wien und Umgebung stehen zur Verfügung.

Einmal unternehmen Maria Theresia und Franz Stephan, zu dem sie schon in jungen Jahren »mein Alter« sagte, einen Ausflug ins Leithagebirge. Bei Mannersdorf, so ist's überliefert, klettert der Kaiser über eine Mauer und pflückt seiner Frau ein paar Trauben. Der Bauer erscheint, stellt den Dieb und verlangt fünf Gulden Schadenersatz. Kaisers haben natürlich kein Geld bei sich, der Winzer fragt sie nach ihrem Namen, sie stellt sich als Maria Theresia von Österreich vor, er als Kaiser – da fühlt sich der schlichte Mann gefoppt und sperrt die beiden kurzerhand in seinen Weinkeller. Die Leibwache befreit die Majestäten, erklärt dem verdatterten Bauern, wen er da gefangen genommen hat, und die Kaiserin lässt ihm zehn Gulden auszahlen. Danach wurde an dieser Stelle eine Gedenktafel errichtet, die an den Tag erinnert, an dem Kaiser und Kaiserin hier als Traubendiebe eingesperrt wurden.

Ein Kind kommt nach dem anderen zur Welt, fast im Jahrestakt. Klar, dass bei Hof, jedes Mal wenn die Kaiserin schwanger ist, über das Geschlecht gerätselt wird. Eines Tages, als Maria Theresia wieder einer Geburt entgegensieht, fragt sie ihren Kämmerer Graf Dietrichstein, was es denn seiner Meinung nach werden würde. Um ihr eine Freude zu machen – Stammhalter zählten bei Hof weit mehr als Mädchen – erklärt der Graf, dass er fest an einen Buben glaube. Sie jedoch fühlt, es würde wieder ein Mädchen und bietet ihm eine Wette an.

Der Graf verliert. Maria Amalia, das achte Kind beziehungsweise sechste Mädchen wird 1746 geboren. Dass all die Kinder nicht einfach »passiert«, sondern in dieser Vielzahl durchaus geplant sind, beweist die Kaiserin mit ein paar Zeilen, die sie an ihre Schwiegertochter Marie Beatrix – die Frau von Erzherzog Ferdinand Karl – richtet: »Man kann nicht genug davon haben, in diesem Punkte bin ich unersättlich.« Marie Beatrix nahm sich das zu Herzen und wurde immerhin neunfache Mutter. Zwei von Maria Theresias Nachkommen übertrafen den mütterlichen Kindersegen sogar: Sohn Leopold hatte mit seiner Frau Maria Ludovica sechzehn Kinder – zu denen zumindest ein unehelicher Sohn kam*. Und auch Maria Theresias Tochter Maria Karolina stellte den bisherigen Familienrekord der Mutter in den Schatten, brachte sie doch nicht weniger als achtzehn Kinder zur Welt.

Maria Theresia und Franz Stephan führten eine der wenigen glücklichen Habsburger-Ehen. Sie liebte ihn uneingeschränkt, er sie nicht minder, auch wenn er ihr nie treu war. Franz Stephan hatte ständig irgendwelche Amouren, man weiß von den Sängerinnen Astria und Gabrielli, von den Gräfinnen Pálffy und Colloredo und seiner langjährigen Geliebten Wilhelmine von Auersperg. Die Kaiserin musste fast dreißig Jahre mit der Schmach leben, von ihrem Mann ständig betrogen zu werden.

Weder als Kaiser des Heiligen Römischen Reichs noch als Maria Theresias Mitregent hatte er viele Aufgaben, somit verfügte er über genügend Zeit für seine Affären. Als sich der Kaiserin einmal eine Kammerfrau mit ihrem Liebeskummer anvertraute, erteilte sie dieser aus vollem Herzen den Rat: »Mein Kind, lass dich warnen! Heirate nie einen Mann, der nichts zu tun hat!«

Eine solche Großfamilie samt Hofstaat durchzufüttern war selbst für kaiserliche Verhältnisse eine gewaltige finanzielle Belastung. Dazu kam, dass Maria Theresia eine leidenschaftliche Hasardspielerin war und auf dem Würfeltisch beträchtliche Summen verlor. Ihr persönlicher Zahlmeister Karl Dier, den sie von ihrem Vater

---

* Die Tänzerin Livia Raimondi schenkte dem späteren Kaiser Leopold II. im Jahre 1788 einen Knaben, der unter dem Namen Ludwig von Grünn als Hof-Konzipist arbeiten sollte.

übernommen hatte, wusste um Maria Theresias Finanzprobleme Bescheid und hielt – ihr volles Vertrauen genießend – den Kassastand vor ihr geheim. So konnte er ihr, sobald sie Forderungen nach Auszahlung immer größerer Summen stellte, mitteilen, dass die Geldknappheit derartige Ausgaben nicht erlauben würde. Als Dier im Jahre 1756 im Sterben lag, schickte er der Kaiserin die in der Kassa befindliche Summe von 400 000 Dukaten, die er ihr durch seine Sparsamkeit erhalten hatte. Der Betrag sollte Maria Theresia noch eine Zeitlang vor größeren Problemen retten, doch am Höhepunkt des Siebenjährigen Krieges, der Unsummen verschlang, mussten die kaiserliche Hofhaltung dann doch etwas eingeschränkt und Teile des prachtvollen Wagenparks und der Pferde verkauft werden. 1758 wurden Maria Theresias Juwelen verpfändet.

Eine Familie dieser Größenordnung war im 18. Jahrhundert ständig mit dem Tod konfrontiert. Von den elf Töchtern und fünf Söhnen, die sie zur Welt brachte, starben sechs im Kindes- oder Jugendalter. Allein an Pocken verlor Maria Theresia ihren Sohn Karl, ihre Töchter Johanna Gabriela, Maria Josepha, zwei ihrer Schwiegertöchter und eine Enkelin. Auch Maria Theresia selbst wurde von der Infektionskrankheit erfasst, erholte sich aber wieder. Eine weitere Tochter, Maria Anna, überlebte zwar, zog sich jedoch, da ihr hübsches Gesicht von Pockennarben entstellt war, für den Rest ihres Lebens als Äbtissin in ein Kloster zurück. Maria Theresia bezeichnete die Pocken als »Erzfeind des Hauses Habsburg«.

Den schmerzlichen Wendepunkt ihres Lebens erleidet Maria Theresia im Alter von 48 Jahren. Am Abend des 18. August 1765 findet in der Hofburg zu Innsbruck eine aus Anlass der Hochzeit ihres Sohnes Leopold gegebene Theatervorstellung statt. Kaiser Franz Stephan applaudiert der italienischen Schauspieltruppe, zieht sich aber noch vor Schluss der Aufführung zurück. Josef folgt ihm, stützt den Vater, als er auf der Treppe von einem Schwindel befallen wird. »Es ist nichts weiter«, sagt der 56-Jährige zu seinem Sohn, er schafft noch ein paar Schritte, hält sich an einem Türrahmen fest und sackt in sich zusammen. Man legt Franz Stephan auf das Bett eines Dieners, holt einen Arzt – doch es ist zu spät. Der Kaiser ist tot.

Maria Theresia weiß noch nichts, sie ist in der Vorstellung. Man verständigt sie, die Kaiserin steht wie versteinert da, sagt kein Wort, bricht in Tränen aus. Ihr Leibarzt Gerard van Swieten schreibt dem Staatsminister Johann Graf Cobenzl: »Josef musste nicht nur den Vater in seinen Armen sterben sehen, sondern auch die Kaiserin abwehren, die den leblosen Kaiser sehen wollte. Man hinderte sie daran, und ihr Sohn bewies bei dieser Gelegenheit, eine Entschiedenheit, stark wie der Schmerz, der ihn ergriffen haben muss. Die Kaiserin erlitt in dieser Nacht zwei Ohnmachtsanfälle.«

Die Leiche des Kaisers wird nach Wien überführt, öffentlich aufgebahrt und am 31. August in der Kapuzinergruft beigesetzt.

Wie viel Maria Theresia die Zeit, die sie mit ihm verbringen durfte, bedeutete, zeigt eine Berechnung, die sich nach ihrem Tod auf einem handgeschriebenen Zettel in ihrem Gebetbuch fand: Die 29 1/2 gemeinsam verbrachten Jahre »waren 354 monat, 1416 wochen, 9912 täge, 237 888 stunden«.

Die Kaiserin hat mit ihm nicht nur den geliebten Mann verloren, sondern auch die – neben den Kanzlern Kaunitz und Haugwitz – wohl wichtigste Stütze in Regierungsfragen. Franz Stephan war intelligent und ein guter Geschäftsmann, der sein Privatvermögen geschickt verwaltete. Sohn Josef – der in politischen Fragen oft ganz anders dachte und mit seiner Mutter große Meinungsverschiedenheiten hatte – trat nun die Nachfolge seines Vaters als Mitregent an.

Die tiefreligiöse Maria Theresia zieht sich nach dem Tod ihres Mannes immer wieder tagelang zur Andacht zurück. Sie wird ihr schwarzes Witwenkleid und ihren Witwenschleier nie wieder ablegen, lässt ihr langes Haar abschneiden, die Privatgemächer schwarz tapezieren. Die fünfzehn Jahre, die sie noch zu leben hat, sind von Trauer geprägt, der Tod Franz Stephans hat ihr jegliche Freude genommen, sie wird nie wieder richtig froh. »Ich habe den liebenswürdigsten aller Männer verloren«, schreibt sie der Gräfin Edling, »er war der ganze Trost meines harten Daseins; jetzt ist für mich nichts mehr da.

Nach dem Tod ihres Mannes legte Maria Theresia das Witwenkleid und den Witwenschleier nie wieder ab

Möge mich Gott erleuchten und stärken, wenn ich denn noch eine Zeitlang auf dieser Erde herumirren soll.«

Im Mai 1772 fühlt sie sich in ihrer anhaltenden Trauer so geschwächt, dass sie die Regierungsgeschäfte niederzulegen gedenkt, wovon sie von ihrem Obersthofmeister Khevenhüller und dem gesamten Hofstaat zurückgehalten wird.

Und doch nimmt Maria Theresia ihre Aufgabe als Regentin weiterhin so ernst, dass ihr das Wohl des Volkes über dem der Familie zu stehen scheint: »So sehr ich meine Familie und meine Kinder liebe und weder Mühe noch Sorgen und Arbeit in ihrem Interesse scheue, so hätte ich doch nicht gezögert, gewissenhaft vor allem die Mutter meiner Länder zu sein und ihnen den Vorzug zu geben, wenn es nötig gewesen wäre.«

Ein paar Mal war es »nötig«, jedenfalls wenn sie ihre Töchter zwang, aus Staatsräson Ehen einzugehen, die nur den Grund hatten, Österreichs Einfluss in der Welt zu festigen. Ursprünglich sollte Maria Theresias achte Tochter Johanna Gabriela den als dümmlich, schwach und gefühllos beschriebenen König Ferdinand I. von Neapel-Sizilien heiraten. Sie starb davor an den Pocken. Dann war ihre neunte Tochter Maria Josepha für diese »Partie« vorgesehen. Sie protestierte vergeblich gegen die Verlobung und hätte unter normalen Umständen auch die Hochzeit nicht verhindern können, die am 15. Oktober 1767 in der Wiener Augustinerkirche gefeiert werden sollte.

Doch sie findet nicht statt: Maria Josepha stirbt just an diesem Tag, ebenfalls an den Pocken.

Nur zwei Wochen nach dem Tod der Erzherzogin fragt der spanische König Karl III. – er ist Ferdinands Vater – bei der Kaiserin in Wien an, ob sie nicht noch eine Tochter für seinen offenbar schwer vermittelbaren Sohn hätte – das war nun schon die dritte! Maria Theresias Antwort vom 18. November 1767 entnimmt man, dass Königskinder damals tatsächlich wie Vieh verschachert wurden: »Da ich sicherlich nicht weniger als Eure Majestät das Verlangen empfinde, mein Haus mit dem Ihren zu verbinden, gebe ich Ihnen mit großer Freude eine der mir verbliebenen Töchter, um den Verlust auszugleichen, den wir beweinen. Ich habe zur Zeit zwei, die in Frage kämen: Die eine ist die Erzherzogin Amalia, die über ein angenehmes Gesicht verfügt wie auch über eine solche Gesundheit, dass man auf eine zahlreiche Nachkommenschaft hoffen dürfte; die andere ist die Erzherzogin Maria Karolina, die auch von guter Gesundheit ist und außerdem ein Jahr und sieben Monate jünger als der König von Neapel. Ich lasse Eurer Majestät die Freiheit der Wahl.«

Die »Wahl« fällt auf Maria Karolina, die sich mit Händen und Füßen gegen den Hochzeits-Schacher wehrt – doch auch sie ist chancenlos. Nun geschieht Unglaubliches: Die Ehe bleibt vier Jahre kinderlos, dann schenkt Maria Karolina dem Gemahl die erwähnten achtzehn Kinder! Sie hat ihn nicht geliebt – aber ihr Schicksal zu akzeptieren gelernt.

Nicht besser sollte es der noch »übrig gebliebenen« Maria Amalia ergehen. Sie musste, ebenfalls gegen ihren Willen, mit dem Herzog Ferdinand von Bourbon-Parma vor den Traualtar treten. Vorher gab ihr die Kaiserin noch ein paar briefliche Tipps, die wohl auf ihren eigenen, teils schmerzlichen Erfahrungen basierten: »Je mehr du deinem Manne Freiheit lässt, desto liebenswürdiger wirst du ihm sein und um so mehr wird er dich suchen. Trachte ihn zu unterhalten, zu beschäftigen, dass er sich nirgends besser befinde. Je mehr du deinem Gemahl Freiheit lässt, desto anhänglicher wird er sein. Die törichte Liebe vergeht bald. Alle Ehen würden glücklich sein, wenn man sich so benehmen würde!«

Neben so vielen familiären, aber auch staatspolitischen Problemen bleiben Maria Theresia auch einige wenige Lichtblicke. Einer ist die Liebesheirat – auch solche gab es, wenn auch nur in Ausnahmefällen – ihrer Tochter Marie Christine mit dem Prinzen Albert von Sachsen-Teschen. Der andere ist die herbeigesehnte Geburt von Maria Theresias erstem Enkelsohn. Unkonventionell wie sie nun einmal war, verließ die Kaiserin an diesem Abend, dem 12. Februar 1768, ihre Privatgemächer, um im Negligee in das mit der Hofburg durch einen Gang verbundene Burgtheater zu laufen. Sie stürzte in ihre Loge, unterbrach die auf der Bühne agierenden Schauspieler und rief ins Publikum: »Kinder denkt's euch, der Poldl hat an Buam kriegt!«

Für die Geschichte Österreichs bedeutet dieser freudige Aufschrei: Ihrem Sohn Leopold war eben ein Stammhalter geboren worden. Er wurde wenige Tage danach auf den Namen Franz getauft, und beide Protagonisten dieser kleinen Episode sollten noch Kaiser werden: »Poldl« als Leopold II. und der »Bua« als Franz II.

Nach dieser Freude kommen auf Maria Theresia im April 1770 die nächsten Schwierigkeiten zu, als Marie Antoinette Frankreichs Thronfolger – den späteren König Ludwig XVI. – heiratet. Sie ist 14 1/2, der Dauphin ein Jahr älter, beide sind ahnungslose Kinder, die unaufgeklärt in diese Ehe schlittern und jeglicher Form von Intimität ahnungslos gegenüber stehen. Als Marie Antoinette nach einem Jahr Ehe ihrer Mutter nach Wien schreibt, dass seit ihrer Heirat im ehelichen Schlafgemach »nichts passiert« ist, und sie sich gleichzeitig wunderte, dass noch immer kein Kind unterwegs sei, antwortet die Kaiserin: »Ich gestehe Ihnen meine Schwäche, dass das, was Sie mir mitgeteilt haben, es müsste ein Wunder vorliegen, wenn Sie guter Hoffnung wären, mich unterhalten hat. Es ist nur die zu große Jugend dieses Prinzen, die unsere Wünsche verhindert, und auch ein wenig Scheu, die allen denen eigen ist, die in Unschuld erzogen worden sind. Das ist unangenehm, aber gut für die Zukunft. Wenn einmal dieser Zauber gebrochen ist, so wird alles tüchtig gut gehen.«

Maria Theresia ließ sich in ihren letzten Lebensjahren so oft wie möglich in die Kapuzinergruft führen, um ihrem verstorbenen Gemahl nahe zu sein. Elf Tage vor ihrem Tod ist sie noch einmal dort. Man hat für sie einen mechanischen Aufzug errichtet, der die schon schwerfällig gewordene Herrscherin in

»Lieben Sie Ihre Geschwister mit gleicher Zärtlichkeit, wie ich sie in meinem Leben geliebt habe«: Maria Theresias Sohn und Nachfolger, Kaiser Josef II.

das Untergeschoss der Habsburgischen Grabstätte befördert. Als man sie bei diesem letzten Besuch nach zweistündigem Gebet wieder emporziehen will, reißt das Seil des Aufzugs. Die Kaiserin stürzt, erhebt sich und flüstert einem der erschrockenen Kapuziner zu: »Es ist mein Gemahl, der mich zurückhalten möchte.«

Zu Kaiser Josef sagt sie bei einer der letzten Begegnungen: »Geliebter Sohn, ihm kann ich nichts geben, denn alles gehört sowieso ihm. Gern, recht gern, trete ich Ihnen Krone und Zepter ab, doch verlasse ich auch Kinder. Seien Sie Ihnen Vater, wie ich Ihnen Mutter war und lieben Sie Ihre Geschwister mit gleicher Zärtlichkeit, wie ich sie in meinem Leben geliebt habe. Dann wird mir das Scheiden leichter.«

Mehrere Kinder sind anwesend, als Maria Theresia am 29. November 1780 im Alter von 63 Jahren für immer die Augen schließt.

Ein Schicksalsschlag ist der Kaiserin erspart geblieben: Marie Antoinette wird am 16. Oktober 1793 von der französischen Revolution am Schafott hingerichtet – knapp dreizehn Jahre nach ihrem Tod.

Reich wie Rothschild

Eine Bankiersdynastie und ihr Wiener Zweig

Der alte Rothschild, so wird erzählt, soll sehr sparsam gewesen sein. Als er einmal im Pariser Nobelhotel *Ritz* nach dem billigsten Zimmer fragte, flüsterte ihm der Portier zu: »Aber Herr Baron, Ihr Sohn nimmt immer das Fürstenappartement!«

»Mein Sohn«, erwiderte der alte Rothschild, »hat ja auch einen reichen Vater.«

Der »alte Rothschild« hieß mit vollem Namen Albert Freiherr von Rothschild und leitete an der Wende vom 19. zum 20. Jahrhundert die Wiener Zweigniederlassung des größten Bankenimperiums der Welt. Und er galt – mit einem geschätzten Vermögen von einer Milliarde Kronen* – als reichster Mann Europas.

Albert war nur einer von vielen »alten Rothschilds«, es gab mindestens ein Dutzend von ihnen, da die Dynastie über Generationen im europäischen Geschäfts-, Industrie- und Bankenwesen tätig war – und heute noch ist.

Der allererste »alte Rothschild« war der Urgroßvater unseres bescheidenen Hotelgastes, und er hatte mit einer kleinen Geldwechselstube im jüdischen Ghetto von Frankfurt begonnen, die er zu einem großen Bankhaus ausbaute. Er und seine Frau Gutele hatten zwanzig Kinder, von denen fünf Töchter und fünf Söhne überlebten.

---

* Die Summe entspricht laut »Statistik Austria« im Jahre 2010 einem Betrag von rund fünf Milliarden Euro.

Ins Geschäft durften aber nur »die Buben«. Und sie brachten das Kunststück zuwege, die Firma in ein internationales Imperium umzuwandeln, das zum Symbol des Reichtums wurde. Die fünf Brüder waren es schließlich, die wesentlich zur Industrialisierung und zur Errichtung wichtiger Eisenbahnstrecken in ganz Europa beitrugen:

- Amschel, der erstgeborene Sohn, führte das Stammhaus in Frankfurt,
- Nathan gründete eine Zweigniederlassung in London,
- Carl die Filiale in Neapel,
- Jacob eine weitere in Paris und
- Salomon das Bankhaus in Wien.

Und um diesen österreichischen Zweig der Familie geht es hier.

Salomons Vater Meyer Amschel Rothschild, der Gründer der Dynastie, war 1744 in Frankfurt am Main in eine alteingesessene, aber keineswegs reiche Familie geboren worden. Die Häuser in der Judengasse waren nicht durch Nummern, sondern durch verschiedenfarbige Schilder gekennzeichnet und da die Familie seit Langem schon im Haus »zum roten Schild« wohnte, wurde ihr im 17. Jahrhundert der Name Rothschild zugewiesen. Die Rothschilds betrieben eine gemischte Warenhandlung, der eine Wechselstube angeschlossen war. Aufs Geldgeschäft hatten sie sich – wie viele ihrer Glaubensgenossen – vor allem deshalb spezialisiert, weil Juden der Besitz von Grund und Boden untersagt war.

Meyer Amschel wollte ursprünglich Rabbiner werden, musste aber nach dem frühen Tod seines Vaters das familieneigene Kontor übernehmen, dem er bald eine weit über die Grenzen der Stadt hinausgehende Bedeutung verlieh. Rothschild galt als tüchtig und seriös und durfte sich bald »Hoflieferant Seiner Hoheit Erbprinz Wilhelm von Hessen« nennen. Die Finanzgeschäfte mit dem

Prinzen waren es dann auch, die es dem florierenden Bankhaus ermöglichten, 1804 zum ersten Mal eine Staatsanleihe aufzulegen.

Das Meisterstück sollte einige Jahre später den Söhnen des ersten »alten Rothschild« gelingen. Während alle Welt vor Waterloo damit rechnete, dass Napoleon auch diese Schlacht für sich entscheiden würde, setzte die Rothschild-Bank dagegen auf den Kauf großer Mengen britischer Staatsanleihen. Diese stiegen ins Unermessliche, als der englische Herzog von Wellington am 18. Juni 1815 den Korsen vernichtend schlug.

Der Harvard-Wirtschaftshistoriker Niall Ferguson schätzt, dass das Haus Rothschild allein durch diese Transaktion einen Gewinn machte, der heute 600 Millionen britischen Pfund entspreche.

Wer als Jude so viel Geld verdiente, war bald antisemitischen Anfeindungen ausgesetzt. Sie gingen so weit, dass man den Rothschilds das Motto unterstellte »Viel Geld machen kannste nur mit viel Blut«, auf gut Deutsch: Die Dynastie hätte ihren Reichtum durch das Anzetteln von Kriegen erreicht. Wahr ist jedoch das Gegenteil. So hat Anselm Rothschild vor der Schlacht von Königgrätz weder Österreich noch Preußen Kredite gewährt, weil er ein Anhänger des Friedens war. Militärs hatten den Rothschilds sogar mehrmals vorgeworfen durch Kreditverweigerungen »Kriege verhindert zu haben«. Was damals als unehrenhaft galt.

Je größer und mächtiger sie wurden, desto mehr drängten die Rothschilds danach, in andere Länder zu expandieren. Meyer Amschels zweitältester Sohn Salomon ging daher 1821 nach Wien und gründete die österreichische Linie. Er verstand es, zu Österreichs mächtigem Staatskanzler Metternich eine gute Vertrauensbasis zu schaffen und durch dessen Einfluss zum wichtigsten Finanzier des Kaiserhauses zu werden.

*Begründete die Wiener
Linie: Salomon Rothschild*

Am Beginn der Verbindung zwischen den Häusern Habsburg und Rothschild stand eine Hilfestellung in der wohl delikatesten Liebesaffäre Europas. Erzherzogin Marie Louise, die Tochter des österreichischen Kaisers Franz I. und Gemahlin Napoleons, war 1814, als ihr Mann ins Exil nach St. Helena musste, nach Wien zurückgekehrt und ins elterliche Schloss Schönbrunn gezogen. Dort wurde ihr Adam Albert von Neipperg als Kammerherr zugewiesen. Sie verliebte sich in ihn und schenkte ihm – obwohl auf dem Papier immer noch mit Napoleon verheiratet – drei illegitime Kinder, für die der Name Montenuovo* gewählt wurde und von deren Existenz niemand wissen durfte. Wie aber sollte man drei »geheime Kinder« finanziell absichern? Metternich weihte Salomon Rothschild in den heiklen Fall ein – und dieser fand einen Weg, der aus einem komplizierten Geflecht von Schatzzuweisungen und Legaten bestand, aber den Kindern der Erzherzogin ein finanzielles Auskommen sicherte.

---

* Die italienische Übersetzung für Neipperg (Neuberg).

Obwohl Salomon Rothschild das Vertrauen Metternichs hatte, durfte er als Jude – im Gegensatz zu seinen Brüdern in England und Frankreich, wo die Gesetze bereits wesentlich liberaler waren – immer noch weder Haus noch Grund und Boden besitzen. Schon als er 1821 nach Wien gekommen war, musste er deshalb in einem Zimmer des Hotels *Zum Römischen Kaiser* in der Renngasse absteigen. Da er für sich und seine Mitarbeiter immer mehr Platz benötigte, nahm er ein Stockwerk nach dem anderen dazu, bis er das ganze Hotel gemietet hatte. Hausherr konnte er selbst dann noch immer nicht werden, als der Kaiser ihn in den Freiherrenstand erhob. Das änderte sich erst, sobald man den Bankier aufgrund seiner Verdienste 1844 zum Ehrenbürger von Wien ernannte. Als dann auch noch die antijüdischen Gesetze gemildert wurden, nützte Rothschild die neuen Möglichkeiten so exzessiv, dass er zum größten Grundbesitzer der Monarchie wurde.

Salomon von Rothschild gewährte allein dem Haus Habsburg Kredite in Höhe von 200 Millionen Gulden*, von deren Zinsen Schlösser, Ländereien und die *Witkowitzer Eisenwerke* erworben wurden. Er gründete die *Österreichische Creditanstalt*, beteiligte sich am Kohlebergbau, am Baugewerbe und in der Schwerindustrie. Sein geschicktester Coup war aber die Errichtung der ersten mitteleuropäischen Eisenbahnlinie, der er findigerweise – um den Erhalt der Konzession durch den neuen Kaiser sicherzustellen – den Namen *Kaiser-Ferdinand-Nordbahn* gab. Die Ablöse der bisherigen Pferdebahnen durch eine mehr als fünfhundert Kilometer lange Dampfeisenbahnstrecke, die von Wien bis Krakau mit Nebenlinien nach

---

* Die Summe entspricht laut »Statistik Austria« im Jahre 2010 einem Betrag von rund 3,4 Milliarden Euro.

102

Brünn, Olmütz und Troppau führte, ermöglichte den schnelleren Personen- und Gütertransport und war eine der wichtigsten Grundvoraussetzungen für die moderne Industrialisierung.

Salomon Rothschild wurde zu einer ebenso mächtigen wie prominenten Figur, sodass man munkelte, in Wien gäbe es zwei Monarchen: Kaiser Ferdinand und König Salomon. Das Geheimnis des unvergleichlichen Aufstiegs der Dynastie liegt freilich im Zusammenhalt innerhalb der Familie. Da sie groß genug und die männlichen Mitglieder allesamt begabte Kaufleute waren, konnte das Bankhaus als reines Familienunternehmen geführt werden.

Die Geschichte der Familie Rothschild ist mit der des Unternehmens identisch, da Teilhaber und Firmenchefs ausschließlich aus den eigenen Reihen rekrutiert wurden. Mehr noch, Familiengründer Meyer Amschel Rothschild hatte – wie in Adels- und Geschäftshäusern üblich – testamentarisch verfügt, dass seine Kinder und Kindeskinder gezielt innerhalb der eigenen Familie heiraten sollten, um so den Einfluss Fremder auf das Finanzimperium zu verhindern, sich die Zahlung hoher Mitgiften zu ersparen und schließlich die Beibehaltung des jüdischen Glaubens zu sichern. Tatsächlich waren nicht weniger als 15 von 21 Söhnen und Enkeln Meyer Amschel Rothschilds mit anderen seiner Nachkommen verheiratet. In offensichtlicher Unkenntnis dieser Bestimmung kursierte in der Monarchie der Witz:

Ein Schnorrer wendet sich an Rothschild. »Herr Baron, ich schlage Ihnen ein Geschäft vor, an dem Sie mühelos eine halbe Million verdienen können.«

»Das klingt interessant«, meint der Bankier, »sagen Sie mir, wie.«

»Ich habe gehört, dass Sie Ihrem Fräulein Tochter eine Million als Mitgift geben wollen.«
»Ja, das stimmt.«
»Ich nehm sie für fünfhunderttausend!«

Der »Wiener Rothschild« und nunmehrige Freiherr Salomon hatte sich, anders als von seinem Vater bestimmt, für die Frankfurter Weinhändlertochter Caroline Stern entschieden – und damit für eine Frau, die nicht aus dem eigenen Clan stammte. Salomon führte die Wiener Zweigstelle wie alle Niederlassungen der Familie als eigenständiges Unternehmen, das zum Konzern *Meyer Amschel Rothschild und Söhne* gehörte. Obwohl die Brüder untereinander ein gutes Verhältnis hatten, kam es immer wieder zu Zerwürfnissen, meist weil Amschel, der nach dem Tod des Vaters im Jahre 1812 als Erstgeborener der Familie vorstand, in Geschäftsangelegenheiten sehr vorsichtig war. Er achtete auf die unbedingte Kreditwürdigkeit der Gläubiger, versuchte Risiken aus dem Weg zu gehen und veranlasste seine Brüder, auch in ihren Bereichen keine übertrieben großen Sprünge zu machen.

Trotz der Vorsicht des Familienoberhaupts waren die Rothschilds bei allen wichtigen Geschäften dabei: im internationalen Versicherungs- und Währungshandel, bei der Errichtung von Eisenbahnen, Bergwerken, Industrieanlagen und des Suezkanals, des zur Mitte des 19. Jahrhunderts weltweit größten Bauprojekts. Die Brüder zeichneten sich durch ein unvergleichliches Gespür für die Funktionsweisen der Finanzmärkte aus, waren aber auch als soziale Arbeitgeber bekannt.

Ohne Metternichs Schutz wäre der Aufstieg des Hauses Rothschild in Österreich nicht möglich gewesen. Als der Staatskanzler

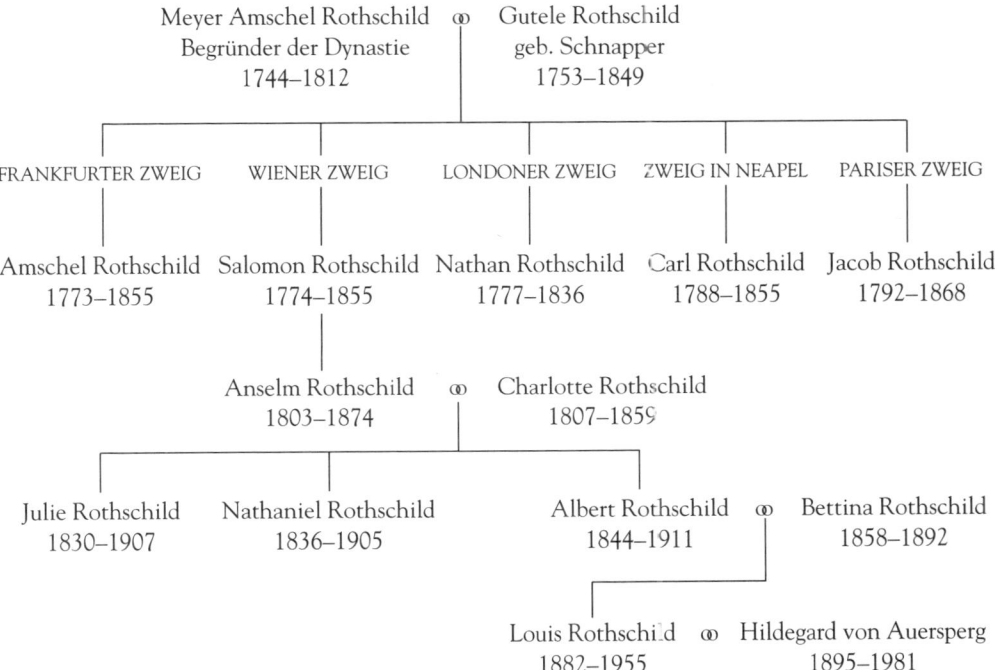

Stammbaum der Familie Rothschild
(Auszug)

Meyer Amschel Rothschild ∞ Gutele Rothschild
Begründer der Dynastie   geb. Schnapper
1744–1812   1753–1849

FRANKFURTER ZWEIG   WIENER ZWEIG   LONDONER ZWEIG   ZWEIG IN NEAPEL   PARISER ZWEIG

Amschel Rothschild   Salomon Rothschild   Nathan Rothschild   Carl Rothschild   Jacob Rothschild
1773–1855   1774–1855   1777–1836   1788–1855   1792–1868

Anselm Rothschild ∞ Charlotte Rothschild
1803–1874   1807–1859

Julie Rothschild   Nathaniel Rothschild   Albert Rothschild ∞ Bettina Rothschild
1830–1907   1836–1905   1844–1911   1858–1892

Louis Rothschild ∞ Hildegard von Auersperg
1882–1955   1895–1981

sein siebzigstes Lebensjahr überschritten hatte und wohl auch spürte, dass sich das »System Metternich« seinem Ende zuneigte, sagte er zu Rothschild: »Das eine sag ich ihm, wenn mich einmal der Teufel holt, dann holt er auch Sie.«

Nicht sehr viel später, im Zuge der Revolution des Jahres 1848, holte Metternich tatsächlich »der Teufel«. Der mächtige Staatskanzler trat zurück und flüchtete bei Nacht und Nebel nach England. Die tausend Dukaten, die er auf dieser Reise in der Tasche hatte, waren ein Kredit Salomon Rothschilds. Und Metternichs Prophezeiung wurde wahr: Als am 6. Oktober 1848 Aufständische in das mittlerweile im Familienbesitz befindliche Hotel *Zum Römischen Kaiser* eindrangen, verließ auch Rothschild Österreich – um nie wieder zurückzukehren. Er starb im Alter von achtzig Jahren in Paris.

Inzwischen hatte sein Sohn Anselm die Wiener Zweigniederlassung übernommen. Während Salomon trotz seiner Bedeutung noch verächtlich »Hofjude« genannt wurde, war die gesellschaftliche Position in der nächsten Generation bereits gefestigter. Auch Anselm wurde Ehrenbürger von Wien, Mitglied adeliger Clubs und des Reichsrats. Wenn der Einfluss der Rothschilds manchmal mit dem regierender Häuser verglichen wurde, war das natürlich übertrieben. Nur in einem Fall manifestierte sich das »Konkurrenzverhältnis« tatsächlich: beim Bau zweier Schlösser in Reichenau an der Rax.

Der Ringstraßenarchitekt Heinrich von Ferstl errichtete in den Jahren 1871 bis 1874 in Reichenau für Erzherzog Carl Ludwig – einem Bruder Kaiser Franz Josephs – die *Villa Wartholz*. Kaum war der Palast fertig, gab Anselm Rothschild in unmittelbarer Nachbarschaft ein noch prunkvolleres Schloss in Auftrag, das mit zweihundert Zimmern wesentlich größer sein sollte als die »Kaiservilla« und darüber hinaus auch den besseren Ausblick bot. Eine Brüskierung, die das Gerücht zur Folge hatte, der Erzherzog hätte »die Abtragung der Rax angeordnet, um über die bessere Aussicht zu verfügen«. Die *Villa Wartholz* wurde später zur Sommerresidenz des letzten österreichischen Kaisers Karl, Anselm Rothschild hat die seine hingegen nie bewohnt.

Anselm hatte seine Cousine, Charlotte Rothschild, geheiratet. Albert, der jüngste Sohn des Ehepaares, übernahm 1874 die österreichische Firmenleitung und baute die *Creditanstalt* zur größten

*Sein Schloss musste
prunkvoller sein als das
des Erzherzogs: Anselm
Freiherr von Rothschild*

Bank Österreich-Ungarns aus. Unter Albert, der die Dynastie in ihre Blüte führte – und der im Pariser *Ritz* nach dem billigsten Zimmer fragte – wurde der Ausspruch »Reich wie Rothschild« zum geflügelten Wort. Die Familie hatte den größten Börsenkrach der Geschichte heil überstanden, sie stiftete Spitäler und andere soziale Einrichtungen und besaß allein in Österreich ein Dutzend mit wertvollsten Kunstwerken bestückte Paläste – neben Schloss Reichenau noch je eines in Waidhofen an der Ybbs, in Enzesfeld und mehrere Stadtpalais in Wien. Aufsehen erregte Albert durch seine Affäre mit der Schauspielerin Helene Odilon, der Gemahlin des Volkslieblings Alexander Girardi.*

Im Jahre 1887 wurde Albert Rothschild »hoffähig«, wodurch er Zutritt zu Empfängen und Cercles der kaiserlichen Familie hatte – ein Privileg, das sonst nur Angehörigen der Hocharistokratie

---

* Siehe auch Seite 118f.

Der Wiener Familiensitz: das Palais Rothschild auf der Prinz-Eugen-Straße

zustand. Als Kaiser Franz Joseph eines Tages bei einem Hoffest etwas ausgiebiger als sonst mit dem Bankier plauderte, kursierte in Wien gleich das Gerücht, dass sich die Monarchie in akuten Geldschwierigkeiten befände.

An dem Gerücht war – zu diesem Zeitpunkt zumindest – nichts dran. Allerdings musste der Kaiser den Namen Rothschild bald mit dem wohl traurigsten Ereignis seines Lebens in Verbindung bringen. Julie Rothschild – eine Schwester des Wiener Familienoberhaupts Albert – war mit Kaiserin Elisabeth befreundet und besaß ein großes Anwesen am Genfer See. Am 9. September 1898 beehrte *Sisi* die Baronin Rothschild mit einem Besuch, dessen Folgen die Menschen in allen Teilen der Monarchie erschütterte. Bei Tisch wurden – berichtete Elisabeths Hofdame Irma Gräfin Sztáray –

zweierlei Speisen serviert: koschere Kost für die nach den jüdischen Gebräuchen lebende Baronin und kalorienarme für die figurbewusste Kaiserin.

Ehe sie das Rothschild'sche Schloss verließ, wurde Elisabeth das Gästebuch gereicht, in dem sie den Namen »Rudolf« entdeckte: Auch der Kronprinz war – neun Jahre davor und kurz vor Mayerling – hier gewesen. Elisabeth zeigte sich gerührt, als sie den Schriftzug ihres Sohnes entdeckte. Und konnte nicht ahnen, dass auch sie gerade den letzten Besuch ihres Lebens absolvieren sollte.

Die Kaiserin fuhr mit einem Dampfer zurück in ihr Genfer Hotel *Beau-Rivage*, vor dem sie tags darauf durch einen Dolchstoß des Anarchisten Luigi Luccheni getötet wurde. Elisabeth hatte den letzten Tag ihres Lebens im Hause Rothschild verbracht.

Auch Julies und Alberts Bruder Nathaniel Rothschild sollte Geschichte schreiben. Der Baron und Lebemann interessierte sich weniger fürs Bankgeschäft als für die schönen Künste und den Sport und gründete 1894 Österreichs ersten Fußballclub, die *Vienna*. Genau genommen wurde sie von seinen Gärtnern gegründet, denen er freilich einen Teil seiner Gründe auf der Hohen Warte schenkte, die heute noch Spielstätte des *First Vienna Footballclubs* sind. Dessen Vereinsfarben blau-gelb sind an das Wappen der Rothschilds angelehnt.

Baron Albert und seine Frau Bettina – eine geborene Rothschild, aus dem Pariser Zweig stammend – hatten sieben Kinder, von denen Louis zum künftigen Familienoberhaupt bestimmt wurde. Er sollte nach Albert Rothschilds Tod im Jahre 1911 zum letzten Chef der österreichischen Linie werden. Von Louis wird erzählt, dass ihn der Kaiser nach den ersten verlustreichen Schlachten während des

Bild aus der Glanzzeit der Dynastie: Albert und Gemahlin Bettina Rothschild

Ersten Weltkriegs nach Schönbrunn zitierte, um eine Anleihe zu zeichnen. Der Bankier schritt die Treppe zum Schloss hinauf, wo er in Anwesenheit des Monarchen den Vertrag unterschreiben sollte. Da nahm ihn der Innenminister freundschaftlich unterm Arm und sagte vertraulich: »Herr Baron, warnen Sie doch Ihren Neffen Moritz! Er treibt sich in sozialistischen Zirkeln herum. Wir werden nicht mehr lange untätig zuschauen können.«

Louis Rothschild nahm seine goldene Füllfeder zur Hand, überlegte kurz – und steckte sie wieder in die Sakkotasche.

»Herr Baron unterzeichnen nicht?«

»Nein, wie soll ich einem Staat mein Geld borgen, der Angst hat vor unserem kleinen Moritzl?«

Sprach's, erhob sich und verließ das kaiserliche Schloss.

Mit dem Sterben der Monarchie schwanden auch Größe und Ein-

fluss des Hauses Rothschild, und doch schien es in den Zwanzigerjahren und nach dem Zusammenbruch der *Creditanstalt* im Jahre
1931 weit davon entfernt, seinem Ende entgegenzusehen. Der österreichische Familienzweig zählte nach wie vor zur europäischen
Hautevolee. Als Englands König Edward VIII. im Dezember 1936
aus Liebe zu der Amerikanerin Wallis Simpson auf den Thron verzichtete, führte ihn sein erster Weg – als nunmehriger Herzog von
Windsor – nach Österreich, um mit seiner frisch angetrauten
Gemahlin auf dem Rothschild-Schloss Enzesfeld bei Wien die Flit-
terwochen zu verbringen. Gerüchten zufolge gab das hohe Paar in
dem herrschaftlichen Anwesen große Gelage – ließ die Rechnungen
aber an die verblüfften Gastgeber schicken. Jedenfalls war der
Besuch des abgedankten Königs das letzte Großereignis, mit dem die
österreichischen Rothschilds zeigen konnten, welchen Rang in der
Gesellschaft sie hatten.

Eineinhalb Jahre später ist das Ende angesagt. Als Louis Rothschild am 12. März 1938 das soeben von den Nazis besetzte Land
in Richtung Italien verlassen will, wird ihm der Pass abgenommen.
Er kehrt vom Flughafen Wien-Aspern zurück in sein Palais auf der
Prinz-Eugen-Straße, in dem er am nächsten Tag unliebsamen
Besuch erhält. Sechs Gestapo-Männer fordern seinen Kammerdiener auf, sie eintreten zu lassen. Der Baron bittet, das Mittagessen beenden zu dürfen und folgt den Herren in den Kerker
der Polizeihauptwache und dann in das Gestapo-Gefängnis am
Morzinplatz.

Die Rothschilds waren trotz antisemitischer Angriffe, die es schon
in früheren Zeiten gegeben hatte, immer dem jüdischen Glauben
treu geblieben, keiner hatte sich taufen lassen, und nicht wenige
machten Geschäfte mit ihnen, »obwohl sie Juden waren«. Mit der-

lei »Freundlichkeiten« ist's nun vorbei, denn im März 1938 herrscht in Österreich ein Regime, das in Louis Rothschild einen »jüdischen Großkapitalisten« sieht. Doch der hat für diesen Fall vorgesorgt. Den Nazis geht es in erster Linie um die »Arisierung« der bei Mährisch-Ostrau gelegenen *Witkowitzer Eisenwerke*, deren Produkte für die Rüstung von immenser Bedeutung waren. Louis, der Hitlers Machtübernahme befürchtet hatte, war klug genug gewesen, seine Anteile rechtzeitig in die Hände seiner englischen Cousins zu legen. Mit anderen Worten: Die tschechische Fabrik befand sich nicht mehr in seinem Besitz, gehörte aber dennoch der Familie Rothschild.

Doch an britisches Vermögen kam selbst Hitler nicht heran. Die NS-Schergen behandelten Louis Rothschild in der Gestapo-Haft fast wie einen Hotelgast, er wurde im Gegensatz zu anderen Gefangenen nicht misshandelt, durfte in seiner Zelle Möbel aus seinem Palais aufstellen und war im Besitz eines Radioapparates. Sein Leben durfte unter keinen Umständen gefährdet werden, da bei seinem Tod Witkowitz ein für allemal verloren gehen würde.

Hermann Göring – dafür zuständig, »die deutsche Wirtschaft kriegsbereit zu machen« – schickt einen Unterhändler ins Gefängnis. Sein Name ist Otto Weber. Das Stahlwerk habe in das Eigentum des Deutschen Reichs überzugehen, lautet seine Forderung, plus 200 000 Dollar auf ein Schweizer Konto, danach käme Rothschild frei. Tage später sitzt Herr Weber selbst im Gefängnis, da sein Trick mit den Dollars aufs eigene Konto aufgeflogen ist.

Heinrich Himmler übernimmt den heiklen Fall. Eines Tages öffnet sich die Tür der Rothschildschen Einzelzelle und der »Reichsführer SS« tritt ein. Er bietet dem Gefangenen eine Zigarette an und kommt sehr schnell auf Witkowitz zu sprechen. Rothschild kann sich dazu nicht äußern, da müsse der Herr Himmler schon mit der Londoner Verwandtschaft – allesamt Lords im britischen Oberhaus – in Kontakt treten.

Mehr als ein Jahr später sitzt der Baron immer noch im Gefängnis, und die Tschechoslowakei steht mittlerweile als »Protektorat Böhmen und Mähren« unter deutscher Verwaltung – doch Berlin ist nach wie vor nicht in der Lage, britischen Besitz zu enteignen. Die Rothschilds in London erklären, man sei bereit, Witkowitz herauszurücken, aber erst nach der Freilassung des Wiener Barons – und gegen Bezahlung von drei Millionen Pfund Sterling.

Das Deutsche Reich überweist 2,9 Millionen Pfund nach London, die Zellentür wird geöffnet, Louis fährt zunächst in die Schweiz und ist dann in den letzten Jahren seines Lebens viel auf Reisen. Sein österreichischer Besitz wird »arisiert«, die Bank von deutschen Geldinstituten übernommen und in den Ruin getrieben. Teile von Rothschilds privater Kunstsammlung – sie besteht aus rund tausend erstrangigen Meisterwerken und zählt zu den bedeutendsten der Welt – soll in Hitlers persönlichen Besitz übergehen, der Rest wird in diversen Museen untergebracht. Und in das Palais Rothschild auf der Prinz-Eugen-Straße zieht die von Adolf Eichmann geleitete *Zentralstelle für jüdische Auswanderung*, die mit der Beraubung »nichtarischer« Österreicher, die das Land verlassen wollen, befasst ist.

Nach dem Zusammenbruch des Deutschen Reichs schenkte Louis Rothschild das Palais der Republik Österreich – unter der Bedingung, dass für seine ehemaligen Angestellten ein Pensionsfonds eingerichtet würde. Die Republik ließ das prunkvolle Gebäude verfallen und gab 1954 die Abbrucharbeiten in Auftrag. Heute steht an seiner Stelle der schmucklose Bau der Wiener Arbeiterkammer. Die

Sein Vermögen wurde »arisiert«, er selbst in Haft genommen: Louis Rothschild

in verschiedenen Museen gelagerten Kunstschätze wurden von der Republik Österreich erst 1999 restituiert und der Familie Rothschild übergeben.

Louis Rothschild, bis dahin Junggeselle, heiratete nach dem Krieg die Gräfin Hildegard Auersperg. Er ertrank, 73-jährig, im Jänner 1955 beim Schwimmen in der Montego Bay auf Jamaika, womit der österreichische Zweig ausgestorben war. In Frankreich, Großbritannien und in der Schweiz zählen die Rothschild-Banken jedoch heute noch zu den führenden privaten Geldinstituten.

»GOTT SEI DANK KEINE KLAVIERFÜSS«

Das Haus Bösendorfer und seine Instrumente

Eigentlich könnte man die Familiengeschichte der Klaviermacherdynastie Bösendorfer als einzigartige Erfolgsstory erzählen. Aber das wäre nur die halbe Wahrheit. Denn sie endete tragisch und das passt so gar nicht zum Aufstieg, den sie einst genommen hatte. Der Gründer eines bis heute weltweit geschätzten Unternehmens hat all das aufgebaut, woran sein nicht minder begabter Sohn letztlich zerbrochen ist.

Ignaz Bösendorfer kam am 28. Juli 1796 in Wien zur Welt und absolvierte eine Klaviermacherlehre beim Instrumentenbauer Josef Brodmann am Josefstädter Glacis. Als Brodmann sich 1828 zur Ruhe setzte, kaufte Bösendorfer, der Sohn eines Tischlermeisters, die Klavierfabrik mit einem Anfangskapital von fünfhundert Gulden* und verlieh ihr gleichzeitig seinen Namen.

Ignaz Bösendorfer war im biedermeierlichen Wien nur einer von sage und schreibe 150 selbständigen Klaviermachern, und sein Name wäre heute wohl ebenso vergessen wie all die anderen, hätte nicht der junge Franz Liszt von ihm seine Instrumente bezogen. Denn der für sein musikalisches Genie wie für die Wucht seines Anschlags berühmte Virtuose war berüchtigt dafür, mit seiner unerreichten Technik jedes Klavier zu zertrümmern. Der »König der Pia-

---

* Die Summe entspricht laut »Statistik Austria« im Jahre 2010 einem Betrag von rund 8500 Euro.

115

nisten« hämmerte so stark in die Tasten, dass er pro Konzert zwei bis drei Flügel »verbrauchte«. Freunde rieten ihm daher zu einem *Bösendorfer*. Und siehe da, der »überlebte« das temperamentvolle Spiel dank seiner massiven Bauweise als erstes und einziges Instrument. So wurden die *Bösendorfer*-Klaviere über Nacht berühmt, und bald langten aus England, Frankreich, Russland, Brasilien, Ägypten und anderen fernen Ländern Bestellungen ein. Bis 1850 hatte man bereits dreitausend Klavier erzeugt – und das trotz gewaltiger Konkurrenz.

Ignaz Bösendorfer, der Sohn eines Tischlermeisters, wurde Wiens berühmtester Klaviermacher

Es ist nicht weiter verwunderlich, dass es im damaligen Wien so viele Klaviermacher gab, da gutbürgerliche und aristokratische Haushalte fast immer über Musikzimmer samt entsprechendem Mobiliar verfügten. Der vom Kaiser zum »k. u. k. Klavierverfertiger« ernannte Ignaz Bösendorfer und seine Frau Franziska geborene Hartl hatten zwei Söhne: Adolph, der jüngere, gab die *Neue Wiener Zeit-*

116

schrift für Musik heraus, und der 1815 geborene Ludwig wurde von seinem Vater schon früh in die hohe Kunst des Klavierbaues eingeführt. Es war klar, dass dieser nach Ignaz Bösendorfers Tod im Jahre 1859 die Firma übernehmen würde. Auch Ludwig, der selbst ein überaus talentierter Musiker war, sollte Musikgeschichte schreiben, erreichte er doch durch eine besondere, im Klavierbau heute noch angewandte Technik, dass nicht nur die Saiten klingen, sondern das ganze Instrument. Das wussten Johann Strauß, Richard Wagner und Clara Schumann zu schätzen, aber auch Kaiserin Elisabeth, in deren Salon ein vom Ringstraßenarchitekten Theophil Hansen eigens für sie entworfener *Bösendorfer* stand. Der Flügel hatte, ehe er in der Wiener Hofburg aufgestellt wurde, bei der Pariser Weltausstellung des Jahres 1867 wegen seiner prunkvollen Verzierungen Aufsehen erregt.

Wie schon sein Vater war auch Ludwig ein in der ganzen Stadt populärer Mann. Wenn er, üblicherweise bekleidet mit hellgelbem Überzieher, weißer Krawatte, Pepitahose und halbhohem Zylinder – in Wien »Stösser« genannt –, in seinem Pferdewagen durch die Praterhauptallee fuhr, zogen alle Passanten ehrfürchtig ihren Hut.

Als eifriger Sportsmann und Rennstallbesitzer bekannt, war Bösendorfer auch ein gern gesehener Gast der Reitschule des Fürsten Liechtenstein in der Herrengasse. Eines Tages fand der Klavierfabrikant durch Zufall heraus, dass in den Stallungen eine hervorragende Akustik herrschte. Und er setzte nun alle seine Energien ein, den Fürsten zu überreden, die Räumlichkeiten in einen Musiksaal umzubauen. Der somit entstandene *Bösendorfer-Saal* war ab 1872 einer der beliebtesten und bestfrequentierten Konzertsäle Wiens, in dem Johannes Brahms, Gustav Mahler, Arthur Rubinstein und andere Musikgenies auftraten. Als eines Abends die Sän-

117

gerin Pauline Strauss im *Bösendorfer-Saal* Lieder ihres Mannes sang, schrieb der Kritiker Eduard Hanslick – der Richard Strauss verachtete: »Sie ist entschieden seine bessere Hälfte!«

Gleichzeitig mit der Eröffnung des Musiksaales hatte Bösendorfer auch die Schauräume der Klavierfabrik und seine Privatwohnung in das Liechtenstein'sche Palais verlegt, wo er nun gemeinsam mit seiner zweiten Frau Henriette lebte. Bösendorfers erste Frau Cölestine war früh verstorben, danach vermählte er sich mit Henriette von Latinovics. Bösendorfer schreibt über seine beiden Frauen auffallend distanziert: »Nach zwanzigjähriger Ehe verlor ich 1882 meine erste Frau und zehn Jahre nachher nahm ich meine zweite. Beide waren arm. Die erste war die einzige Tochter einer Beamtenswitwe, welche mit der schmalen Pension von 150 Gulden auskommen musste. Die zweite, Witwe eines ungarischen Lebemannes, der das Vermögen seiner adeligen Familie und die Mitgift seiner Frau mit Freunden und anderen Weibern verjubelte und schließlich seine Frau mit drei Kindern im Elend zurückließ. Die Schwester dieser Frau war herzlos und gemein genug, Unterstützung zu versagen. So habe ich, von Mitleid und Achtung geleitet, zum zweiten Mal geheiratet und verschiedene, ansehnliche Gelegenheiten zu reichen Partien verschmäht. Dafür habe ich in meinen beiden Ehen Liebe und Glück gefunden.«

Der Klavierfabrikant nahm sich auch der Tochter seiner zweiten Frau an, die der Familie Bösendorfer zu prominenter Verwandtschaft verhalf, als sie 1898 den Volksliebling Alexander Girardi heiratete. Das war natürlich ein großes Ereignis, als Wiens populärster Schauspieler Bösendorfers Ziehtochter Leonie von Latinovics zur Frau nahm. Noch dazu bei der Vorgeschichte: Girardis erste Frau war Helene Odilon, die mit ihrer erotischen Ausstrahlung Wiens Män-

Ein in der ganzen
Stadt populärer Mann:
der Klavierfabrikant
Ludwig Bösendorfer

nerwelt betörte, und auch Girardi war der Schauspielerin mit Haut und Haaren verfallen. Doch nur wenige Monate nach der Hochzeit im Mai 1893 kam es zwischen der 27-jährigen Herzensbrecherin und ihrem Ehemann zu erbitterten Eifersuchtsszenen, als ihre Affäre mit dem Bankier Albert von Rothschild bekannt wurde. Daraufhin ließ die Odilon ihren Mann durch ein Gutachten des bekannten Psychiaters Julius Wagner-Jauregg – der ihn nie persönlich gesehen, geschweige denn untersucht hatte – für »irrsinnig und gemeingefährlich« erklären. Die Einweisung in eine Anstalt für Geisteskranke konnte nur durch eine Intervention von Girardis Kollegin Katharina Schratt bei Kaiser Franz Joseph verhindert werden.

Girardi war nach dieser üblen Erfahrung der Damenwelt gegenüber sehr zurückhaltend und quälte sich, wann immer ihm eine Frau gefiel, lange herum, ehe er es ihr einzugestehen wagte. So war's auch bei Ludwig Bösendorfers Stieftochter Leonie von Latinovics, die er seit Längerem während seiner Bad Ischler Sommerfrische beobachtet hatte, ohne den Mut zu finden, sie anzusprechen oder ihr gar einen Antrag zu machen. Dafür fiel er dann aber gleich mit der Tür ins Haus. Girardi kaufte einen Blumenstrauß und fuhr mit dem Fahrrad von seiner hoch über dem Traunufer gelegenen Villa hinunter zum Hotel *Post*. Dort wartete er, bis die Angebetete am Fenster ihres Zimmers erschien und rief ihr mit lauter Stimme zu: »Fräulein Leonie, ich bitt Sie, heiraten S' mich doch!«

Dann schwang er sich auf sein Rad und fuhr, ohne eine Antwort abzuwarten, schnell wieder davon. So erfuhr er erst mit mehrstündiger Verspätung von Leonies Zustimmung. Girardi trat,

Prominenter Familienzuzug: Alexander Girardi mit Sohn Anton, Ehefrau Leonie und deren Stiefvater Ludwig Bösendorfer (von links nach rechts)

um ein zweites Mal heiraten zu können, aus der katholischen Kirche aus, ließ sich evangelisch taufen und wurde ungarischer Staatsbürger. Sein Trauzeuge bei der Hochzeit in Budapest war Stiefschwiegervater Ludwig Bösendorfer, zu dem er nach der Zeremonie sagte: »Ich dank dir, dass ich diesen Engel bekommen durfte, der die Flügel von dir hat, aber Gott sei Dank nicht deine Klavierfüß.«

Ein Jahr nach der Hochzeit schenkte Leonie ihrem Mann einen Sohn namens Anton, der in seinen Lebenserinnerungen schrieb: »Meine Mutter nannte ihn, der um achtzehn Jahre älter war, stets ›mein Bub‹. Seine Liebe bestand aus Anbetung der geistigen Überlegenheit dieser stillen Frau, aus Dankbarkeit und Stolz auf ihre Schönheit.«

1909 verkaufte Ludwig Bösendorfer die Klavierfabrik, nachdem er sie ein halbes Jahrhundert geführt hatte, an seinen Freund und Tarockpartner Carl Hutterstrasser. Er stand ihm jedoch weiterhin beratend zur Seite und behielt die künstlerische Leitung des geliebten *Bösendorfer-Saales* bei.

Das Jahr 1913 ist ein Wendepunkt im Leben des Ludwig Bösendorfer. Als das Palais Liechtenstein an die *Union-Baugesellschaft* verkauft und kurz danach abgerissen wird, sieht der eigensinnige Klaviermacher sein Lebenswerk zerstört. Stefan Zweig, der der allerletzten Aufführung im *Bösendorfer-Saal* beiwohnte, erinnert sich an diesen für das musikbegeisterte Wien so traurigen Abend: »An sich war dieser kleine Konzertsaal, der ausschließlich der Kammermusik vorbehalten war, ein ganz unbedeutendes Bauwerk, die frühere Reitschule des Fürsten Liechtenstein, und nur durch einen Holzverschlag zu musikalischen Zwecken adaptiert. Aber er hatte die Resonanz eine alten Violine, er war den Liebhabern der Musik heilige Stätte. Und nun sollte er einem neuen Zweckbau weichen; es war unfassbar für uns, die hier unvergessliche Stunden erlebt. Als die letzten Takte von Haydns Volkshymne verklangen, vom Rosé-Quartett herrlicher als jemals gespielt, verließ keiner seinen Platz. Wir lärmten und applaudierten, einige Frauen schluchzten vor Erregung, niemand wollte es wahrhaben, dass es ein Abschied war. Man verlöschte im Saal die Lichter, um uns zu verjagen. Keiner von den Vier- oder Fünfhundert der Fanatiker wich von seinem Platz. Eine halbe Stunde, eine Stunde blieben wir, als ob wir es erzwingen könnten durch unsere Gegenwart, dass der alte geheiligte Raum gerettet würde. Es war wie ein Stück Seele, das man uns aus dem Leibe riss.«

Anderntags begann der Abbruch des Palais Liechtenstein und des *Bösendorfer-Saales*. Doch das Schlimmste kam danach: Die Errichtung des geplanten Neubaus wurde infolge des Kriegsausbruchs immer weiter hinausgezögert, so dass das 5400 Quadratmeter große Grundstück insgesamt fast zwanzig Jahre lang leer stand. Wann immer Ludwig Bösendorfer an der staubigen Baulücke im Zentrum der Stadt vorbei kam, schossen ihm die Tränen in die Augen. Erst 1931 begann man an der Stelle in der Herrengasse Nr. 6, wo einst des Palais Liechtenstein stand, mit der Errichtung des ersten Wiener Hochhauses. Aber da war Ludwig Bösendorfer längst tot.

Seine zweite Frau Henriette starb im Jahre 1916, in dem man Bösendorfer kriegsbedingt auch die Pferde wegnahm, weil sie an der Front gebraucht wurden. Verbittert und mit zittriger Hand notierte Bösendorfer: »Jetzt habe ich kein Clavier, keine Frau, keine Pferde, keine Kinder, keine Geschwister, also wozu noch leben unter Narren und Verbrechern?«

Sein nicht unerhebliches Vermögen hatte er zu diesem Zeitpunkt bereits einer Stiftung vermacht, die sich einerseits der ehemaligen Arbeiter seiner Fabrik annahm und andererseits der Gesellschaft der

Musikfreunde – mit der Auflage, dass bestimmte Personen, insbesondere sein Hauptkonkurrent Friedrich Ehrbar, nicht in den Vorstand aufgenommen werden dürfen. Abgesehen davon fanden sich in Bösendorfers Testament zum Teil eher kuriose Angaben, seinen letzten Weg betreffend: »Wenn ich verschieden bin, sollen alle Vorsichtsmittel gegen Scheintod gebraucht, insbesondere der Herzstich vorgenommen und meine Leiche seziert werden. Meine Leiche soll in einer Hauskleidung, in einfachstem Holzsarge – wenn möglich durch meinen Kutscher Nespersill, auf einem Klavierwagen und mit meinen eigenen Pferden auf den Zentralfriedhof gebracht werden.«

Ludwig Bösendorfer starb am 9. Mai 1919 im Alter von 84 Jahren, seine sterblichen Überreste wurden tatsächlich auf einem Klavierwagen durch das nächtliche Wien geführt. Der kunstsinnige und einst so fröhliche Mann hatte die letzten Jahre als einsamer und griesgrämiger Kauz verbracht.

Der Mann mit den Klavierfüßen: Ludwig Bösendorfer in einer zeitgenössischen Karikatur von Theo Zasche

»Ähnlich geliebt wie Casanova«

Metternich, Eros und Politik

Wie keine andere Dynastie wird die der Metternichs von einer einzigen Person überstrahlt. Metternich ist gleich Clemens Wenzel Fürst Metternich, der mächtige Staatskanzler, nach dessen Pfeife halb Europa tanzte und der keinen Geringeren als Napoleon zum Gegner hatte. Mindestens so vielschichtig wie sein diplomatisches Geschick und seine polizeistaatlichen Methoden war sein Privatleben, das mit dem des Frauenhelden Casanova durchaus vergleichbar ist.

Die Entstehung des Namens Metternich wird durch eine Familienanekdote erklärt: Ein Ahnherr hieß Metter, war Hauptmann der Leibwache und engster Vertrauter Kaiser Heinrichs des Heiligen*. Durch seine besondere Stellung bei Hof hatte Metter viele Rivalen und Neider, die ihn des Hochverrats bezichtigten und stürzen wollten. Doch so oft jemand seine Position in Frage stellte, erwiderte der Kaiser mit steinerner Miene: »Metter – nicht!« Nachweisbar ist, dass die Familie im Dorf Metternich im Rheinland lebte und 1635 in den Reichsfreiherren- und wenige Jahre danach in den Grafenstand erhoben wurde.

Clemens Metternich ist das Sinnbild des Diplomaten, dem jedes Mittel recht war, das österreichische Kaiserreich zu retten. »Er war eine Rokokofigur, ganz auf das Äußere bedacht«, meint Henry Kis-

---

* Heinrich II., Römisch-Deutscher Kaiser von 1014–1024.

124

Sein Privatleben war dem des Frauenhelden Casanova nicht unähnlich: Clemens Metternich in jungen Jahren

singer, der den Fürsten in den Mittelpunkt seiner Dissertation an der Harvard Universität stellte. »Sein Gesicht war schön, doch ohne Tiefe, seine Redegabe brillant, aber ohne den letzten Ernst. Sei es daheim, im Salon oder auf Sitzungen des Kabinetts – elegant und geschmeidig, war er das Beau-Ideal der Aristokratie des 18. Jahrhunderts, die sich nicht durch Taten, sondern durch ihre Existenz rechtfertigte.«

»Geboren zu Coblenz im Jahre 1773«, beginnt Metternich seine *Autobiographische Denkschrift*. »Im väterlichen Hause mit treuer Sorgfalt erzogen, wuchs ich heran unter den Eindrücken meiner rechtsständischen Geburt und der öffentlichen Stellung meines Vaters.« Schon dieser war Diplomat, ließ Clemens von Hofmeistern erziehen und Rechts- und Staatswissenschaften studieren. Als die Metternichs 1794 durch den Vormarsch der französischen Revolutionstruppen ihre rheinischen Besitzungen verloren, gingen sie nach Wien, wo Clemens' Mutter alles daran setzte, für ihren Sohn eine »gute Partie« an Land zu ziehen. Und sie entschied sich für die beste, die man in der ganzen Monarchie finden konnte: Prinzessin Eleonore von Kaunitz-Rietberg, die Enkelin des bereits verstorbenen Staatskanzlers Wenzel Fürst Kaunitz. »Lorel«, wie sie genannt wurde, war dazu ausersehen, den ebenso klugen wie charmanten Grafen Metternich zu heiraten.

Doch dem Plan stellte sich eine ganze Reihe von Hindernissen in den Weg. Erstens war das Kaunitz-Geschlecht von älterem Adel als das der Metternichs. Zweitens waren die Metternichs verarmte Emigranten, während die Familie Kaunitz reich war und schon durch den legendären Großpapa zur allerersten Gesellschaftsschicht zählte. Dazu kam, dass die kleine Eleonore mit einem Grafen Pálffy verlobt war. Clemens Metternichs Aussichten schienen somit gleich null.

Der freilich musste sein diplomatisches Geschick von der Mutter geerbt haben, denn die suchte nun die Freundschaft mit Eleonores Mutter, um die eheliche Verbindung der beiden Häuser, allen Widrigkeiten zum Trotz, auf dieser Ebene vorzubereiten. Gerade als leise Hoffnung für ein gutes Gelingen aufkam, starb Eleonores Mutter jedoch unerwartet.

Das war der Augenblick, in dem die blendende Erscheinung des jungen Metternich zum Tragen kam. Denn Eleonore hatte sich mittlerweile in ihn verliebt und wollte vom Grafen Pálffy nichts mehr wissen. Da »Lorel« der Liebling ihres jetzt alleinerziehenden Vaters war, gab der dem Drängen nach und ließ sie am 27. September 1795 ihren Clemens heiraten. In seinen Briefen an Eleonore beweist der eiskalte Machtmensch, dass er durchaus in der Lage war, Gefühle und Emotionen zu zeigen: »Ich kann nicht leben ohne Dich«, schreibt er im dritten Ehejahr, »jeder Augenblick ohne Dich erscheint mir wie ein Jahrhundert, ich sehe Glück nur in den Armen meiner

*Löste ihre Verlobung,
um Metternich heiraten
zu können: Ehefrau
Nummer eins, Eleonore
geb. Kaunitz (1775–1825)*

guten, kleinen Frau. Ich küsse Dich so recht vom Kopfe bis zu den Füßen.«

Ohne Eleonore hätte es den Staatsmann Metternich nicht gegeben. Dass er als Charmeur die adeligen Herren und vor allem die Damen in ihren Salons zu begeistern wusste, wäre zu wenig gewesen in einer Zeit, in der die Herkunft wichtiger war als Geist, Witz und Charisma. Metternich musste einer reichen, einflussreichen und dem Kaiserhaus nahestehenden Familie angehören – und all das verdankte er seiner Frau.

In seine erste Ehe fielen auch die wesentlichen Stationen der Karriere: Der junge Graf wurde österreichischer Gesandter in Dresden, Berlin und Paris, ehe ihn Kaiser Franz I. im Oktober 1809 als Minister des Äußeren und Leiter der Staatskanzlei nach Wien holte. Schon ein Jahr später brachte er die diplomatische Meisterleistung zustande, die Heirat der Erzherzogin Marie Louise mit Napoleon einzufädeln, wodurch Frankreich und Österreich nach endlosen Kriegen auf ein friedliches Miteinander hoffen durften.

Dass Metternich mit Eleonore glücklich verheiratet war, hinderte ihn keineswegs daran, stets in irgendwelche Affären verwickelt zu sein – meist in mehrere gleichzeitig. In einem Brief, den er seiner Frau von einem Kongress in der Nähe von Karlsruhe schickte, log er ihr vor, auf den dortigen Bällen »nur alte Vetteln« angetroffen zu haben, um »Lorel« in ihrer berechtigten Eifersucht zu beruhigen. Schlechtes Gewissen war Metternich unbekannt, der Begriff Untreue war ihm fremd.

*Die Fürstin Katharina
Bagration (1783–1857)
schenkte Clemens
Metternich eine Tochter*

Schon in Dresden, seiner ersten diplomatischen Station, nahm sich der junge Ehemann der neunzehnjährigen Fürstin Katharina Bagration an, deren Gemahl – ein weitläufiger Verwandter des

Zaren – keinen Gebrauch von seinen ehelichen Rechten machte. Katharina brachte eine Tochter zur Welt, die sie – um nur ja keinen Zweifel aufkommen zu lassen, wer der Vater sei – Clementine nannte.

Gott weiß, wie Metternich es zuwege brachte, die vielen Gespielinnen unter einen Hut zu bringen. In Paris, wo man den jungen Botschafter *le beau Clement* nannte, machte ihn Napoleon auf einem Fest in den Tuilerien mit seiner Schwester Caroline bekannt. »Amüsier dich mit diesem Einfaltspinsel, wir brauchen seine gute Laune«, rief der Korse seiner Schwester zu, die den Befehl allzu wörtlich nahm und mit Metternich eine mehrjährige Beziehung einging. Dabei geriet sie nicht nur mit ihrem Mann – Marschall Murat – und mit Metternichs Ehefrau in Konflikt, sondern auch mit der als *Femme fatale* bekannten und ebenfalls verheirateten Hofdame Laure Junot und einer ganzen Reihe anderer Damen, deren Gunst sich der Diplomat aus Österreich erfreuen durfte.

»Er ist ein Anbeter der Schönheit und selbst schön genug, um Anbetung zu finden«, befindet Metternich-Biograf Friedrich Hartau. »Er hat ähnlich geliebt wie Casanova, das heißt, er hat seine jeweilige Geliebte stets beglückt, er konnte sie glauben machen, dass sie für ihn die einzige Frau auf der Welt sei; er war ein Liebhaber, wie ihn Frauen sich erträumen.«

Die »vier B« – so raunte man sich in den Staatskanzleien zu, sobald er von Wien aus Europas Politik gestaltete – waren wichtige Bausteine des »Systems Metternich«: Büro, Ballsaal, Boudoir und Bett. Denn der Politiker und Diplomat wusste sein erotisch dominiertes Dasein mannigfach zu nutzen, zumal seine Geliebten den höchsten Kreisen angehörten und er durch sie Informationen erhielt, die ihm beruflich zustatten kamen.

Wie überhaupt Information für Metternich alles war. Seine Schnüffler saßen in Kanzleien und Kaffeehäusern, in den Universitäten und Redaktionen, in Bordellen und Postämtern. Die Korrespondenz seiner Minister stand ebenso unter Metternichs ständiger Kontrolle wie die von Schriftstellern, Journalisten und Gelehrten, er bespitzelte Beichtväter und die Kammerdiener hochgestellter Persönlichkeiten. Natürlich musste er sich – sowohl vor dem eigenen als auch vor fremden Geheimdiensten – schützen, weshalb Metternich seine Post an »Friedrich von Berg« und »Jacques Helbling, Rentier« adressieren ließ. Er besaß mehrere Wohnungen, an deren Türen ahnungslose Briefträger Kuverts mit brisantem Inhalt deponierten, darunter sowohl diplomatische Depeschen als auch intime *Lettres d'amour*.

Im Sommer 1813 langen die ersten Billets einer jungen Frau ein, die ihm mehr bedeutete als die vielen anderen Geliebten. Metternich kannte Wilhelmine Herzogin von Sagan bereits seit seiner Zeit in Dresden, ist ihr immer wieder begegnet, aber nie von ihr erhört worden, was sein erotisches Verlangen nur steigerte. Jetzt, kurz vor der Völkerschlacht bei Leipzig, in der Österreich und seine Verbündeten Napoleon vernichtend schlagen sollten, ist es endlich soweit: Die heiße Beziehung zwischen Metternich und der Herzogin beginnt. Es ist wohl kein Zufall, dass die entscheidenden Strategiebesprechungen vor den Gefechten auf jenen böhmischen Schlössern stattfinden, die im Besitz der Herzogin sind. »Sagen Sie mir«, schreibt er ihr am 11. August, »dass ich Ihr bester Freund auf der Welt bin, dass es keine Frage, kein Glück, kein Gefühl gibt, das Sie nicht mit mir teilen.« Um Tage später, am 19. August, bereits im vertraulichen Du fortzusetzen: »Glaubst Du jetzt, dass ich zu lieben weiß? Und glaubst Du vor allem, dass ich Dich liebe?«

»Kein Gefühl, das Sie nicht mit mir teilen«: Wilhelmine Herzogin von Sagan (1781–1839), Metternichs große Liebe

Metternich wurde nach Napoleons Niederlage bei Leipzig am 18. Oktober 1813 von Kaiser Franz in den erblichen Fürstenstand erhoben, worüber er sich angeblich mehr für seine Kinder als für sich selbst freute. Später erzählte er die Anekdote, dass ihn sein Kammerdiener am Tag nach der Erhöhung gefragt hätte: »Ziehen Euer Durchlaucht heute den gleichen Frack an, den Euer Exzellenz gestern getragen haben?«

Das private Glück scheint Metternich jetzt wichtiger als die Zukunft des Kontinents, die er als Koordinator der Siegermächte maßgeblich gestaltet. »Mein Kopf ist bei der Sache«, schreibt er an Wilhelmine, »aber mein Herz ist bei Dir. Die Welt – ihre Größe und ihr Elend – sind mir nichts: nur Du bist da, immer Du und nichts als Du!«

Doch Napoleon ist noch nicht von der Bildfläche verschwunden. Erst als er im Exil auf Elba sitzt, scheint die Gefahr gebannt. Nun gilt es, Europa eine neue politische und territoriale Ordnung zu verleihen, weshalb die Staatenlenker beim *Wiener Kongress* zusammentreffen, auf dem Metternich zur bestimmenden Kraft wird. Doch ausgerechnet jetzt, auf dem Höhepunkt seiner Macht, gerät der Mann, in dessen Händen die Zukunft Europas liegt, in eine schwere Lebenskrise. Sein Berater und engster Mitarbeiter Friedrich von Gentz beschreibt ihn als unkonzentriert und geistesabwesend, er verwechselt Aktenstücke und wichtige Depeschen. Was ist los mit dem gefinkeltsten Diplomaten seiner Zeit?

Natürlich steckt eine Frau dahinter. Seine große Liebe, Wilhelmine von Sagan, hat ihm kurz vor Kongressbeginn das Messer angesetzt. Sie fordert ihn auf, sich zu ihr zu bekennen, ist nicht länger bereit, Geliebte zu sein. Er soll sich von seiner Frau scheiden lassen und sie heiraten. Letztlich will die Herzogin nichts anderes, als an der Seite des bedeutenden Mannes selbst eine bedeutende Rolle spielen. All das kommt für Metternich nicht in Frage. Er würde Eleonore, die er ebenfalls liebt, nie verlassen – auch, weil ein Scheidungsskandal das Ende seiner Karriere bedeuten würde.

Aber er begehrt Wilhelmine. Die sich in der Kongresszeit ebenso in Wien aufhält wie Katharina Bagration, die Metternich gelegentlich immer noch beglückt. Zu den Liebhabern der Bagration zählt jetzt allerdings auch Zar Alexander, der seinen Nebenbuhler Metternich zum Duell fordern möchte, was nur durch eine Intervention Kaiser Franz I. abgewendet werden kann.

Metternich kämpft um Wilhelmine. Ausgerechnet am 24. Oktober 1814, als die Allianz zwischen Russland und Österreich zu zerbrechen droht und die Gefahr eines Krieges in der Luft liegt, plaudert Metternich mit Friedrich von Gentz, wie dieser in seinen Tagebüchern vermerkt, »drei Stunden über nichts anderes als seine

Herzensangelegenheit« und dass ihn »diese verdammte Frau mehr interessiert als alle Geschäfte der Welt«.

Nach außen zeigt sich Metternich den aus zweihundert Staaten angereisten Kongressgästen als geschmeidiger Vortänzer, der in seinem Palais am Rennweg die prunkvollsten Bälle der Stadt gibt und mit Monarchen, dem Herzog von Wellington und dem französischen Außenminister Talleyrand wie kein anderer zu verhandeln weiß. Doch nach Mitternacht schreibt er verzweifelte Briefe an Wilhelmine, in denen er sie anfleht, bei ihm zu bleiben. Vergebens, die Beziehung ist ein für allemal beendet. Die Herzogin von Sagan landet in den Armen des Fürsten Windisch-Graetz, und auch Metternich findet bald Trost: Wilhelmine wird durch die Botschaftersgattin Dorothee Gräfin Lieven ersetzt, in der Metternich einmal mehr »die große Liebe« zu erkennen glaubt. Diese Verbindung,

Hier zeigt sich der Fürst als perfekter Gastgeber: Palais Metternich am Rennweg

schreibt er, werde »erst mit unserem Dasein enden«. Sie endet allerdings ebenso schnell wie die meisten anderen auch.

Wie es der zügellose Lebemann schaffte, das Werben um die vielen Frauen, die umfangreiche Korrespondenz mit ihnen, die zahlreichen Rendezvous und sein Familienleben mit einem fünfzehnstündigen Arbeitstag in Einklang zu bringen, bleibt ein Rätsel. Dass er darüber hinaus seinen ehelichen Pflichten nachkam, beweist der Umstand, dass seine Frau am 1. September 1815 ihr siebentes Kind, Hermine, zur Welt brachte. Somit hat Metternich Eleonore, auch als der *Kongress* mit all seinen politischen und amourösen Eskapaden seinen Höhepunkt erreichte, nicht vernachlässigt.

Sie hat im Laufe von drei Jahrzehnten mit der pathologischen Untreue ihres Mannes zu leben und ihre anfängliche Eifersucht zu unterdrücken gelernt. Die Fürstin stirbt im März 1825 im Alter von fünfzig Jahren an einem Lungenleiden.

Metternich, mittlerweile vom Kaiser zum Haus-, Hof- und Staatskanzler ernannt, war es gewohnt, die Wintermonate mit seiner Familie in der Geheimen Staatskanzlei am Ballhausplatz – dem heutigen Bundeskanzleramt – zu wohnen, während er die warme Jahreszeit in seinen Sommerpalais am Rennweg, in Baden bei Wien und Johannisberg im Rheingau verbrachte. Doch er kann nach dem Tod seiner Frau nicht allein sein und ist mächtig genug, 1827 gegen jegliche Konvention seines Standes zu verstoßen und Antonie von Leykam – die Tochter einer Sängerin namens Antonia Pedrella – zu heiraten. Das war so ziemlich das Schlimmste, was ein Fürst damals tun konnte. Metternich ist 54, seine schöne Frau 21, wobei der Kaiser, um der ungewöhnlichen Heirat seinen Segen zu geben, sie schnell noch zur Gräfin von Beilstein ernennt. Die Verbindung ist

Damals ein Skandal: Metternichs zweite Frau Antonie geb. von Leykam (1806–1829) war die Tochter einer italienischen Sängerin

von kurzer Dauer, da die um 33 Jahre jüngere Frau nach einem Jahr Ehe bei der Geburt ihres Sohnes Richard stirbt.

Zum zweiten Mal Witwer, zieht Metternich mehr denn je durch die Wiener Salons, in denen er nun der 25-jährigen Gräfin Melanie Zichy begegnet, mit deren Mutter er vor Jahren schon liiert war. Dass Melanie – wie einst seine erste Frau – verlobt ist, kann einen Metternich nicht erschüttern. Der Verlobte, Baron Karl Hügel, bekommt einen Posten an der österreichischen Botschaft in Paris, womit einer Eheschließung mit der schönen Comtesse nichts mehr im Wege steht. Melanie schenkt Metternich vier weitere Kinder.

Als Kaiser Franz am 2. März 1835 stirbt und dessen geistig zurückgebliebener Sohn Ferdinand »der Gütige« den Thron besteigt, beginnt Metternichs Abstieg. Er sitzt jetzt nicht mehr als faktischer Alleinherrscher am Ballhausplatz, sondern muss die Macht mit den Mitgliedern der Geheimen Staatskonferenz teilen. Doch das ist nur das Vorspiel zur wirklichen Katastrophe im Leben des Fürsten. Als am 13. März 1848 in Wien die Revolution ausbricht, verlangen deren Rädelsführer seine sofortige Abdankung, andere wollen ihn sogar lynchen. Metternich verlässt den Ballhausplatz, von dem aus er vier Jahrzehnte lang Europas Politik geprägt hat.

Baron Hügel, dem er einst die Braut wegschnappte, erweist sich als vollendeter Kavalier und ist dem Fürsten bei der Flucht behilflich, die ihn bei Nacht und Nebel über Holland nach England führt. Innerhalb weniger Wochen um Jahre gealtert, sitzt der frühere »Kutscher Europas« mit seiner Frau und den noch kleinen Kindern in einer gemieteten Villa in Richmond bei London.

Ob der jetzt 75-Jährige den Grund seiner Verbannung erkannt haben mag?

Dass sich das Volk nicht länger, ohne sich zur Wehr zu setzen, unterdrücken ließ. Dass brutale polizeistaatliche Methoden, Zensur und Spitzelwesen in einer Zeit, da andere Länder längst liberale Ideen und eine neue soziale Ordnung zuließen, ausgedient hatten. Dass das »System Metternich« Geschichte war.

Über derlei Themen spricht er nicht, als er in Richmond Besuch von seiner Enkelin bekommt. »Er erzählte gern vom großen Napoleon, dessen Feind er, im gewöhnlichen Sinne des Wortes, nicht war«, schreibt Pauline Metternich in ihren Memoiren. »Er war Feind seiner Eroberungssucht und sah Napoleon als eine Geißel Europas an; allerdings ließ er dem Menschen Napoleon die höchste

Sie begeleitete Metternich ins Exil: Ehefrau Nummer drei, Melanie geb. Gräfin Zichy (1805–1854)

Gerechtigkeit widerfahren und beklagte es, dass es niemanden sonst gegeben habe, mit welchem eine Unterhaltung so anziehend und fesselnd gewesen wäre, als mit dem Kaiser Napoleon.«

In England besucht ihn auch seine frühere Geliebte Katharina Bagration. »Sie hatte vergessen, alt zu werden«, notierte Pauline Metternich als Zeugin der Zusammenkunft. »Ihre Schönheit war davongeflogen, die blonde Lockenfülle auf fünf oder sieben gelbe Haare reduziert. Die Haut war eine Zitrone geworden, der Körper nur mehr ein klapperndes Gerippe. Die arme Fürstin bedeckte sich kärglich mit einem Hemde aus feinstem Batist, mit zwei rosa Schleifen gebunden. Und das war alles! Man blieb sprachlos und angsterfüllt und flehte zum Himmel, dass sich diese leichten Schleifen nicht lösen mögen. Und so gekleidet, wenn man es gekleidet nennen kann, erschien sie bei meinem Großvater. Die Ärmste machte allerhand neckische Avancen und warf ihm gerührte Blicke zu. Es war ein unbezahlbares Schauspiel, wenn man meinen so würdig und vornehm aussehenden Großvater diese arme Mumie am Arme zu Tisch schleppen sah.«

Pauline Metternich ist die zweite Trägerin des Namens, die in die Geschichte einging – wenn auch keineswegs so staatstragend wie ihr Großvater. Sie war nicht nur dessen Enkelin, sondern auch seine Schwiegertochter, nachdem sie seinen Sohn, ihren Onkel Richard, geheiratet hatte. Pauline war eine unvergleichlich populäre Figur, organisierte ab 1886 jedes Jahr im Mai den Blumenkorso im Prater,

Enkelin und gleichzeitig Schwiegertochter des Staatskanzlers: Fürstin Pauline Metternich (1836–1921)

138

an dem bis zu 300 000 Wiener teilnahmen. Ehrengäste waren Mitglieder der kaiserlichen Familie von Kaiser Franz Joseph über Kronprinz Rudolf bis zum Erzherzog Franz Ferdinand, nur Elisabeth kam nie, da sie Pauline Metternich hasste. Während *Sisi* die Zurückgezogenheit liebte, gab sich die Fürstin laut und volkstümlich. Sie organisierte Wohltätigkeitsfeste, an denen sie ihre Klatsch- und Tratschsucht ausleben konnte, weshalb ihr auch der Spitzname »Mauline Petternich« verliehen wurde.

Der Staatskanzler hat die Society-Karriere seiner Enkelin nicht mehr erlebt. Er war im Oktober 1851 über Brüssel aus dem englischen Exil nach Wien zurückgekehrt, nachdem ihn der junge Kaiser Franz Joseph hatte wissen lassen, dass er »anstandslos, ohne der Regierung Verlegenheit zu bereiten, wieder nach Österreich kommen könne«. Doch das Glück seiner alten Tage blieb ihm versagt, als auch seine dritte Frau Melanie 54-jährig an Krebs starb.

Metternich hat alle überlebt, Freunde und Feinde: Napoleon, Talleyrand, Zar Alexander, den Herzog von Wellington, die Kaiser Franz und Ferdinand, Friedrich von Gentz, seine Herzensdamen Wilhelmine von Sagan, die Fürstin Bagration, Caroline Murat, Laure Junot, Dorothee Lieven, seine drei Ehefrauen – und die Hälfte seiner zwölf Kinder.

Wenige Tage vor seinem Tod ist Kaiser Franz Joseph im Palais Metternich am Rennweg angesagt. Der Monarch sucht den Rat des alten Fuchses, der schon seinem Großvater eine wichtige Stütze war. Sie gehen durch den Garten, in dem Franz Joseph die bevorstehende Schlacht von Magenta anspricht.

»Aber diesmal, Majestät«, warnt der Fürst eindringlich, »diesmal um Gottes willen kein Ultimatum.«

Allein, in einer Welt, die
nicht mehr die seine war:
Clemens Fürst Metternich
(1773–1859)

Es ist zu spät. »Das Ultimatum«, erwidert Franz Joseph, »ist gestern abgegangen.« Metternich verschlägt es die Sprache. Am nächsten Tag, dem 4. Juni 1859, wird die österreichische Armee von Frankreich und dem Königreich Piemont-Sardinien vernichtend geschlagen.

Es war nicht das letzte Ultimatum, das Kaiser Franz Joseph unterzeichnet, aber das letzte, das Metternich erlebt hat.

Der Fürst stirbt eine Woche später, am 11. Juni 1859, im Alter von 86 Jahren. Allein, in einer Welt, die nicht mehr die seine war.

Sohn oder Doppelgänger?

Der Kokoschka-Krimi

Peter Foges lebt als erfolgreicher Regisseur in New York und hat für seine Film- und Fernsehdokumentationen mehrere Emmys und einen Oscar erhalten. Seine Eltern waren 1937 von Wien nach London ausgewandert, wo er sieben Jahre später zur Welt kam. Je älter Peter Foges wurde, desto öfter fragte man ihn, ob er mit Oskar Kokoschka verwandt sei. Mit dem weltberühmten österreichischen Maler, dem er in der Tat verblüffend ähnlich sieht. Gesichtszüge, Figur, Körperhaltung, vieles deutet darauf hin, dass verwandtschaftliche Beziehungen bestehen.

Natürlich kann das alles reiner Zufall sein, die Natur leistet sich mitunter solche Launen; Doppelgänger gab und gibt es immer wieder.

Hier aber liegt noch etwas vor: Peter Foges' Mutter und Oskar Kokoschka kannten einander. »Sie kannten einander sogar sehr gut«, erzählt Peter Foges in perfektem Deutsch mit leicht amerikanischem Akzent.

Wie die Familie Foges lebte auch Oskar Kokoschka während des Zweiten Weltkriegs in London. »Meine Eltern und er waren befreundet, unsere Wohnungen lagen nahe beisammen, und ich erinnere mich, dass Kokoschka oft bei uns zum Essen war und dass er meine Mutter verehrte.«

Oskar Kokoschka starb am 22. Februar 1980, Peter Foges' Mutter im Dezember 1985, sein Vater Wolfgang Foges drei Monate später.

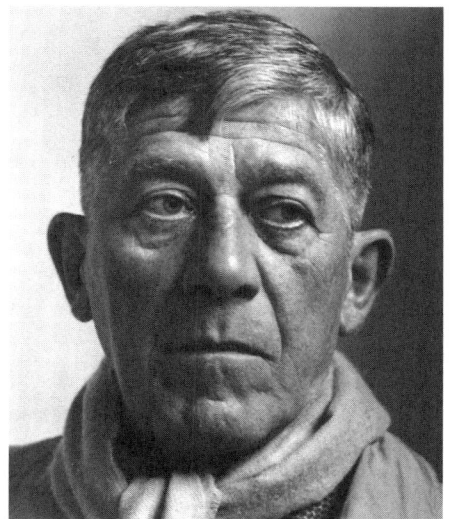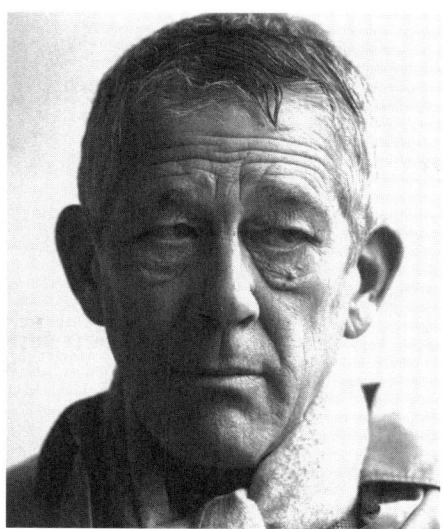

Verblüffende Ähnlichkeit: Oskar Kokoschka (1886–1980), Peter Foges (*1944)

Es ist also niemand mehr da, den er fragen könnte, wie diese außergewöhnliche Ähnlichkeit zu erklären sei.

Aber es gibt eine ganze Reihe von Hinweisen, die die Vaterschaft des Malers möglich erscheinen lassen. »Als ich etwa vierzehn Jahre alt war«, erzählt Peter Foges, »ist meine Mutter mit mir nach Villeneuve in die Schweiz gefahren, wo Kokoschka damals gelebt hat. Ich glaube, dass wir zwei Mal dort waren. Er war sehr nett, servierte Tee, führte uns durch sein Atelier, in dem Hunderte Bilder hingen oder herumstanden, die mich sehr beeindruckten.«

Zum Abschied bekamen Mutter und Sohn je ein Geschenk: Ihr gab der Maler das Buch *Kokoschka, Schriften 1907–1955* mit der handschriftlichen Widmung »Für die wunderschöne Frau Kathrin, Villeneuve, 5. Juni 1958.« Und Peter bekam eine Druckgrafik, unterschrieben »For Peter Foges to remember Oskar Kokoschka.« Buch und Bild sind heute noch im Besitz des Regisseurs.

Peter Foges sucht Antwort auf die Fragen: Wer bin ich? Woher komme ich?

Und er legt, als ich ihn darum bat, die Familienverhältnisse ganz offen dar: »Meine Eltern haben sich geliebt, aber ihre Ehe wurde im September 1938 in London in erster Linie aus politischen Gründen geschlossen. Und zwar deshalb, weil meine Mutter gebürtige Deutsche war und bei Ausbruch des Krieges als ›feindliche Ausländerin‹ nach Nazi-Deutschland geschickt worden wäre. Mein Vater hingegen stand als österreichischer Jude unter dem Schutz der Engländer. Durch die Heirat konnte auch sie in England bleiben, als der Krieg dann tatsächlich ausbrach.«

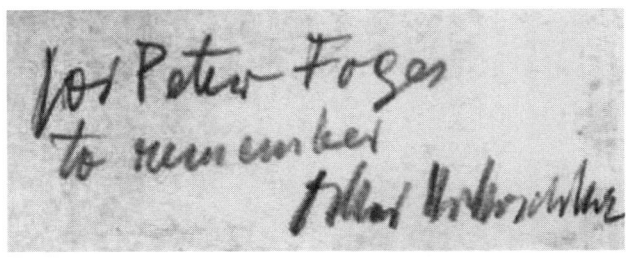

»For Peter Foges«: Kokoschkas Widmung an den 14-Jährigen im Jahre 1958

Peter Foges' Eltern führten eine moderne Ehe. »Beide hatten Beziehungen, mein Vater über viele Jahre eine feste Geliebte und meine Mutter lebte ähnlich freizügig.« Auch Oskar Kokoschka war, als Peter zur Welt kam, verheiratet, man weiß aber von dem berühmten Künstler, dass er ein exzessives Privatleben hatte.

»Wenn ich in den Spiegel sehe«, sagt Peter Foges, »denke ich mir, dass Kokoschka mein Vater sein könnte. Ich besorgte mir Bücher, sah mir zahllose Fotos von ihm an: das Gesicht, die Ohren, die Figur, die Hände, die Beine. Warum bin ich diesem Mann so ähnlich? Und meinem Vater gar nicht?«

Peter Foges ließ von dem New Yorker Fotografen Steven Haas Schwarz-Weiß-Fotos anfertigen, die die außergewöhnliche Ähnlichkeit eindrucksvoll dokumentieren. Und Peter Foges fragt sich: »Ist Kokoschka deshalb immer wieder in unser Haus gekommen, um seinen Sohn zu sehen? Und ist meine Mutter mit mir aus genau diesem Grund zwei Mal nach Villeneuve gefahren?«

Er hält es für möglich. »Die körperlichen Ähnlichkeiten und auch die biografischen Überschneidungen«, sagt er, »lassen diesen Schluss zu.«

Peter Foges wurde am 20. September 1944 in London geboren. Sollte er Kokoschkas Sohn sein, dann müsste »es« um Weihnachten 1943 passiert sein, als der Maler und Peters Mutter zweifelsfrei in Kontakt standen. Kokoschka hatte kurz davor ein neues Atelier bezogen, das in der Park Lane, in deren Nähe Kathrin Foges mit ihrer Familie wohnte, lag.

»Kokoschka und meine Mutter standen zweifelsfrei in Kontakt«: Peter Foges mit Mutter Kathrin (1915–1985)

Wie viele Emigranten aus Österreich lebten sowohl das Ehepaar Foges als auch Oskar Kokoschka und seine Frau Olda im Londoner Stadtteil Hampstead, nur wenige Meter von der Villa Sigmund Freuds entfernt. Hier wohnten auch Elias Canetti, Erich Fried, Fritz Kortner und Hilde Spiel, vor allem aber etliche aus Wien geflüchtete Psychiater, die in Maresfield Gardens in unmittelbarer Nachbarschaft zum *Vater der Psychoanalyse* ihre Ordinationen aufgeschlagen hatten. Einem Bonmot zufolge hat ein Patient im Hinterhof eines Wohnblocks in Hampstead kurz entschlossen »Herr Professor?« gerufen, worauf sich alle Fenster öffneten und sämtliche Mieter im Chor »Ja, bitte, Sie wünschen?« herausriefen.

Die zentrale Frage im Kokoschka-Krimi lautet: War Oskar Kokoschka der Vater eines Sohnes, von dessen Existenz wir bisher nichts wussten?

Und wenn ja: Ist dieser Sohn der in New York lebende Regisseur und Oscar-Preisträger Peter Foges?

Ich wandte mich, um einer Antwort näher zu kommen, an Kokoschkas Neffen, den in Wien lebenden Facharzt für Chirurgie, Roman Kokoschka, dessen Vater Bohuslav der jüngere Bruder des Malers war. Der Arzt sah sich die Fotos an und redete nicht lange um den heißen Brei herum: »Die Ähnlichkeit ist verblüffend. Niemand kann sagen, was zwischen meinem Onkel und der Mutter von Peter Foges tatsächlich passiert ist. Die Sache ist auf jeden Fall hochinteressant – auch wenn ich mir nicht recht vorstellen kann, dass mein Onkel während seiner Ehe eine Beziehung mit einer anderen Frau hatte.«

Oskar Kokoschka war offiziell kinderlos. Man weiß, dass er diesbezüglich ein lebenslängliches Trauma hatte. Der Grund war seine

Affäre mit Alma Mahler-Werfel, die im Jahre 1914 von ihm schwanger war, das Kind aber gegen seinen Willen abtreiben ließ, worauf die Beziehung in die Brüche ging. Abtreibung und Trennung stürzten Kokoschka in eine tiefe seelische Krise, die darin gipfelte, dass er eine lebensgroße Puppe, die Alma nachempfunden war, herstellen ließ. Alma Mahler war die wohl berühmteste der vielen Geliebten Kokoschkas, dessen Beziehungen meist problematisch waren und großen Einfluss auf sein Werk hatten.

Oskar Kokoschka war 1886 als Sohn eines Goldschmieds in der Stadt Pöchlarn in Niederösterreich zur Welt gekommen, aber schon als Kind mit seinen Eltern nach Wien übersiedelt. Er wurde, nachdem man ihn aus der Kunstgewerbeschule geworfen hatte, zum Vorkämpfer des Expressionismus, lebte in Berlin, Dresden, Wien und – da er sowohl Hitler als auch das austrofaschistische Regime ablehnte – ab 1934 in Prag. 1938 emigrierte er nach London, wo er 1941 in einem Luftschutzkeller Olda heiratete.

Drei Jahre später kam Peter als Sohn der Kathrin Foges geborene Schütte in London zur Welt. Wie hatten sie und Kokoschka einander kennen gelernt?

»Sie war dreißig Jahre jünger als Kokoschka, und sie war eine schöne junge Frau, als sie 1933 aus Westfalen nach Wien kam, um am Reinhardtseminar Schauspiel zu studieren«, erzählt Peter Foges, der es für möglich hält, dass sie sich bereits in Wien – und nicht erst in London – zum ersten Mal trafen. Das wäre also noch vor seiner Heirat mit Olda und vor ihrer Heirat mit Wolfgang Foges gewesen.

Auch die Familie Foges hat einen interessanten Hintergrund. Peters Vater Wolfgang Foges, 1910 in Wien zur Welt gekommen, hatte in der Zwischenkriegszeit, gemeinsam mit Bruno Kreisky, für Zeitungen geschrieben und wurde im Londoner Exil ein prominen-

»Warum bin ich Kokosch-
ka so ähnlich? Und ihm gar
nicht«: Wolfgang Foges
(1910–1986)

ter Verleger, zu dessen Autoren J. B. Priestley, Julian Huxley, David
Ben Gurion und Bertrand Russell zählten.

Nicht minder bekannt war Peters Großvater Arthur Foges, der
dem Kreis um Freud und Schnitzler angehörte. »Ein famoser
Mensch«, schreibt Arthur Schnitzler über den bedeutenden Wiener
Gynäkologen in seinem Tagebuch und vergleicht ihn an anderer
Stelle mit einer Figur seines im Ärztemilieu handelnden Stücks
Professor Bernhardi.

Bei der möglichen Verwandtschaft mit einem der herausragenden
Künstler des 20. Jahrhunderts liegt die Frage nahe, ob Peter Foges
Talent als Maler hat.

»Ich hatte es zweifellos«, sagt er. »Ich malte viel, bis ich fünfzehn
war, und meine Bilder wurden in Ausstellungen meiner Schule
gezeigt. Aber dann verlor ich das Interesse.« Peter Foges studierte in

Großvater Arthur
Foges (1868–1919),
hier mit Ehefrau
Helene (1873–
1950), gehörte dem
Kreis um Schnitzler
und Freud an

Harvard, begann seine Karriere als Journalist der BBC, war Anchor-
man im Radio und Produzent der *David Frost Show* im Fernsehen. Ab
1980 in New York, wechselte er zu amerikanischen TV-Sendern, für
die er Dokumentationen drehte, die mit sechs Emmys ausgezeichnet
wurden. Für seinen Film *The Ten Year Lunch** erhielt er 1988 mit seinem Team den Oscar für die beste Dokumentation. Peter Foges ist
verheiratet und Vater einer Tochter und eines Sohnes.

»Sollte sich irgendwann herausstellen, dass Oskar Kokoschka
mein Vater war«, erklärt Peter Foges, »würde sich nicht viel für mich
ändern. Nur eines vielleicht: Meine Mutter war Protestantin, mein
Vater Jude. Ich dachte daher immer, ich sei ›Halbjude‹. Das hat
mich geprägt, das ist Teil meines Lebens. Sollte nicht Wolfgang
Foges, sondern Kokoschka mein Vater sein, wäre ich plötzlich kein
Jude mehr. Das wäre eigenartig, denn ich hätte dadurch eine ande-

---

* Der Film handelt von der legendären Künstlerrunde (Dorothy Parker, Harpo
Marx u. v. a.), die sich in den Zwanzigerjahren regelmäßig zum Gedankenaustausch im
New Yorker Algonquin Hotel zum Mittagessen traf.

re Identität als die, die ich bisher hatte.« An seinen Gefühlen zu Wolfgang Foges würde sich jedenfalls nichts ändern: »Er war ein sehr guter Vater, der mich liebte und den ich liebte. Und das würde immer so bleiben.«

Der Fall schien sowohl Peter Foges als auch Roman Kokoschka so interessant, dass die beiden sich im Herbst 2009 dazu entschlossen, eine vergleichende DNA-Analyse durchführen zu lassen. Beiden Herren wurde ein Mundhöhlenabstrich entnommen – dem einen in New York, dem anderen in Wien.

Das Ergebnis war eindeutig: Zwischen den beiden Herren besteht keine verwandtschaftliche Beziehung. Im Mai 2010 wurde ein weiterer genetischer Vergleich zwischen Originalbriefen Oskar Kokoschkas und der DNA von Peter Foges durchgeführt – doch diese Untersuchung scheiterte, da dreißig Jahre nach dem Tod des Malers zu wenig brauchbare Erbinformationen gefunden werden konnten.

Ist die erstaunliche Ähnlichkeit zwischen Oskar Kokoschka und Peter Foges doch nur Zufall?

Eine Frage, auf die es möglicherweise nie eine Antwort geben wird.

KEIN VERKANNTES GENIE

Auer von Welsbach, Vater und Sohn

Der Zug hält am Bahnhof von St. Veit an der Glan. Ein Fahrgast entsteigt einem Waggon, nimmt das Gespräch mit einem eleganten, am Perron wartenden Herrn auf. Bei den beiden Männern handelt es sich um zwei der größten Genies ihrer Zeit: um den Amerikaner Thomas Alva Edison und den österreichischen Freiherrn Carl Auer von Welsbach. In dem Gespräch geht es um die vielleicht größte technische Revolution an der Wende vom 19. zum 20. Jahrhundert. Edison und Auer Welsbach kämpfen in jenen Tagen – wenn auch mit ganz unterschiedlichen Methoden – um ein und dieselbe Idee. Um die Entwicklung des elektrischen Lichts.

Während sie von der Nachwelt zu Gegenspielern, ja Feinden gestempelt wurden, kooperierten Edison und Auer Welsbach durchaus. So kam es im Jahre 1911 auch zu dem historischen Treffen auf Kärntner Boden, das die übrigen Fahrgäste des Zuges allerdings in Rage brachte. Man hatte ihnen mitgeteilt, dass sich der berühmte amerikanische Ingenieur Edison in einem Waggon der 1. Klasse befinde und in St. Veit seinen nicht minder bedeutenden Kollegen Auer von Welsbach treffen wolle. Fünf Minuten, so hieß es, würde der Gedankenaustausch über die Zukunft der Elektrizität dauern, länger nicht. Doch aus den fünf Minuten wurden, sehr zum Ärgernis der Passagiere des Schnellzugs Triest–Wien, mehr als zwanzig, die sie am Bahnhof von St. Veit außerplanmäßig warten mussten.

Carl Freiherr Auer von Welsbach. Der herrschaftliche Klang des Namens täuscht, kamen die Ahnen des Forschers doch aus ganz kleinen Verhältnissen. Sein Vater hatte noch schlicht Alois Auer geheißen und als Spross einer Familie von Flößern und Zimmerleuten in Oberösterreich das Licht der Welt erblickt. Schon er sollte einen außergewöhnlichen Weg nehmen: Alois Auer trat nach dem Besuch von vier Volksschulklassen mit elfeinhalb Jahren eine Drucker- und Setzerlehre an, entwickelte aber schon in seiner Jugend eine ganze Reihe typografischer Erfindungen, darunter die Naturselbstdruck- und die selbsttätige Schnellpresse. Seine Erfindungen waren so bahnbrechend, dass Auer im Alter von 28 Jahren zum Direktor der Österreichischen Staatsdruckerei ernannt wurde, die sich unter seiner Leitung zu einem Unternehmen von Weltruf entwickelte. Nicht genug damit, hatte Auer als Autodidakt perfekt Englisch, Französisch und Italienisch zu sprechen gelernt, sodass er – ohne je die Matura abgelegt zu haben – an Gymnasien unterrichten durfte.

Der Name Auer Welsbach wurde schon durch den Vater des weltberühmten Erfinders zum Begriff: Alois Ritter von Welsbach (1813–1869)

151

Alois Auer wurde Professor, Hofrat, Mitglied der Akademie der Wissenschaften und vom Kaiser ob seiner Verdienste zum »Ritter« geschlagen. Da er in Wels zur Welt gekommen war, erhielt er den Beinamen »von Welsbach«.

Auers nächste Großtat war es, das Genie seines Sohnes zu erkennen und ihm die schulischen Voraussetzungen für seinen Lebensweg zu ermöglichen. Der 1858 in Wien geborene Carl Auer von Welsbach studierte hier Chemie, um danach seine Forschungsarbeiten beim berühmten Robert Wilhelm Bunsen – dem Erfinder des Bunsenbrenners – in Heidelberg fortzusetzen. Wieder in Wien, entdeckte Auer Welsbach vier chemische Elemente, die ihm in Fachkreisen zu weltweiter Anerkennung verhalfen. Populär wurde sein Name jedoch erst durch die Erfindung des leuchtgasbetriebenen *Glühstrumpfs*.

Das Gaslicht hatte seinen Siegeszug durch Europa bereits in den 1820er-Jahren angetreten. Es bot einen gewaltigen Fortschritt gegenüber den eher düsteren Kerzen- und Ölleuchtern, erwies sich aber wegen des immens hohen Gasverbrauchs als unwirtschaftlich. Auer Welsbachs Glühstrumpf, der mit dem von ihm entwickelten Leuchtstoff Lanthanoxid getränkt wurde, brachte den gewaltigen Vorteil, bei halbem Gasverbrauch die doppelte Lichtstärke zu erbringen. 1885 zum Patent angemeldet, konnte Auer Welsbach mit dem durch Lizenzen verdienten Geld eine Fabrik in Atzgersdorf bei Wien errichten, in der die neuen Leuchten hergestellt werden sollten.

Bei aller Euphorie über die technische Errungenschaft wurde jedoch ein Umstand außer Acht gelassen: Während die männlichen Besucher in den Kaffeehäusern glücklich waren, endlich auch abends Zeitungen lesen zu können – was bisher mangels Leuchtkraft nicht möglich war – lehnten die Damen das neue,

grünlich wirkende Licht ab, da es Gesichter fahl und hässlich erscheinen ließ. Damit war jede Chance vertan, Auer Welsbachs Gaslicht in Privathäusern und Wohnungen zur Anwendung zu bringen. Und so musste er seine Fabrik nach vierjährigem Betrieb wieder schließen.

Doch er gab nicht auf und fand einen Weg, den Glühstrumpf mit Thorium-Cer, einer anderen chemischen Substanz, zu tränken, die ein wesentlich angenehmeres Licht erzeugte. Jetzt aber ging's Schlag auf Schlag: Die leer stehende Fabrik wurde wieder geöffnet und stellte schon im ersten Jahr 100 000 Leuchtkörper her, in Deutschland wurden eine Million in Lizenz erzeugt. Und innerhalb kürzester Zeit trat das *Auerlicht*, wie es bald genannt wurde, seinen Siegeszug um die Welt an.

Nahe seiner alten Burg ließ Auer Welsbach das heutige Schloss Welsbach errichten

Die neuen, schmeichelnden Lichtquellen erregten derartiges Aufsehen, dass Kaiser Franz Joseph – sonst ein Gegner jeder technischen Neuerung – seine Wohn- und Arbeitsräume in der Hofburg mit Auer Welsbachs Lampen ausstatten ließ. Nicht genug damit, empfing er den Erfinder persönlich und erhöhte ihn vom ererbten »Ritter« auf »Freiherr«. Auer Welsbach war eine der wenigen Personen, denen der Monarch während einer Audienz als Zeichen der besonderen Wertschätzung entgegenging und die Hand reichte. »Ich fürchte nur«, sagte der Kaiser zu seinem Gast, »dass Ihre dünnen Glühstrümpfe kaputtgehen, sobald die Burgmusik durch den Burghof ziehen wird.« Aber die neuen Auerlampen hielten die lauten Trommeln und Trompeten aus und erzielten eine für damalige Verhältnisse lange Lebensdauer von 2400 Stunden.

Auch wenn er keineswegs zum »alten Adel« zählte, bestach Auer Welsbach seine Mitarbeiter und Gesprächspartner durch aristokratisches Auftreten, und er führte mit seiner Familie auch ein dementsprechendes Leben. Äußeres Zeichen dafür war seine aus dem 13. Jahrhundert stammende Burg Rastenfeld, die er 1893 samt riesigem Landgut vom Wiener Operettenliebling Marie Geistinger gekauft hatte. In der Nähe der Burg errichtete der Forscher einen weiteren Herrschaftssitz, das heutige Schloss Welsbach, in dem er ein großes Labor unterbrachte.

In vielen einsamen Stunden erkannte der besessene Gelehrte in diesem Labor – etwa gleichzeitig mit Thomas Alva Edison –, dass die Zukunft des Lichts nicht im Gas, sondern in der Elektrizität liegen würde. »Jahrelang mit Versuchen über das elektrische Licht beschäftigt«, schrieb Auer Welsbach, »hatte ich dieses Arbeitsgebiet lieb gewonnen und so beschloss ich denn zu versuchen, ob ich nicht auch diesem zu Hilfe kommen könnte.«

Edison war es, der die elektrische Glühlampe als Erster herstellte und diese 1881 bei der Pariser Weltausstellung als große Sensation präsentierte, doch sein Kohlefaden sollte sich als unbrauchbar erweisen, da die Lichtausbeute zu gering und der Stromverbrauch zu hoch waren. Erst als Auer Welsbach, sechzehn Jahre nach Edison, den Kohlefaden durch einen wesentlich haltbareren Metallfaden ersetzte, konnte sich das elektrische Licht durchsetzen. Damit war das Prinzip der bis heute gebräuchlichen Glühlampe gefunden.

Neben seinen Beiträgen zur Entwicklung des Gas- und des elektrischen Lichts hinterließ Auer Welsbach mit dem »Cer-Eisen« eine weitere revolutionäre Erfindung: Der von ihm entwickelte Zündstein ermöglicht die Herstellung von Feuerzeugen und wird nach wie vor in der von Auer Welsbach gegründeten *Treibacher Industrie*

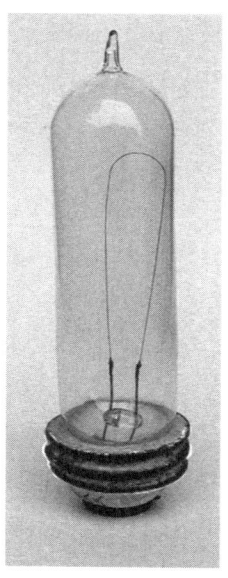

Erst durch Auer Welsbachs
Metallfaden konnte sich die
Glühbirne durchsetzen: die
elektrische »Auerlampe«

AG erzeugt. Weitere seiner Firmen befinden sich in Deutschland, Frankreich, England, in den USA und Kanada.

»Seine drei wesentlichen Erfindungen haben nach mehr als hundert Jahren nichts an ihrer Bedeutung verloren«, erklärt der Auer-Welsbach-Experte Roland Adunka: »Da ein Drittel der Menschheit noch immer nicht über elektrischen Strom verfügt, ist der Glühstrumpf – sei er mit Gas oder Petroleum betrieben – nach wie vor im Einsatz. Fast unverändert blieben auch sein Metallfaden in den elektrischen Glühlampen und der Zündstein in den Feuerzeugen.«

Carl Auer von Welsbach war ein für österreichische Verhältnisse untypischer Forscher. Im Gegensatz zu anderen Erfindern, die hungern mussten und nicht selten um die Verwertung ihrer Patentrechte betrogen wurden, war der als eher verschlossen beschriebene Techniker auch überaus geschäftstüchtig, und er verstand es, seine Entdeckungen in die Praxis umzusetzen und mit der Fabrikation reich zu werden. In seinen reifen Jahren musste er allerdings miterleben, wie sein gigantisches Vermögen dahinschmolz, als er ab 1914 einen Großteil seines Kapitals in Kriegsanleihen zeichnete, deren Wert nach dem Zusammenbruch der Monarchie gleich null war.

Carl Auer von Welsbach heiratete erst 1899 im Alter von 41 Jahren, am Höhepunkt seines Ruhmes, die Wienerin Marie Nimpfer, mit der er in glücklicher Ehe lebte und die ihm drei Söhne und eine Tochter schenkte. Es folgten sieben Enkel und elf Urenkel, von denen einer durch die Gründung eines Finanzunternehmens einen Schatten auf den großen Namen warf.

Im Alter schwerhörig geworden, zog sich der immer schon als eher wortkarg bekannte, aber durchaus humorvolle Carl Auer von Welsbach auf sein Schloss zurück, um sich ganz der Familie und seinen Studien hinzugeben. Er züchtete neue Apfel- und Rosensorten und importierte bis dahin in Europa unbekannte exotische Pflanzen. Als Pionierleistungen sollten sich seine Experimente auf den Gebieten der Tontechnik und der Fotografie erweisen. So nahm er ab 1900 Gespräche und musikalische Beiträge auf und erstaunte seine Umgebung acht Jahre später mit den ersten Farbfotografien. Die Ergebnisse seines technischen Weitblicks sind im *Auer von Welsbach Museum* in Treibach-Althofen archiviert.

Am Abend des 3. August 1929 klagte der Siebzigjährige plötzlich über Übelkeit. »Er ging noch einmal in seinen Garten«, beschreibt der Chemiker Jean D'Ans, die letzten Stunden des Freundes, »blickte umher, schloss sein Arbeitszimmer auf, verbrannte mehrere Papiere, blieb lange vor dem Bild seines Vaters stehen, ging darauf ins Laboratorium, deckte sein Spektroskop auf, streichelte es mit der Hand zärtlich, blickte auf die anderen, nahm von seinen letzten noch in Arbeit befindlichen Thuliumreihen Abschied, schloss die

Carl Auer von Welsbachs Bild zierte jahrzehntelang die Zwanzig-Schilling-Banknote

Räume wieder ab und legte sich ruhig hin. Zwölf Stunden darauf war er sanft für ewig entschlummert.«

Sein Porträt zierte jahrzehntelang Österreichs Zwanzig-Schilling-Banknote, in Wien gibt es einen Auer-Welsbach-Park, eine Auer-Welsbach-Straße und ein Auer-Welsbach-Denkmal.

Nein, Carl Auer von Welsbach war kein verkanntes Genie.

»MAN HÄTTE EINANDER NICHT FINDEN SOLLEN«

Schnitzlers privates Familiendrama

Sie heißt Olga Gussmann, ist auf dem Wege, Schauspielerin zu werden, und verehrt den berühmten Dichter schwärmerisch. Im Juni 1899 schickt sie ihm einen Brief, in dem sie um eine Fotografie inklusive Widmung bittet, die sie wenige Tage danach persönlich abholt. Der Frauenfreund Arthur Schnitzler lässt sich eine solche Gelegenheit nicht entgehen, es kommt zu einer erotischen Beziehung des 37-jährigen Schriftstellers mit der 17-jährigen Nachwuchskünstlerin, die zwar noch nie auf einer Bühne gestanden ist, aber bereits einen Künstlernamen hat, nämlich Dina Marius.

Olga war nicht nur hübsch, sie konnte auch aufmerksam zuhören, wenn er ihr – und das war ihm sehr wichtig – aus noch unveröffentlichten Werken vorlas. Der literarische Vater des »süßen Mädels« spürte eine intellektuelle Reife, die er anderswo vermisste: bei seiner ersten Olga (Waissnix) wie bei den Damen Jeanette, Fifi und Mimi und seiner Jugendliebe Adele Sandrock, die er allesamt in seinem Werk verewigt. Über Olga Gussmann, seine spätere Frau, schreibt er am 25. September 1900 in sein Tagebuch: »Heut fühl ich das erste Mal, dass ich sie lieben könnte und dass ich sie lieben werde« – was ihn allerdings nicht daran hindert, weiterhin seine Langzeitgeliebten Mizi Glümer und Poldi Müller zu beglücken.

Doch dann scheint das Schicksal eine Entscheidung zu treffen: Olga ist schwanger. Dergleichen ist Schnitzler nicht zum ersten Mal »passiert«, aber zum ersten Mal mit einer Frau, die er liebt. »Ich glaube nicht, dass ich es je so erlebt habe«, notiert er, schränkt dann aber ein: »Vielleicht ähnliches nur bei M. G.« (Mizi Glümer, Anm.)

Bei einer gynäkologischen Untersuchung stellt sich heraus, dass das von Olga erwartete Kind nicht lebensfähig ist. »Der Traum ist aus«, steht am 10. Mai 1901 im Tagebuch, doch im darauffolgenden Jahr bringt sie einen gesunden Knaben zur Welt, der den Namen Heinrich erhält: Heinrich Schnitzler wird ein bekannter Regisseur sein und seine Nachbarin Lilly Strakosch heiraten.

Die Schnitzler-Villa lag der von Lillys Eltern gegenüber. Man wohnte großbürgerlich-elegant in der Sternwartestraße in Wien-Währing. Es ist noch gar nicht so lange her, dass ich Lilly Schnitzler kennen lernte und sie mir Einblick in die Familienverhältnisse gewährte. Ich traf sie im Juni 2008, und die damals 97-jährige Dame konnte wunderbar erzählen. Sie hatte Arthur und Olga Schnitzler, ihre späteren Schwiegereltern, schon als Kind gekannt – nicht nur als Nachbarin, sondern auch weil ihre Eltern mit dem Ehepaar

Die Villa der Familie Schnitzler in der Stern-wartestraße 71 in Wien-Währing

Schnitzler befreundet waren. Lilly behielt den Dichter »als einen eher düsteren Menschen in Erinnerung, er war nicht sehr groß und immer in Gedanken versunken. Ich hatte großen Respekt vor ihm, da er ja damals schon eine Berühmtheit war. Natürlich konnte ich zu diesem Zeitpunkt nicht ahnen, dass ich einmal seinen Sohn heiraten würde.«

Als ich Lilly Schnitzler nach ihrer Schwiegermutter Olga fragte, hielt sie kurz inne. »Na ja, also bitte«, sagte die alte Dame, »sie ist jetzt schon so lange nicht mehr da, dass ich ganz ehrlich sein kann. Ich hab sie nicht ausstehen können! Sie war eine vollkommen unnatürliche Person. Auch mein Mann, der seinen Vater über alles liebte, hatte zu seiner Mutter keine besondere Beziehung. Manchmal hat sie, als unsere Kinder noch klein waren, bei uns ›Großmutter gespielt‹, obwohl sie das in Wirklichkeit überhaupt nicht interessierte, so etwas spürt man ja.«

Olga Gussmann und Arthur Schnitzler sind, als ihr Sohn Heinrich im August 1902 zur Welt kommt, noch nicht verheiratet. Ja, sie wohnen nicht einmal in einem Haushalt – unter anderem, weil der Dichter sich von Frau und schreiendem Kind in seiner Arbeit bedroht fühlt. Darüber hinaus hat Schnitzler tausend Ausreden parat, nennt materielle Sorgen, die es in dieser Form gar nicht gibt, da er bereits ein gefragter Autor ist. Schauspiele wie *Liebelei, Das Vermächtnis, Paracelsus, Freiwild* oder *Literatur* werden am Burgtheater oder an anderen großen Bühnen aufgeführt und bringen Tantiemen.

Der Schriftsteller sieht das Ehehindernis eher in ständigen Streitereien mit Olga – nicht selten, weil er die von ihr herbeigesehnte Schauspielkarriere zu verhindern versucht. Aus Schnitzlers Tagebuch, Eintragung vom 15. Dezember 1902: »Ihre Carrière. Ich sprach von Unannehmlichkeiten des Engagements in gewissen Städten … und sie hörte daraus eine Feindseligkeit gegen ihre ganzen Bestrebungen. Ich war heftig wie gewöhnlich; sie nicht minder, ich im weiteren Verlauf möglicherweise auch ungerecht; sie trotzig … Übrig bleibt die grauenvolle, aber nie ausbleibende Einsicht: man hätte einander lieber nicht finden sollen.«

In dieser Zeit innerer und äußerer Unruhe entsteht Schnitzlers Schauspiel *Der einsame Weg*. Vielleicht um des lieben Friedens willen – aber wohl auch weil er sie liebt und Olga eine starke sexuelle Anziehungskraft auf ihn ausübt – ist er plötzlich bereit, sie zu heiraten. Die Zeremonie findet am 26. August 1903 – wenige Tage nach Heinrichs erstem Geburtstag – in der Synagoge in der Schopenhauerstraße statt. Am 2. September ziehen Frau und Kind in die damalige Wohnung des Dichters, der das laut Tagebuch schon am nächsten Tag bereut: »Trotz aller ihrer Zärtlichkeits- und Liebesversicherung – ich kann an unsere Zukunft nicht glauben.«

Arthur Schnitzler konnte das Liebes-, Ehe- und Familienleben wie kein anderer beschreiben. Auf der Bühne, in seinen Romanen, Novellen und Erzählungen, »aber er hat in seinen Beziehungen dieselben Fehler begangen, wie sie die Männer in seinen Stücken begehen«, sagt sein in Wien lebender Enkel Michael Schnitzler. »Er hat im Theater das kritisiert, was er selbst getan hat.«

Olga wusste schon vor der Hochzeit, worauf sie sich einließ. Schnitzlers Freund Gustav Schwarzkopf hatte sie vorgewarnt: Arthur sei ein Egoist, und er verglich ihn mit einer seiner Figuren, dem Verführer Anatol. Schnitzler leugnete das gar nicht: »Was Schwarzkopf anlangt«, reagiert er in einem Brief auf Olgas Vorhaltungen, »hat er ja in so vielem recht; aber gar so einfach ist die Sache nicht – weder mit mir – noch mit dem Egoismus – noch mit der Liebe im Allgemeinen.«

Aber Olga ist auch nicht gerade unkompliziert. Die Beziehung ist von Streit, gegenseitiger Eifersucht und Versöhnung geprägt, es gibt Phasen des Glücks und der Freude, insgesamt aber viel Düsternis. Sie will jetzt Konzertsängerin werden, nimmt ständig Gesangsstunden, scheitert jedoch, was wiederum ihre Psyche stark belastet. Arthur schreibt indes wie besessen, erlebt einen beruflichen Höhenflug: Allein sein 1908 erschienener Roman *Der Weg ins Freie* wird insgesamt 136 Auflagen erreichen. Im Entstehen sind zwei seiner bedeutendsten Werke: die Tragikomödie *Das weite Land*, in der er das Seelengemälde einer von Affären und Eskapaden zerstörten Beziehung zeichnet. Olga, der vieles irgendwie bekannt vorkommen muss, ist zu Tränen gerührt, als er ihr das Ehedrama des Fabrikantenpaares Hofreiter zum ersten Mal vorliest. Zusätzlich entsteht in Schnitzlers Gedanken auch das Schauspiel *Professor Bernhardi*, dessen Titelfigur Züge seines Vaters Professor Johann Schnitzler tragen wird.

Den eigenen Vater als Vorbild für »Professor Bernhardi«: Professor Johann Schnitzler (1835–1893)

Johann Schnitzler war als Sohn eines armen jüdischen Tischlers in einem ungarischen Städtchen zur Welt gekommen und durfte dennoch in Budapest Medizin studieren. Er ließ sich in Wien nieder, wo er die Arzttochter Louise Markbreiter heiratete, ein berühmter Kehlkopfspezialist und einer der Gründer der Poliklinik wurde, die er ab 1880 leitete.

Zu diesem Zeitpunkt studierte sein Sohn Arthur bereits Medizin, entschied sich jedoch nach der Promotion – gegen den Willen des Vaters – für seine literarische Karriere. Wie Professor Johann Schnitzler ist *Professor Bernhardi* ein jüdischer Klinikleiter von vornehmer Gestalt, den der Dichter jedoch in einen Strudel antisemitischer Intrigen geraten lässt.

Wir schreiben das Jahr 1909, als in Arthur Schnitzler die Figur des *Professor Bernhardi* zu reifen beginnt. Auch in seinem Privatleben zeigt sich ein Lichtblick, als Olga die kleine Lili* zur Welt bringt. Sie ist der Sonnenschein der Familie – und wird sie doch in die größte Katastrophe stürzen.

Als Lili ein Jahr alt ist, kauft Arthur Schnitzler die in der Sternwartestraße 71 gelegene Villa der berühmten Schauspielerin Hedwig Bleibtreu, der das Haus nach dem Tod ihres Mannes zu groß geworden ist. Nun wohnen die Schnitzlers Tür an Tür mit der Familie Strakosch, deren Tochter 1934 Schnitzlers Sohn heiraten wird. »Mein Vater besaß eine Zuckerfabrik und war ein kunstsinniger Mann«, erzählte mir Lilly Schnitzler. »Arthur Schnitzler war – in Begleitung verschiedener Frauen – oft bei uns zu Gast, und wir waren mehrmals bei ihm. Ich sah ihn auch, wenn er zu seinen

---

* Zum allgemeinen Verständnis dieses Kapitels: Lili Schnitzler ist die Tochter des Dichters, Lilly Schnitzler geb. Strakosch die Schwiegertochter.

Familienidylle fürs Foto:
Olga (1882–1970)
und Arthur Schnitzler
(1862–1931) mit den
Kindern Lili und Heinrich

Spaziergängen aufbrach – meist in einen grünen Regenmantel ge-
hüllt, die Hände am Rücken verschränkt, mit seinen Freunden
Hofmannsthal, Richard Beer-Hofmann oder Felix Salten.«

Olgas intensive Versuche, ihre Gesangskarriere voranzutreiben,
sind weiterhin zum Scheitern verurteilt, sie verzweifelt daran, gibt
die Schuld ihrem Mann, den Kindern, der Familie. Das Ehepaar ent-
fremdet sich zusehends, im Mai 1913 wird zum ersten Mal über das
Thema Scheidung gesprochen, dann aber wieder verworfen. Große
Freude hat Schnitzler an den Kindern, sein Sohn Heinrich, »Heini«
genannt, ist überaus musikalisch und interessiert sich fürs Theater,
Lili ist klug, sehr frühreif und wird von ihrem Vater vergöttert. Einmal beruhigt er sie, als sie ihn besorgt fragt, ob sie 1960 noch am

165

Leben sein würde. »Natürlich«, antwortet er belustigt, »da bist du ja erst 51 Jahre alt«.

Schnitzler ist stets von Verehrerinnen umgeben, seine Beziehungen bleiben aber laut Tagebuch vorerst platonisch. Olga hingegen, die trotz permanenter Rückschläge den Wunsch, Konzertsängerin zu werden, nicht aufgibt, geht eine Beziehung mit ihrem Klavierbegleiter Wilhelm Gross ein. Schnitzler reagiert, als er davon erfährt mit Herzbeschwerden, Schlafstörungen, Weinkrämpfen und einer Schreibhemmung, dazu kommt die Sorge um die Zukunft der Kinder. »Eltern dürfen sich nicht scheiden lassen«, sagt die zehnjährige Lili. »Was sollen die Kinder tun, die ja beide lieb haben? Ein Vater, der sich scheiden lässt, soll sich aufhängen.«* Den Eltern muss es beängstigend erscheinen, wie oft Lili – schon in ihren Kindertagen, aber auch später dann – über die Möglichkeit, sich das Leben zu nehmen, spricht.

Die Ehekrise des prominenten Paares wird in Wien publik, vor allem da sich Olga den beiden größten Klatschtanten der Stadt anvertraut, nämlich Alma Mahler und Berta Zuckerkandl. Allein das Wort Scheidung in den Mund zu nehmen, ist in diesen Tagen ein Skandal. Doch die diesbezüglichen Gerüchte erreichen ihren Höhepunkt ausgerechnet zeitgleich mit einem anderen Wirbel um Schnitzler, der nach der Wiener Erstaufführung seines *Reigen* am 1. Februar 1921 einsetzt. Rechtsgerichtete Zeitungen wettern gegen das Liebeskarussell einiger »süßer Mädeln«, und der spätere Bundeskanzler Ignaz Seipel spricht von einem »Schmutzstück aus der Feder eines jüdischen Autors«. Eine Vorstellung in den Kammerspielen wird von zweihundert Demonstranten ge-

* Eintrag in Schnitzlers Tagebuch vom 12. August 1919.

stürmt, die Stinkbomben und Logensessel gegen das Publikum werfen und mehrere Zuschauer verletzen, worauf jede weitere Aufführung des Stücks »zum Schutz der öffentlichen Ordnung« verboten wird.

Gerade in diesen Tagen, als Schnitzler im Mittelpunkt eines der größten Theaterskandale steht, die Wien je erlebt hat, findet er auch keinen häuslichen Frieden. Für den 26. Juni 1921 ist die Scheidung angesetzt – diskret in München, damit in Wien nur ja niemand davon erfährt. Alles ist geregelt, die Anwälte haben sich geeinigt, da will Olga plötzlich wieder zurück zu ihm. Als sich nämlich herausstellt, dass ihr um zwölf Jahre jüngerer Geliebter Wilhelm Gross eine Affäre mit einer Sängerin hat und nicht daran denkt, Olga – wie diese hoffte – zu heiraten. Doch es ist zu spät, Schnitzler bleibt unerbittlich und zieht die Scheidung durch.

»Olgas Beziehung zu ihrem Ex-Mann war so, wie geschiedene Leute eben miteinander auskommen müssen, die gemeinsam Kinder haben«, erinnerte sich Lilly Schnitzler. »Sie kam vor allem dann zu ihm, wenn sie Geld brauchte, damit ist sie ihm schrecklich auf die Nerven gegangen. Schnitzler war zwar durch seine Tantiemen durchaus wohlhabend, aber keineswegs reich.«

Gesundheitlich geht es ihm jetzt besser, er fühlt sich nach der Scheidung geradezu befreit, schreibt an *Fräulein Else*, der *Traumnovelle* und an der *Komödie der Verführung*. Allein bleibt er auch nach Olgas Auszug aus der Villa nicht, erzählte Lilly: »Die Frauen sind auf ihn geflogen, sogar Minna, seine Köchin hat ihn angehimmelt. Zuletzt stand er der Schriftstellerin Clara Katharina Pollaczek und seiner Sekretärin und Übersetzerin Suzanne Clauser nahe.« Und auch die Kinder sind vorerst bei ihm geblieben, besonders eng ist der Kontakt mit Lili. »Und immer wieder hab ich meine Freude, wenn ich mit ihr rede«, schreibt er im April 1925 an seine geschiedene Frau. »Dieser Verstand, dieses Interesse, ohne Altklugheit und Prätension – und vor allem diese durchaus bewusste Freude am Dasein.«

Doch dann kommt das große Unglück über die Familie. Lili hat mit ihren achtzehn Jahren Arnoldo Cappellini, einen Mussolini-treuen Milizhauptmann geheiratet, den sie während eines Italien-Urlaubs kennen gelernt und mit dem sie eine Wohnung in Venedig bezogen hatte. Im Frühjahr 1928 erhält Schnitzler irritierende Nachrichten, als seine Tochter ihm schreibt, mit seinen monatlichen Zahlungen nicht mehr auszukommen und dass sie und Arnoldo die Absicht hätten, Schauspieler zu werden. Am 26. Juli langt ein Telegramm seines Schwiegersohnes mit den Worten »Lili schwer erkrankt« ein. Schnitzler und Olga fliegen sofort nach Venedig, doch als sie dort ankommen, ist es zu spät. Lili ist tot.

Arnoldo schildert Schnitzler, was passiert ist: Er und seine junge Frau hatten Streit. Lili nimmt seine Dienstpistole und geht ins Badezimmer, da ertönt ein Schuss. Das Hausmädchen Rita eilt herbei, findet Lili blutend an das Waschbecken gelehnt. Auf Ritas Frage, was passiert sei, antwortet sie: »Ein Augenblick der Nervosität.« Das sind Lilis letzte Worte, dann verliert sie das Bewusstsein. Sie wird ins Krankenhaus gebracht und operiert, stirbt an einer Blutvergiftung.

Die Eltern sind wie von Sinnen. Arthur Schnitzler hat alle Tragödien beschrieben, die einem Menschen widerfahren können. Er hat Figuren leben, lieben und sterben lassen, sich in deren Qualen hineinversetzt. Aber das größtmögliche Unglück selbst erleben zu müssen – damit hat er nicht gerechnet. Er ist 67 Jahre alt und ein gebrochener Mann. Auch wenn er seine Arbeit wieder aufnimmt. »Jeder Satz, den ich beginnen will«, schreibt er an Clara Katharina Pollaczek, »zerbricht in seiner Unzulänglichkeit, und das Wort Schmerz ist lächerlich geworden, denn nun weiß ich, dass ich das erste Mal erlebe, was Gott damit gemeint hat.«

Schnitzler werden Lilis Tagebücher überreicht, die sie – wohl nach seinem Vorbild – jahrelang geführt hat. Lebensfreude und Todessehnsucht wechseln einander ab, sogar im August 1927, zwei Monate nach ihrer Hochzeit, finden sich die Worte: »Ich möchte sterben!«

Tragisches Ende mit neunzehn Jahren: Lili Schnitzler, die Tochter des Dichters (1909–1928)

Olga erzählt, dass sie einige Tage vor der Katastrophe einer Grafologin einen Brief Lilis gezeigt hätte. Als diese die Schrift sah, hätte sie laut aufgeschrien: »Ihre Tochter ist in höchster Lebensgefahr. Fahren Sie sofort zu ihr nach Venedig!«

169

Die Mutter sagt, sie hätte die Worte der Grafologin nicht ernst genommen – und wird daran verzweifeln. Ebenso der Vater, dem pseudowissenschaftliche Gutachten suspekt sind, aber bei diesem ist es anders.

Drei Jahre hat Arthur Schnitzler noch zu leben. »Ich habe ihn nie mehr gut gelaunt oder gar lachend gesehen«, erzählte die Schwiegertochter. »Seine ganze Persönlichkeit war geprägt von Lilis Tod, er hat sich von dieser Katastrophe nicht erholt, konnte sich nicht erholen. Der Umstand, dass Olga nicht rechtzeitig nach Venedig gereist war, stand immer im Raum. Es gab in der Familie den Vorwurf, sie hätte die Tragödie möglicherweise verhindern können, wäre sie nicht so egozentrisch gewesen.«

Am 20. Oktober 1931 überraschte Schnitzler seine Freundin Clara Katharina Pollaczek mit überraschend positiven Worten: »Das Leben ist doch schön und interessant, ich möchte um der schönen Stunden willen gleich noch einmal leben.« 24 Stunden später fand sie ihn bewusstlos in seinem Arbeitszimmer und »hielt seinen Kopf in meinen Händen bis zu seinem letzten Atemzug«.

Wenige Wochen danach, am Neujahrstag des Jahres 1932, begegnen einander Heinrich Schnitzler und Lilly Strakosch bei einer Einladung Felix Saltens, und sie werden ein Paar. Lillys Erinnerungen an den Dichter stammen »teils aus den vorangegangenen Begegnungen in meinem Elternhaus, teils aus den Erzählungen meines Mannes«. Nach der Heirat im Juni 1934 beziehen sie Schnitzlers Villa in der Sternwartestraße, flüchten nach Hitlers »Anschluss« nach Amerika. Zwei Söhne werden geboren:

Die letzte Zeitzeugin einer dramatischen Familiengeschichte: Lilly Schnitzler, hier mit Ehemann Heinrich, im Jahre 1948

Peter Schnitzler, Jahrgang 1937, lebt als Filmemacher, Regisseur und Maler in den USA. Michael Schnitzler, Jahrgang 1944, war als Geiger lange Konzertmeister der Wiener Symphoniker und Musikprofessor an der Universität Wien. Bekannt ist er auch als Obmann des *Vereins Regenwald* der Österreicher, der in Costa Rica 38 Quadratkilometer Regenwald freikaufte.

»Mein Bruder und ich«, sagt Michael Schnitzler, »haben leider viel zu wenig über unseren Großvater erfahren. Das lag daran, dass uns mein Vater kaum etwas über Arthur Schnitzler mitteilte. Er dachte, wir würden uns nicht für ihn interessieren, weil wir in den USA aufgewachsen sind. Mein Bruder und ich wiederum dachten, dass unser Vater nicht gerne über Arthur reden würde.« An seine Großmutter Olga, die 1970 starb, erinnert sich Michael hingegen noch gut. »Sie gab sich sehr intellektuell und war stolz darauf, Schnitzlers Witwe zu sein, obwohl sie vor dessen Tod längst geschieden waren.«

Schnitzlers Sohn Heinrich starb 1982, Lilly als letzte Zeitzeugin im Mai 2009 im Alter von 98 Jahren.

Die Ritter von Lauda

Blaues Blut unterm roten Kapperl

Er gibt sich so gar nicht als Aristokrat, dieser Nikolaus Ritter von Lauda, den man noch nie dabei ertappte, wie er einer Dame die Hand geküsst, besonderen Wert auf Kleidervorschriften gelegt oder sich dem intensiven Studium von Elmayers Benimmregeln hingegeben hätte. Nein, Niki Lauda hat sich von seinen Ahnen vollkommen emanzipiert.

Sein Vater wie sein Großvater zählten zu den bedeutenden Industriekapitänen des Landes und blieben ihren Mitarbeitern als »Kavaliere der alten Schule« in Erinnerung. Niki Laudas Urgroßvater war Berater des Kaisers und der Großonkel ein weit über die Grenzen Österreichs hinaus bekannter Arzt.

»Ich hab schon sehr früh meinen Einsatz darauf konzentriert, ein Nicht-Lauda zu werden«, sagt der Flugunternehmer und dreifache Formel-1-Weltmeister. »Und dieser Trottelsport war das beste Mittel dazu.«

Aufgewachsen ist Andreas Nikolaus Lauda in der eleganten Lauda-Villa im Nobelvorort Pötzleinsdorf am Stadtrand von Wien, die vom Großpapa erworben wurde. Doch Niki Lauda interessierte sich weder für den Jugendstil in den alten Mauern, noch für die Karriere des Großvaters, er ist immer mit beiden Beinen im Heute gestanden, und von den Ahnen weiß er auch nicht allzu viel. »Ich war vielleicht sechzehn, als ich erfahren hab, dass meine Familie irgendwann einmal geadelt wurde. Aber darauf hab ich immer gepfiffen. Mir kommt's eher komisch vor, wenn in der heutigen Zeit einer noch Wert drauf legt, dass sein Sohn eine kriegen muss, die auch blaublütig ist. Das ist doch Schnee von gestern.«

Es war der greise Kaiser Franz Joseph, der am 28. Mai 1916 den Beschluss fasste, Niki Laudas Urgroßvater in den erblichen Adelsstand zu erheben. Da der Monarch wenige Monate später starb, wurde die Urkunde von dessen Nachfolger, Kaiser Karl, unterzeichnet. Eine Tatsache, die man im Hause Lauda eher diskret behandelte, da Österreichs letzter Kaiser den Spitznamen *Sehadler* trug: Jeden, den er *gesehen* hat, so hieß es, den hat er auch gleich *geadelt*.

Niki Lauda ist das alles »völlig wurscht«. Auch dass besagter Urgroßpapa Ernst Ritter von Lauda als Sektionschef im k. u. k. Ministerium für Öffentliche Arbeiten zur Jahrhundertwende für die Regulierung der Donau verantwortlich zeichnete, nachdem das »Land am Strome« bis dahin fast alljährlich von katastrophalen Überschwemmungen heimgesucht worden war. Und die gelungene

Für die Regulierung der Donau geadelt: Ernst Ritter von Lauda, der Urgroßvater des Formel-1-Weltmeisters

173

Donauregulierung war auch der Grund für die Erhebung des Herrn Sektionschefs in den erblichen Adelsstand.

Auch die beiden Söhne des Ritters von Lauda wurden berühmt: einer als Arzt, der andere – Laudas Großpapa – als Industrieller mit politischen Ambitionen. Dieser Hans Lauda schaffte eine außergewöhnliche Karriere. 1896 in Wien geboren, begann er nach absolviertem Jusstudium als kleiner Angestellter bei den *Veitscher Magnesitwerken,* deren Generaldirektor er 1937 wurde. Im Jahr darauf von den Nationalsozialisten seines Postens enthoben, kehrte er auf diesen 1945 wieder zurück und zählte nach dem Zweiten Weltkrieg zu den Wegbereitern der Sozialpartnerschaft und des österreichischen Wirtschaftswunders. Als Gründer und erster Präsident der Industriellenvereinigung war er einer der engsten Mitstreiter der Aufbaugeneration um Kanzler Raab und Finanzminister Kamitz. Und als Präsident des Roten Kreuzes organisierte er 1956 die Hilfe für Tausende Ungarnflüchtlinge. Im Hause Lauda weiß man noch, »dass damals die ganze Familie Kleider bündeln und Pakete schleppen musste«.

Aus Niki Laudas Sicht sind die Erinnerungen an den allseits hochgeschätzten Großpapa weniger erfreulich: »Er saß im Aufsichtsrat mehrerer Banken, unter anderem auch bei der *Ersten österreichischen Spar-Casse.* Und von der hatte ich bereits die prinzipielle Zusage für meinen ersten Sponsorvertrag als Rennfahrer. Als mein Großvater davon vom alten Mautner Markhof erfuhr, ist es ihm gelungen, mir bei der Bank den Geldhahn zuzudrehen. Das Geld war weg, und ich musste statt gesponsert zu werden, als 19-Jähriger einen Kredit aufnehmen.« Der Einfluss des mächtigen Großpapas kostete Niki Lauda damals zwei Millionen Schilling.

»Ich hab' wirklich keine Vorteile davon gehabt, einen berühmten Familiennamen zu tragen«, sagt der Automobilweltmeister, »im

Gegenteil, bei keinem anderen hätte mein Großvater etwas gegen einen Sponsorvertrag einzuwenden gehabt.«

Es war wohl die sehr konservative Haltung innerhalb der Familie, die dazu beitrug, dass Niki Lauda politisch unabhängig blieb. Ausschlaggebend dafür war auch wieder ein Erlebnis mit dem übermächtigen Großpapa. »Er schimpfte ständig auf die Sozialisten und war mit nichts von dem einverstanden, was sie sagten und taten. Eines Abends sah ich im Fernsehen, wie ihm Felix Slavik, der ›rote‹ Bürgermeister von Wien, für seine Verdienste um das Rote Kreuz einen Orden umhängte. Ich setzte mich hin und schrieb meinem Großvater einen Brief, in dem stand, dass ich nicht verstünde, wie man sein Lebtag so viel schimpfen und dann von seinen bösen Gegnern einen Orden annehmen könne.«

Der Gymnasiast erhielt keine Antwort, doch als er seinen Großvater Monate später bei einem Familienfest sah, »zog der plötzlich meinen Brief aus der Brusttasche und stellte mich zur Rede. Ich sei ein Frechdachs ohne Benehmen. Er las den Brief Wort für Wort meinen schockierten Eltern vor. Meine Mutter schimpfte, wie dies ihr Schwiegervater von ihr erwartete, mein Vater blieb eher ruhig.« Eine Erklärung dafür, warum man die Sozialisten einerseits hassen, andererseits von ihnen Orden empfangen dürfe, hat er nie erhalten.

Großpapa Laudas um drei Jahre älterer Bruder Ernst – die beiden sahen einander verblüffend ähnlich – ging als »letzter Ritter der Medizin« in die Geschichte der *Wiener Medizinischen Schule* ein. Der Internist wurde in den Dreißigerjahren Primarius am Kaiser-Franz-Josef-Spital, ehe man ihn 1946 über Nacht zum Vorstand der Ersten Medizinischen Universitätsklinik bestellte. Dort hatte er ein schweres Erbe anzutreten, da sein Vorgänger Hans Eppinger durch Selbstmord aus dem Leben geschieden war, als man ihm mitteilte,

Große Ähnlichkeit: Großvater Hans Lauda, einer der Wegbereiter des Wirtschafts-
wunders (links), und sein Bruder Ernst, der »letzte Ritter der Medizin«

dass er als Zeuge am *Nürnberger Ärzteprozess* teilnehmen sollte.
Heute kennt man den Hintergrund seines Freitods: Eppinger musste
selbst mit einer Anklage rechnen, da er der Initiator medizinischer
Experimente an Insassen des Konzentrationslagers Dachau war, an
denen die »Trinkbarkeit von Meerwasser« erforscht wurde. Rund
hundert Sinti und Roma sind an diesen Experimenten elend zugrunde gegangen.

Ernst Lauda übernahm die Klinik nach Eppingers Tod und wurde
– neben Karl Fellinger – zu Wiens führendem Internisten. Patienten
aus aller Welt flogen an, um sich vom Chef der Klinik Lauda behandeln zu lassen. Leber, Milz und die Erkrankungen im Darmbereich
zählten zu den Spezialgebieten des berühmten Professors, nach dessen *Lehrbuch der Inneren Medizin* jahrzehntelang in aller Welt unterrichtet wurde.

176

»Sicherlich hat mir der großbürgerliche Lebensstil der Familie in meiner Kindheit bis zu einem gewissen Grad auch imponiert«, gesteht Niki Lauda, »insbesondere der livrierte Diener in der imposanten Herrschaftswohnung meines Großvaters am Wiener Schubertring, das Gut bei Hainfeld in Niederösterreich, der Besitz in St. Moritz und vor allem sein wunderschöner *Jaguar*, mit dem ich, wenn er uns besuchte, in unserem Garten fahren durfte.«

So hartherzig sich Hans Lauda seinem aufstrebenden Enkel zeigte, so spendabel konnte er anderen gegenüber sein. Hans Igler, einer seiner Nachfolger als Präsident der Industriellenvereinigung, hinterließ diese Episode: »Hans Lauda war ein Kavalier der alten Schule, er war ein begeisterter Reiter und großer Förderer des Reitsports. Eines Tages erzählte ich ihm, dass in meinem Kinderzimmer ein Bild des Pferdemalers Coch gehangen war, das im Krieg verloren ging. ›Was war denn auf diesem Gemälde zu sehen?‹, fragte Lauda. Ich beschrieb ihm das Bild, das den Ausritt des Ennser Dragonerregiments zeigte, in dem mein Vater gedient hatte. Hans Lauda verließ ohne ein Wort zu sagen den Raum und kam mit eben diesem Bild zurück. Er hatte es irgendwann gekauft, schenkte es mir jetzt und sagte, fast mit Tränen in den Augen, dass er sich ungeheuer freue, in mir eine Jugenderinnerung wiedererstehen lassen zu können. Es war dies eine Geste, wie sie für diesen großen Mann so typisch war.«

Niki Laudas Vater Peter Lauda setzte die Familientradition fort, wurde Generaldirektor der *Neusiedler Papierfabrik*, verfügte aber nicht über die charismatische Erscheinung des Großvaters. Im Gegensatz zu anderen »Jung-Aristos« hielt Niki wenig von »Der Papa wird's scho richten« und verließ mit achtzehn die Pötzleinsdorfer Villa, um in einer winzigen Wohnung in Salzburg zu hausen:

177

»Rüstzeug durch die Familie«: Niki Lauda vor der Lauda-Villa in Pötzleinsdorf

»Mir war der steinige Weg lieber, als hier am fetten Hintern zu sitzen«, verstößt er gegen die guten Sitten jener Gesellschaft, in die er hineingeboren wurde. Aber was soll's: »Dass ich vom Elternhaus weg bin und selbständig wurde, war wichtig für meine spätere Entwicklung.«

Erst die beiden größten Tragödien seines Lebens hatten zur Folge, dass Lauda erkannte, welche Rolle seine Herkunft spielen sollte: »Nach meinem Unfall am Nürburgring und dem Absturz der *Mozart* über Thailand bin ich wieder aufgestanden, um neue Chancen zu nutzen, anstatt in Trauer und Depression zu verfallen. Ohne das Rüstzeug, das mir meine Familie mitgegeben hatte, hätte ich diese Erfahrungen nicht so bewältigen können.«

Hans Lauda, der Großvater, starb 1974, konnte also noch von den ersten Autosporterfolgen seines Enkels in der Zeitung lesen. Seine Reaktion war kühl: »Der Niki sollte lieber auf der Wirtschaftsseite der *Presse* als auf der Sportseite der *Kronen Zeitung* stehen.« Er hat's nicht mehr erlebt, dass sich der Name Lauda samt eigenen Airlines mittlerweile genau auf jenen Wirtschaftsseiten findet, die er bevorzugte. Niki Laudas Mutter Elisabeth sagte einmal: »Obwohl das Verhältnis zwischen dem Niki und seinem Großvater immer sehr gespannt war, wäre Hans Lauda heute sicher stolz auf ihn.«

Wenn Niki Lauda von den betuchten Ahnen auch sonst nichts geerbt hat, so doch den Riecher fürs Geschäft und damit die einzige Familientradition, die auch ihm wichtig ist.

Er legt keinen Wert darauf, als »Herr von Lauda« angesprochen zu werden. Weil er sich seinen Namen selbst geschaffen hat.

»Das Gesindel gedeiht prächtig«

Sigmund Freud und seine Familie

Über Privates sprach er nie in der Öffentlichkeit. Interviews lehnte er ebenso ab wie die Angebote mehrerer Verlage, seine Memoiren zu schreiben. Und doch weiß man aus seinen Briefen und Aufzeichnungen und durch die Aussagen von Zeitzeugen sehr viel über das Familienleben jenes Mannes, der die zwischenmenschlichen Beziehungen in den Mittelpunkt seines Lebenswerks gestellt hat.

Sigmund Freud war 26 Jahre alt, als er im April 1882 die um fünf Jahre jüngere Martha Bernays auf einer Gesellschaft kennen lernte. Recht ahnungslos und naiv stand das hübsche Mädchen dem jungen Doktor der Medizin gegenüber. Und nach zweimonatiger Bekanntschaft feierte das junge Paar die Verlobung. »Martha ist mein, das süße Mädchen, von dem alle mit Verehrung sprechen«, zeigte sich Freud überglücklich. Tatsächlich wurde sie von ihrer Umgebung nicht nur als gutaussehende, sondern auch als charakterfeste junge Frau mit schlichtem und natürlichem Wesen beschrieben.

Doch an Heirat war nicht zu denken, da eine Ehe nach den ungeschriebenen Gesetzen der Zeit erst geschlossen werden konnte, sobald die wirtschaftlichen Voraussetzungen für eine Hausstandsgründung gegeben waren. Und die lagen in weiter Ferne. Denn Ärzte begannen als unbezahlte Aspiranten, konnten sich höchstens die eine oder andere Zusatztätigkeit verschaffen, die meist so schlecht honoriert war, dass man davon recht und schlecht allein leben konnte. Das war auch der Grund, warum akademische Karrieren damals fast ausschließlich den Angehörigen begüterter Schichten vorbehalten blieben. Für eine Ehefrau, und gar noch Kinder dazu, hätte Freud nicht sorgen können. Er besaß, als er sich mit Martha verlobte, keine Wohnung, lebte in einem Dienstzimmer der jeweiligen Klinik, in der er gerade aushalf, und war auf die finanzielle Unterstützung seines Vaters angewiesen.

Die Verlobung musste geheim bleiben: das spätere Ehepaar Sigmund Freud (1856–1939) und Martha geb. Bernays (1861–1951)

So musste die Verlobung vorerst geheim bleiben, weder Freuds Eltern und Geschwister noch Marthas Familie wurden informiert. Als das Geheimnis nach einiger Zeit doch gelüftet war, erkannte das Liebespaar die Ausweglosigkeit der Situation. Marthas Mutter wollte der Hochzeit nicht zustimmen, solange der Verlobte ihrer Tochter keine gesicherte Stellung hatte. Und so mussten Martha und Sigmund vier lange Jahre warten. Warten bis sie heiraten, unter einem Dach leben, Kinder in die Welt setzen konnten. »Wenn Du wiederkommst, süßes Mädchen, werde ich die Befangenheit und Steifheit, die mich in Deiner teuren Gegenwart beengten, überwunden haben.

181

Wir werden uns wiederum allein in Eurem so netten Zimmerchen finden, mein Mädchen wird sich in den braunen Lehnstuhl niederlassen … und wir werden von der Zeit sprechen, da nicht der Wechsel von Tag und Nacht, nicht das Eindringen Fremder, kein Abschied und keine Besorgnis uns trennen wird.«

Marthas Mutter, Emmeline Bernays, verfügte eine räumliche Trennung, da »eine lange Verlobung am gleichen Ort nichts taugt«, lautete ihre Erklärung. »Das Mädchen wird blutarm und der Mann fällt durchs Examen.« So übersiedelte sie mit ihrer Tochter zu Verwandten in Marthas Geburtsort Wandsbek bei Hamburg, weit weg vom unglücklichen Bräutigam.

Die Jahre verrannen, und die beiden Liebenden hatten kaum Gelegenheit, einander zu sehen. Doch Martha und Sigmund standen in reger, fast täglicher Korrespondenz, »unglücklich genug, Dir schreiben zu müssen, anstatt Deine süßen Lippen küssen zu dürfen«.

Die Briefe geben ein menschliches Zeugnis einer großen Liebe. »Mein teures, heiß geliebtes Mädchen«, »Geliebtes Bräutchen«, »Prinzesschen« oder einfach »Geliebte Martha«, so sprach er seine Verlobte in den 1500 erhalten gebliebenen Briefen an. Und sie enden ebenso romantisch wie sie beginnen: »Lebe wohl und vergiss nicht den armen Mann, den Du so selig gemacht hast« oder »Gute Nacht, mein süßer Schatz, es grüßt Dich herzlich Dein Sigmund.«

Ausgerechnet als Freud eine besoldete Stelle als Sekundararzt an der Psychiatrie erhält und mit dem Titel Privatdozent versehen wird, erfährt er, dass ihm ein Stipendium für einen Studienaufenthalt bei Professor Charcot in Paris zugesprochen wurde. Womit die Heirat neuerlich aufgeschoben werden musste.

Sechs Monate später wieder in Wien, war's endlich soweit: Nach vierjähriger, dem Brautpaar noch viel länger erscheinender Zeitspanne, konnten Martha Bernays und Sigmund Freud am 13. September 1886 – sowohl nach jüdischem Zeremoniell als auch standesamtlich – ihre Hochzeit feiern.

Freud eröffnete eine Ordination samt anschließender Vierzimmerwohnung im sogenannten *Sühnhaus* am Schottenring, das genau an der Stelle errichtet wurde, an der fünf Jahre davor das Ringtheater abgebrannt war. Eingerichtet wurde die Praxis zum Teil mit der Mitgift seiner Frau, zum anderen mithilfe eines Kredits. Nun fand sich die Zeit zum Aufbau einer Familie. Zwischen 1887 und 1895 brachte Martha sechs Kinder zur Welt, die ersten drei in der Wohnung am Schottenring.

Freuds Ehe sollte sich als besonders harmonisch erweisen. Nach der Hochzeit hatte das Paar scherzhaft davon gesprochen, sich auf einen »dreißigjährigen Krieg« vorzubereiten, doch aus den tatsächlich daraus gewordenen 53 Ehejahren ist nur ein »ernsthafter« Streit überliefert, in dem es um die Frage ging, ob Herrenpilze mit oder ohne Stiel gekocht werden sollten.

Freud publizierte vorerst wenig, um »mich in den neuen Beruf zu finden und meine materielle Existenz sowie die meiner rasch anwachsenden Familie zu sichern«. Fast gleichzeitig mit der Eröffnung seiner Ordination im *Sühnhaus* trat Freud einen Posten als Leiter der neurologischen Abteilung einer Kinderklinik an, der einmal mehr unbezahlt war, dafür aber die ersten Privatpatienten brachte.

Am 16. Oktober 1887 war Freud »so müde, als ob ich alles selbst durchgemacht hätte. Um drei Viertelacht hatten wir also das Kind«, eine Tochter, die Mathilde genannt wurde. In derselben Nacht setzt er sich an seinen Schreibtisch, um seine Schwiegermutter von der Geburt seines ersten Kindes zu informieren. »Es wiegt 3400 Gramm, ist furchtbar hässlich, lutscht von seinem ersten Moment ab an seiner rechten Hand, scheint sonst sehr gutmütig und benimmt sich, als ob es wirklich zu Hause wäre. Trotz seiner prachtvollen Stimme schreit es wenig, schaut sehr vergnügt drein. Ich habe es schon sehr lieb, obwohl ich es noch nicht bei Licht gesehen habe.«

Die freudigen Ereignisse folgten Schlag auf Schlag. Zwei Jahre nach Mathilde kam mit Jean-Martin der erste Sohn zur Welt, als nächstes Kind wurde Oliver im Februar 1891 geboren. Freud kann über die Entwicklung seiner Kinder zufrieden sein. »Das Gesindel gedeiht prächtig«, schreibt er seiner Schwägerin Minna im Sommer nach Olivers Geburt.

Da die Familie immer größer wurde und nach der Geburt des dritten Kindes sofort wieder Nachwuchs angesagt war, übersiedelten die Freuds im September 1891 in eine größere Wohnung in der Vorstadt Alsergrund, Berggasse Nr. 19, in der auch die drei folgenden Kinder das Licht der Welt erblicken sollten: Sohn Ernst 1892, Töchterchen Sophie im Jahr darauf, und schließlich 1895 Anna, die Jüngste. Es waren also drei Töchter und drei Söhne, »drei und drei, das ist mein Stolz und mein Reichtum«, erklärte Freud.

Ehefrau Martha wurde sowohl von ihren Mädchen und Buben als auch von ihrem Mann liebevoll »Mama« genannt. Hatte Freud vorerst nur die im ersten Stock der Berggasse gelegene Wohnung übernommen, so mietete er nach der Geburt Sophies – des fünften Kindes – zusätzlich den Gartentrakt im Hochparterre des Hauses, wohin er jetzt seine Ordination verlegte, um so die beinahe jährlich steigende Platznot der Familie mindern zu können.

Freud war noch lange nicht weltberühmt, damals 1893, als Wohnung und Ordination in der Berggasse um ein Stockwerk erweitert wurden, doch er war gerade damit beschäftigt, die Voraus-

*»Drei und drei,
das ist mein Stolz und
mein Reichtum«:
Freuds Söhne Jean-
Martin, Oliver und
Ernst (von links)*

setzungen für seinen späteren Ruhm zu schaffen. In den ersten
Jahren seiner Praxis in der Berggasse versuchte er seine Patienten
vorwiegend in hypnotischem Zustand über ihre Probleme sprechen zu lassen.

Abseits des medizinischen Alltags und seiner revolutionären wissenschaftlichen Tätigkeit führte Freud mit seiner Familie in der
Berggasse das Leben eines Wiener Großbürgers. Er las täglich die
Neue Freie Presse, konnte sich alljährlich, wie es damals in »besseren Kreisen« durchaus üblich war, mit Frau und Kindern einen drei-
monatigen Sommerurlaub leisten, hatte mehrere Dienstboten, ver-
kehrte »standesgemäß«. Der einzige Punkt, in dem sich Freud von
den meisten anderen Akademikern unterschied, war die Tatsache,
dass er kaum in Theater- und praktisch nie in Opernaufführungen

anzutreffen war, obwohl gerade die Jahrhundertwende eine Blütezeit des Wiener Bühnenlebens brachte und er überaus belesen und literarisch interessiert war.

Doch der anstrengende Betrieb in der Ordination, in der er täglich bis zu elf Patienten empfing, und seine anderen Tätigkeiten ließen ihm kaum Zeit, persönlichen Neigungen nachzugehen: Einmal in der Woche hatte er seine Vorlesung an der Universität, spätnachts wertete er noch die Ergebnisse seiner Forschungen aus, er verfasste Buch- und Vortragsmanuskripte, beantwortete die zahlreich eingehende Post. In all den Jahren hatte er nie eine Schreibkraft, einen Assistenten oder Helfer.

Wenn er einmal den oft zitierten Satz »Der Hauptpatient, der bin ich selbst« sprach, dann meinte er in erster Linie seine psychische Befindlichkeit, aber Freud war auch körperlich schwach. Schon mit 26 Jahren wurde eine leichte Typhuserkrankung diagnostiziert, ebenfalls in jungen Jahren litt er an Ischias und vermutlich auch an Pocken – die bei ihm allerdings keine Narben hinterließen. Freud berichtet von etlichen, immer wiederkehrenden Beschwerden: Quälende Kopfschmerzen, die er als »Migräneattacken« bezeichnete, machten ihn zeitweise arbeitsunfähig und konnten nie befriedigend behandelt werden. Des Weiteren hatte er ständigen Schnupfen und Nasenkatarrhe, litt an Beschwerden im Magen-Darm-Trakt, Verdauungsproblemen, vor allem jedoch unter regelmäßig auftretenden Herzbeschwerden.

Freud versuchte im Laufe seines Lebens unzählige Male, das Rauchen aufzugeben, wurde aber immer wieder rückfällig. In den ebenso zahlreichen wie kurzen Phasen völliger Nikotinentsagung quälten ihn schreckliche Entzugserscheinungen. Das freundschaftlich, aber nicht minder strikt verordnete Rauchverbot seines Freundes und Hals-, Nasen- und Ohrenarztes Wilhelm Fließ hielt er immer nur dann ein, wenn die Herzbeschwerden schlimmer wurden.

Freud wurde auch von depressiven Stimmungen und unerträglichen Todesahnungen verfolgt. Noch keine vierzig Jahre alt, bat er Fließ um schonungslose Aufklärung seiner Lebenserwartung: »Wenn Du etwas Sicheres sagen kannst, teile es mir nur mit. Ich habe weder von meiner Verantwortlichkeit noch von meiner Unentbehrlichkeit eine übergroße Meinung und werde die Unsicherheit und die Lebensabkürzung sehr würdevoll ertragen.«

Bedenkt man, dass Freud 83 Jahre alt werden sollte, zum Zeitpunkt solch düsterer Gedanken also noch nicht die Hälfte seines Lebens erreicht hatte, so scheinen die Befürchtungen – aus der Sicht eines ausgebildeten Mediziners – doch mehr als »gesunden« Pessimismus auszudrücken. Er selbst hatte das sehr wohl erkannt und seine Todesahnungen als »neurotisch« bezeichnet.

Kaum fühlte sich Freud besser, paffte er wieder eine Zigarre nach der anderen. Diese Inkonsequenz dauerte Jahrzehnte, er blieb – mit kurzen Unterbrechungen – bis zu seinem Lebensende ein starker Raucher, sein Quantum betrug in der Regel zwanzig Zigarren pro Tag.

In den Neunzigerjahren suchte Freud nach einem neuen Verfahren, das er 1894 erstmals als *Psychoanalyse* bezeichnete. *Der freie Einfall* oder auch *Die freie Assoziation* des Patienten sollten die Hypnose ablösen und den vollen Zugang zum Unbewussten öffnen.

In einer *Selbstanalyse*, in der Freud Arzt und Patient in einer Person war, machte er die wohl bedeutsamste seiner zahlreichen Entdeckungen, nämlich dass Kindheitserinnerungen die zentrale Rolle in der Behandlung psychischer Erkrankungen spielen. So begann er die Erzählungen seiner Patienten auf ihre ersten Jahre zu lenken.

Einmal in der Woche setzte er sich für ein paar Stunden an den Tarocktisch, um ein wenig Entspannung zu finden. Die benötigte er dringend, denn sowohl die zahlreichen Analysen als auch seine wissenschaftliche Tätigkeit verlangten ungeheuren Einsatz an Energie und Konzentration. Abgesehen von den Karten gab es nur wenige Leidenschaften: Eine davon war Freuds täglicher Rundgang durch die breite Allee der Ringstraße. Gegen Mittag spazierte er, um sich seine Kondition zu bewahren, mit auffallend schnellem Schritt vorbei an Oper, Burgtheater, Votivkirche. Wie er es überhaupt bevorzugte, solange er dazu körperlich in der Lage war, über lange Strecken zu Fuß zu gehen.

Sobald er sich's leisten konnte, kam ein weiteres Steckenpferd hinzu. Er sammelte antike Gegenstände, mit denen er Wohnräume und Ordination schmückte. Und er reiste für sein Leben gern. Seine rund hundert größeren Auslandsfahrten führten ihn nach Frankreich, Holland, Belgien, Deutschland, England, Griechenland und in die Schweiz. Und vor allem nach Italien, seinem bevorzugten Ziel, wohin es den begeisterten Touristen insgesamt achtzehn Mal zog. Böse Zungen meinten, das Sammeln und das Reisen hätten die Liebe zu Martha ein wenig »abgelöst«, mit derselben Intensität an Zuneigung, die er in jungen Jahren seiner Verlobten schenkte, schmiedete er jetzt Reise- und Einkaufspläne.

Im Jahre 1908 gab er in der Berggasse die Räumlichkeiten im Parterre, die er als Ordination eingerichtet hatte, auf und nahm stattdessen eine größere Wohnung im ersten Stock dazu. Von da an stand Freud die ganze Etage zur Verfügung, was nicht zuletzt deshalb nötig geworden war, da er für seine antiken Gegenstände immer mehr Platz benötigte. Wohnung und Ordination waren jetzt direkt miteinander verbunden.

Die Familie Freud führte das typische Leben des Wiener Bürgertums: das Wohnzimmer in der Berggasse

Je mehr Patienten in *freier Assoziation* zu Freud gesprochen hatten desto deutlicher trat ein Thema in den Vordergrund: die Sexualität. Wird der Lusttrieb unterdrückt und ins Unterbewusstsein gedrängt, statt sich – wie von der Natur vorgesehen – zu entladen, dann kommt es vielfach zu seelischen Störungen. Freuds zunehmendes Interesse am Thema Sexualität ging – fast ist man geneigt zu sagen: kurioserweise – Hand in Hand mit eigener Enthaltsamkeit nach den ersten Ehejahren. So sehr er Martha liebte, stellte er etwa ab seinem vierzigsten Lebensjahr – nachdem sie sechs Kinder zur Welt gebracht hatte – den sexuellen Kontakt mit ihr ein, was durch verschiedene Äußerungen Freuds belegt ist. Auch sind keinerlei Beziehungen mit anderen Frauen je bekannt geworden, sieht man von einem »Verdacht« ab, den der Freud-Forscher Peter Swales äußert, der Freud der »doppelten Moral« bezichtigt, weil dieser ein Verhältnis mit seiner Schwägerin Minna Bernays unterhalten haben soll, die mit den Freuds im selben Haushalt lebte und mit der er einige Urlaube verbrachte. Wie wenig aufschlussreich solche Aussagen sind, beweist die Behauptung des schlichten Gegenteils durch die Schriftstellerin Anna de Noailles, die sich nach einem Besuch bei Freud »erschüttert darüber zeigte, dass ein Mann, der soviel über die Sexualität geschrieben hatte, seiner Frau niemals untreu gewesen war«.

Beides – sowohl die eheliche Treue als auch die vermutete Untreue – wird Freud von den betreffenden Autoren zum Vorwurf gemacht.

Wirtschaftlich ging es ihm jetzt schon sehr gut, zumal seine Privatpatienten zu den wohlhabenden Bürgern der Stadt zählten. Während er die meisten der für seine wissenschaftliche Arbeit nötigen neurologischen Studien in der Universitäts-Klinik an Patienten aus unteren sozialen Schichten durchführte, saßen im Wartezimmer der Berggasse eher Männer und Frauen, die sich aus der »guten Wiener Gesellschaft« rekrutierten. Ohne dass man seine tatsächliche Bedeutung auch nur erahnt hätte, war Freud eine Art Modearzt geworden, dessen tägliche Einnahmen gegen Ende des 19. Jahrhunderts bis zu 100 Kronen* betrugen. Wenn der mittlerweile zuerkannte Titel eines außerordentlichen Universitätsprofessors auch kein zusätzliches Einkommen brachte, verschaffte er ihm doch die Möglichkeit, die Honorare seiner Privatpraxis zu erhöhen.

---

* Die Summe entspricht laut »Statistik Austria« im Jahre 2010 einem Betrag von rund 550 Euro.

Wer immer Freuds Frau Martha (»die Frau Professor«) in späteren Jahren beschreibt, rühmt sie vor allem als gute Hausfrau und Mutter ihrer sechs Kinder. Enkel Ernest Freud ist sie »klein und unauffällig« in Erinnerung geblieben, »doch war sie gleichzeitig sehr im Bilde. In vieler Beziehung hielt sie die Fäden in der Hand. Sie war das Uhrwerk, das den Haushalt in Gang hielt. Sie strahlte Güte und Wohlwollen aus, auch wenn es ihr nicht so gut ging. Ich habe nie gehört, dass sie über ihren Zustand geklagt hat – sie stellte eher irgendwelche Schmerzen, unter denen sie litt, als etwas dar, was man halt mit in Kauf nehmen musste. Obwohl sie einem etwas zart und fast zerbrechlich vorkam, muss die Arbeit, die sie im Dienste der Haushaltsroutine bewältigte, enorm gewesen sein. Sie war voll Weisheit, die sich in ihrer Ausdrucksweise spiegelte.«

Für die wissenschaftliche Arbeit ihres zunehmend berühmter werdenden Mannes zeigte sie wenig Interesse, sie soll sogar gesagt haben: »Die Psychoanalyse hört an der Tür des Kinderzimmers auf.« Selbst wenn der Ausspruch wahr sein sollte, kann er nur bedingt stimmen, hatte Freud doch durchaus kleinere Probleme, wie er sie aus der Ordination kannte, auch in der eigenen Familie zu »behandeln«.

So findet sich sein Brief an die 21-jährige Tochter Mathilde: »Ich ahnte längst, dass Du bei all Deiner sonstigen Vernünftigkeit Dich kränkst, nicht schön genug zu sein und darum keinem Mann zu gefallen. Ich habe lächelnd zugeschaut, weil Du mir erstens schön genug schienst und weil ich zweitens weiß, dass in Wirklichkeit längst nicht mehr die Formenschönheit über das Schicksal des Mädchens entscheidet, sondern der Eindruck ihrer Persönlichkeit. Dein Spiegel wird Dich darüber beruhigen, dass nichts Gemeines oder Abschreckendes in Deinen Zügen liegt, und Deine Erinnerung wird

Dir bestätigen, dass Du Dir noch in jedem Kreis von Menschen Respekt und Einfluss erobert hast.«

Auch wenn die tröstenden Worte des Vaters vermutlich im Moment keine allzu große Hilfe waren – einerseits war sie »schön genug«, andererseits ist die Schönheit gar nicht so wichtig – dauerte Mathildes Kummer nicht allzu lange an, denn ein Jahr später war sie bereits verheiratet. Ihr Gemahl war ein junger Wiener Kaufmann namens Robert Hollitscher. Ihre um sechs Jahre jüngere Schwester Sophie ehelichte 1912 den Fotografen Max Halberstadt und zog zu ihm nach Hamburg. Auch drei Söhne heirateten und waren in völlig unterschiedlichen Berufen tätig: Jean-Martin wurde Rechtsanwalt, Oliver Bauingenieur, Ernst Architekt. Nur Anna blieb ledig und lebte ab 1925 mit der amerikanischen Psychoanalytikerin und Millionärin Dorothy Tiffany Burlingham zusammen, deren Großvater Charles Lewis Tiffany das weltberühmte Schmuckunternehmen *Tiffany & Co* gegründet hatte.

Eigentlich hätte Freud nach dem Ende der Monarchie ein glücklicheres Leben führen können, als in seinen jungen Jahren. Die anfängliche Ablehnung wurde mehr und mehr durch Anerkennung und Respekt aus aller Welt abgelöst. Dazu kam, dass sich seine eigenen Neurosen verflüchtigt hatten und es ihm auch körperlich wesentlich besser ging als in früheren Jahren. Der einst kränkelnde Doktor Freud fühlte sich, wie er in seiner *Selbstdarstellung* schreibt, in seinen mittleren Jahren »jugendlich und gesund«.

Doch dann sollte das Schicksal innerhalb weniger Jahre mehrmals grausam zuschlagen. Sigmund Freud verlor eine Tochter und ein Enkelkind und musste erfahren, dass er selbst an Krebs erkrankt sei. Todkrank musste er dann auch noch den bitteren Weg in die

Emigration antreten. Die letzten Jahre dieses so reichen Lebens sollten von unvorstellbarem Leid erfüllt sein.

Sophie Freud, seine zweitjüngste Tochter, war 1920 im Alter von 26 Jahren völlig unerwartet verstorben. Sie hatte mit ihrem Mann Max Halberstadt und ihren zwei kleinen Kindern sehr glücklich in Hamburg gelebt, wo sie das Opfer der damals grassierenden asiatischen Grippeepidemie wurde. Freud wollte, als er von ihrer Erkrankung verständigt wurde, zu seiner Tochter, die er »mein Sonntagskind« nannte, reisen, doch es verkehrten als Folge der Nachkriegszeit noch keine Züge zwischen Wien und Hamburg, das Ehepaar Freud konnte nicht einmal zum Begräbnis seiner Tochter fahren. Die Söhne Oliver und Ernst reisten aus Berlin an, als sie vom kritischen Zustand erfahren hatten, kamen aber zu spät, um ihre Schwester lebend anzutreffen.

Freuds erster großer Schicksalsschlag war der Tod seiner Tochter Sophie (1893–1920)

Zutiefst erschüttert durch diesen ersten privaten Schlag, schreibt Freud an seinen Freund Sándor Ferenczi: »Jahrelang war ich auf den

Tod meiner (als Soldaten im Ersten Weltkrieg eingerückten, Anm.) Söhne gefasst, nun kommt der der Tochter; da ich im tiefsten ungläubig bin, habe ich niemand zu beschuldigen und weiß, dass es keinen Ort gibt, wo man Klage anbringen kann.«

Sophies Söhnchen Heinz, liebevoll »Heinerle« genannt, war gerade dreizehn Monate alt, als seine Mutter starb. Als der Zugverkehr im darauffolgenden Sommer wieder aufgenommen wurde, besuchte Freud seinen verwitweten Schwiegersohn und die beiden Enkelkinder. Während der sechsjährige Ernest bei seinem Vater in Hamburg blieb, nahm Freud »Heinerle« mit nach Wien, wo er fortan in der Familie der ältesten Freud-Tochter Mathilde leben sollte. Doch drei Jahre später war auch der kleine »Heinerle« tot, gestorben an tuberkulöser Gehirnhautentzündung.

»Ich glaube, ich habe nie etwas Schwereres erlebt«: Freud mit Enkel Heinz, der im Alter von vier Jahren starb

Hatte Freud nach dem Verlust der Tochter noch versucht, vor seiner Umwelt jedes Zeichen von Schwäche zu verbergen, so konnte er seine Emotionen jetzt nicht mehr zurückhalten, es war das erste und einzige Mal, dass man den großen Mann in Tränen sah. »Heinerle war ein entzückender Kerl«, vertraute er dem befreundeten Ehepaar Levy in einem Brief an, »und ich selbst wusste, dass ich kaum je einen Menschen, gewiss nie ein Kind, so lieb gehabt hab wie ihn … Diesen Verlust vertrage ich so schlecht, ich glaube, ich habe nie etwas Schwereres erlebt.«

Als Nachsatz fügte er noch an: »Vielleicht wirkt die Erschütterung durch meine eigene Erkrankung mit. Ich mache meine Arbeit notgedrungen, im Grund ist mir alles entwertet.«

Damit deutet Freud die nächste, fast gleichzeitig erfahrene Katastrophe an, deren wahre Tragweite seine Ärzte zwar schon kannten, dem prominenten Kollegen aber noch verheimlicht hatten. Die volle Wahrheit sollte er zwei Monate nach dem Tod des Enkels erfahren. Freud hatte längst schon geahnt, dass eine von ihm entdeckte Verdickung in der Mundhöhle ein Vorstadium der Krebserkrankung darstellte. Fünf Jahre lang berührte ihn die Krankheit nicht weiter, er rauchte weiterhin seine geliebten Zigarren, hatte keine Schmerzen, ging zu keiner ärztlichen Untersuchung. Doch im Februar 1923 entdeckte Freud eine neuerliche Geschwulst in der Mundhöhle. Als die Schwellung immer größer wurde, konsultierte Freud seinen Hausarzt Maxim Steiner, der den Internisten Felix Deutsch zuzog. Die beiden Ärzte erkannten sofort die Bösartigkeit des Tumors, fanden jedoch nicht den Mut, ihrem jetzt 67-jährigen Patienten die Wahrheit zu sagen. Freud war an Kieferkrebs erkrankt und musste im April 1923 im Wiener Allgemeinen Krankenhaus operiert werden. Es war die erste von insgesamt 33 Kieferoperationen, die in den kommenden Jahren folgen sollten.

Bald war das Essen, Trinken und Sprechen nur mehr unter gewaltigen Anstrengungen möglich. Und auch das Rauchen! Es war Freud selbst nach der Tortur der ersten Kieferoperation nicht möglich, sich der vermutlich alles auslösenden Nikotinsucht zu entwöhnen, er genoss seine Zigarren wie eh und je.

Anna, Freuds jüngste Tochter, wich in diesen schweren Tagen kaum von seiner Seite, erwies sich als seine größte Stütze, widmete ihr Leben dem Dienst am Vater. Niemand anderer stand Freud jetzt sowohl menschlich als auch als Sachwalter der Psychoanalytischen Bewegung so nahe. Sie war Pflegerin, Sekretärin und in der Öffentlichkeit eine Art »Stellvertreterin« geworden.

Freud meisterte sein Schicksal auf erstaunliche Weise. Der Mann, den – als er noch jung war – Neurosen und Todesängste gepeinigt hatten, bewies jetzt fast übermenschliche Kraft und einen zähen Lebenswillen. Am 2. Januar 1924 nahm er seine Praxis wieder auf und empfing täglich sechs Patienten. Stimme und Sprechweise hatten sich verändert, so dass er von Besuchern und Kranken oft nur schwer verstanden werden konnte.

Sein Enkel Ernest, der nach dem frühen Tod seiner Mutter und seines Bruders zur Familie gestoßen war, erinnert sich: »Die Mahlzeiten unterschieden sich vom übrigen Tagesablauf schon deshalb, weil Großvater dabei war. Essen hatte Struktur und Ritual. Selbstverständlich war der Tisch perfekt gedeckt, und die Gänge erschienen in verlässlicher Reihenfolge. Es war wichtig, dass das Aufgetischte Qualität hatte, und man war schon kritisch, wenn es nicht den Erwartungen entsprach. Die Suppe war immer heiß, und man bemühte sich darum, dass Großvater sie erst bekam, wenn sie etwas abgekühlt war. Natürlich war es wichtig, dass das Fleisch nicht hart, das heißt für Großvater gut zu kauen war. Auch wenn er Schmerzen hatte oder unter Druck war, schien er ausgeglichen. Ich kann mich nicht erinnern, ihn je ungehalten oder wütend gesehen zu haben. Obwohl zu sehen war, dass er litt, hatte man doch nie das Gefühl, dass er Mitleid erregen wollte.« Alle waren spürbar um den Gesundheitszustand des Familienoberhaupts besorgt.

Zu Beginn des Jahres 1938 klagte Freud wieder über starke Schmerzen im Kieferbereich, eine wunde Stelle entstand, die sich schnell und verdächtig veränderte. Freud rauchte nach wie vor, musste das Gebiss mit Hilfe einer Wäscheklammer öffnen, um eine Zigarre zwischen die Lippen zu stecken. Eine weitere Operation war notwendig geworden, sie sollte sich als die bisher schwierigste erweisen, da die Stelle tief innerhalb der Mund-Nasenhöhle lag und mit den chirurgischen Instrumenten kaum zu erreichen war.

Freud hatte sich von den Folgen des Eingriffs noch nicht erholt, als Hitlers Truppen in Österreich einmarschierten. Der weltberühmte Seelenarzt aus Wien wollte nicht glauben, dass sich ein Land bereitfinden würde, ihn aufzunehmen. Zu oft hörte man in diesen Tagen von Österreichern, die an den Konsulaten so vieler Staaten um Einreisebewilligungen flehten und abgewiesen wurden. Und Freud hielt nicht für möglich, dass er ein »Sonderfall« sein sollte. Sobald er dann aber die Zusage hatte, dass ihm und seiner Familie, den Dienstboten, Leibärzten und einigen Schülern die Einreise nach England gewährt werde, begann er anhand eines Stadtplans, die Straßen von London zu studieren.

Beim britischen Konsulat wurde eine Liste mit den jeweiligen Ansuchen um Visa eingereicht:

1. Prof. Sigmund Freud 82 Jahre
2. Seine Frau Martha 77 J.

3. Schwester der Frau: Minna Bernays 73 J.
4. Tochter Anna 42 J.
5. Sohn Martin 48 J.
6. Dessen Frau Esti 41 J.
7. Dessen Sohn Walter 16 J.
8. Dessen Tochter Sophie 13 J.
9. Enkel Ernest Halberstadt 24 J.
10. Verheiratete Tochter Mathilde 50 J.
11. Deren Mann R. Hollitscher 62 J.
12. Leibarzt seit 9 1/2 Jahren Max Schur 41 J. mit
13. Frau und zwei kleinen Kindern
14. langjährige Hausgehilfin Paula Fichtl 36 J.

Sigmund Freud hat seine Wohnung nach dem 12. März 1938 nicht mehr verlassen. Am 15. März stürmten drei Männer ins Esszimmer und forderten Martha Freud zur Herausgabe der gesamten Barschaft auf. Mit den Worten »Wollen sich die Herren nicht bedienen?« legte sie das vorhandene Haushaltsgeld auf den Tisch. Als sich die Nazis damit nicht zufrieden gaben, wurden sie von Anna zum Safe geführt, aus dem sie ihnen den gesamten Inhalt, 6000 Schilling, aushändigte. Gleichzeitig wurden natürlich auch sämtliche Bankkonten gesperrt.

Sigmund Freud musste am Ende der Durchsuchung seiner Wohnung ein Dokument folgenden Wortlauts unterschreiben: »Ich, Professor Freud, bestätige hiermit, dass ich nach dem Anschluss Österreichs an das Deutsche Reich von den deutschen Behörden und im besonderen von der Gestapo mit der meinem wissenschaftlichen Ruf gebührenden Achtung und Rücksicht behandelt wurde, dass ich meiner Tätigkeit ganz meinen Wünschen entsprechend frei nachgehen konnte und nicht den geringsten Grund zu einer Beschwerde habe.«

Das Papier, von einem Nazikommissar überreicht, war fertig aufgesetzt. Freud las es durch, unterschrieb und fragte, ob er noch den Satz anfügen dürfte: »Ich kann die Gestapo jedermann wärmstens empfehlen.«

Am 4. Juni 1938, nachmittags um 3 Uhr 25, rollt der Orientexpress aus der Halle des Wiener Westbahnhofs. Sigmund Freud verlässt die Stadt, die er liebte und hasste, die ihn verwöhnt und missachtet hat, die ein langes Leben seine Heimat war. Und die er nie wieder sehen wird.

Aus der Heimat vertrieben, wurde ihm in England ein Empfang bereitet, der dem eines Staatsoberhaupts glich. König George VI. hatte Freud und seiner Familie diplomatischen Status gewährt, so dass an der Grenze weder die Pässe verlangt noch die gigantischen Mengen an Gepäck kontrolliert wurden. Hunderte Journalisten und Fotoreporter erschienen in Londons *Victoria Station* zum Empfang des weltberühmten Mannes, und in den darauf folgenden Wochen war Freud Thema Nummer eins der englischen Blätter. »Der Ärztestand Großbritanniens wird stolz sein, dass sein Land Professor Freud Asyl gewährt und dass er es zu seiner neuen Heimat gewählt hat«, war im *British Medical Journal* zu lesen.

Freud hatte die weite Reise erstaunlich gut überstanden, leichte Herzbeschwerden wurden in der Bahn medikamentös behandelt. Die Befreiung von einer mehr als unsicheren Zukunft hatte ihm sichtlich gut getan. In London unternahm er Spaziergänge am Rande des Regent's Parks, und er fühlte sich so wohl, dass er einmal zu einem Besucher sagte: »Ich bin fast versucht, ›Heil Hitler!‹ auszurufen.«

Großer Bahnhof im Exil: Sigmund Freud mit seiner Tochter Anna auf dem Weg nach London

Mitte August tauchten in der Wangenschleimhaut neue Wucherungen auf, Freuds Wiener Kieferchirurg Hans Pichler wurde eingeflogen und führte am 8. September 1938 in der *London Clinic* eine mehr als zweistündige Operation durch, während der Freuds Lippe gespalten werden musste, um an den jetzt schon so tief in der Mundhöhle liegenden Krankheitsherd gelangen zu können.

Dieser letzte große chirurgische Eingriff, die schwerste Operation seit der radikalen fünfzehn Jahre zuvor, schwächte Freud sehr, er sollte sich nie mehr ganz davon erholen. Der Leidensweg dauerte aber noch ein ganzes, langes Jahr.

Martha Freud hatte inzwischen mit ihrem Dienstmädchen Paula Fichtl ein neues Haus, Maresfield Gardens 20 im vornehmen Hampstead am nördlichen Stadtrand von London, bezogen, um es für die Ankunft nach der erhofften Genesung ihres Mannes zu adaptieren. Als es fertig war, zog Freud ein und schockierte seine Familie, wie so oft, mit der ironisch-bitteren Bemerkung, das alles wäre viel zu schön für jemanden, der es nicht mehr lange bewohnen würde.

Nach dem gewaltigen Presseecho seiner Ankunft wusste jeder Londoner Taxifahrer, wo Freud wohnte, und als er zum ersten Mal ein Bankinstitut betrat, um ein Konto zu eröffnen, begrüßte ihn der Manager mit den Worten: »I know all about you.« Dementsprechend groß war der Andrang von Menschen, die eine Behandlung durch den weltberühmten Seelenarzt suchten. Tatsächlich konnte er noch einige wenige Fälle betreuen, gestern habe er »mit drei Patienten begonnen«, schreibt er am 4. Oktober, »aber es war nicht leicht.«

Trotz der körperlichen Schwäche war Freud bis zuletzt geistig rege, er interessierte sich für die Eigenheiten der neuen Heimat und seiner Bewohner, unterstützte in Gründung befindliche psychoanalytische Zeitungsprojekte, besprach die neue Herausgabe seiner von den Nazis vernichteten gesammelten Schriften, las sehr viel, schrieb an seinem letzten Werk, das unter dem Titel *Abriss der Psychoanalyse* posthum erscheinen sollte, und empfing etliche Gäste.

Auch wenn Freud tagtäglich mit eiserner Disziplin vier Patienten zur Analyse empfängt, kann nichts mehr über die Ausweglosigkeit seines Zustandes hinwegtäuschen. Bösartige Neubildungen breiten sich in beängstigender Geschwindigkeit aus, mehrere von Anna herbeigerufene ärztliche Kapazitäten können nicht mehr helfen, stellen nur noch ein »nichtoperables, unheilbares Karzinom« fest, das so tief in der Mundhöhle situiert ist, dass man es chirurgisch nicht mehr erreichen kann.

Am 1. September 1939 erfährt Freud vom Einmarsch deutscher Truppen in Polen und damit vom Ausbruch des Zweiten Weltkriegs. Auf die Frage seines aus Wien mitgereisten Hausarztes Max Schur, ob dies wohl der letzte Krieg sein würde, antwortet Freud: »Mein letzter Krieg.«

Drei Wochen später, am 21. September 1939, ergriff Freud die Hand seines Arztes und sagte: »Lieber Schur, Sie erinnern sich wohl an unser erstes Gespräch. Sie haben mir damals versprochen, mich nicht im Stich zu lassen, wenn es soweit ist. Das ist jetzt nur noch Quälerei und hat keinen Sinn mehr.«

Der Arzt bestätigte, dass er zu seinem damaligen Versprechen stehe, Freud seufzte erleichtert auf, hielt Schurs Hand noch einen Augenblick fest und sagte: »Ich danke Ihnen.« Am nächsten Tag, als er wieder schreckliche Schmerzen hatte, gab der Arzt seinem Patienten eine Injektion von 0,02 Gramm Morphium. Bald spürte Freud Erleichterung und fiel in einen friedlichen Schlaf. Nach zwölf Stunden wiederholte Schur die Dosis. Freud war am Ende seiner Kräfte, sodass er in ein Koma fiel, aus dem er nicht mehr erwachte.

Sigmund Freuds Tod trat am 23. September 1939 um drei Uhr morgens ein. Als Erlösung aus unendlicher Qual, so wie er es schon zwölf Jahre zuvor prophezeit hatte: »Am Ende scheint uns der Tod weit weniger unerträglich als die mannigfachen Bürden des Lebens.«

Die vier Schwestern Freuds – Rosa, Adolfine, Marie und Pauline – starben in den Konzentrationslagern der Nationalsozialisten.

Freuds Frau Martha wurde neunzig Jahre alt, überlebte ihren Mann also um zwölf Jahre und blieb bis zu ihrem Tod im Jahre 1951 in London. Abgesehen von Sophie, die so früh aus dem Leben geschieden war, wurden Freuds Söhne und Töchter zwischen 78 und 90 Jahre alt. Zwei seiner Kinder, ein Enkel und ein Urenkel erlangten Weltgeltung:

- Freuds Tochter Anna (1895–1982) setzte als Psychoanalytikerin das Werk ihres Vaters fort, wobei sie den Schwerpunkt ihrer Arbeit auf die Kinderanalyse legte.
- Freuds Sohn Ernst Freud (1892–1970) war ein bedeutender Architekt, der zunächst in Berlin lebte, wo sein Werk durch zahlreiche Wohnbauten dokumentiert ist. Er emigrierte 1933 nach London, baute das Haus seiner Eltern in Maresfield Gardens um, errichtete weitere Wohnbauten und die Synagoge *Stepney Green*.
- Ernsts Sohn Lucian Freud (*1922) zählt zu den bedeutendsten zeitgenössischen Porträtmalern, sein Aktbild *Sue Tilley* erzielte 1995 im Auktionshaus *Christie's* 33,6 Millionen Dollar und ist somit das teuerste je von einem lebenden Künstler geschaffene Gemälde.
- Lucians Tochter Esther Freud (*1963) ist eine der führenden britischen Schriftstellerinnen, ihre Romane wurden in fünfzehn Sprachen übersetzt. Ihr Erstlingswerk *Marrakesch* wurde verfilmt; Esther Freud ist mit dem Schauspieler David Morrissey verheiratet.

»WAS NIMMST DU FÜR EINEN KÜNSTLERNAMEN?«

Die Hörbiger-Dynastie

Der Name Hörbiger hatte schon einen besonderen Klang, noch ehe insgesamt vierzehn Mitglieder der Familie am Theater und beim Film Karriere machten. Die Wurzeln reichen bis ins 17. Jahrhundert zurück, als die Hörbigers eine heute noch existierende Gastschenke betrieben: Die *Hörbig* – abgeleitet vom Wort Herberge – in der Tiroler Wildschönau verlieh der Familie ihren Namen.

Der erste, der ihn in die Welt hinaustrug, war ein Orgelbauer, er hieß Alois Hörbiger und war der Ur-Großvater der späteren Schauspieler-Brüder Paul und Attila. Am 17. Februar 1810 in der Wildschönau zur Welt gekommen, sollte er eigentlich den Bauern- und Gasthof der Familie übernehmen. Doch das Schicksal wollte es anders.

Als nämlich ausgerechnet am Heiligen Abend des Jahres 1829 die Orgel der Pfarrkirche des zur Wildschönau gehörenden Bergdorfes Thierbach ihren Geist aufgab, wurde der als geschickt geltende Bauernsohn vom Pfarrer um Hilfe gebeten. Die Reparatur gelang, sodass die Weihnachtsmesse gefeiert werden konnte.

Das Erfolgserlebnis motivierte Alois Hörbiger, eine Lehre beim Orgelbauer Joseph Mitterer in Lienz anzutreten. Doch der junge Mann war zu ungeduldig, um das Handwerk bei einem Meister zu erlernen und warf nach nur zwei Wochen das Handtuch. Von da an fuhr er von Dorf zu Dorf, er ging »auf die Walz«, wie man damals sagte, und reparierte auf eigene Faust defekte Orgeln, ehe er in der Lage war, neue herzustellen.

Insgesamt wird Alois Hörbiger mehr als sechzig Orgeln bauen: in Graz, Mureck, Poysbrunn, Oberlienz, in Wien und in vielen anderen Gemeinden in der österreichisch-ungarischen Monarchie. Als Autodidakt fühlte er sich keiner Tradition verpflichtet und verlieh dadurch seinen Instrumenten einen ganz eigenen Klang, für den die Hörbiger-Orgeln berühmt sind. In alten Kirchenchroniken kann man heute noch über seine fachlichen und charakterlichen Qualitäten nachlesen, etwa in der Tiroler Gemeinde Virgen, wo er 1833 »zur allgemeinen Zufriedenheit« eine Orgel mit acht Registern gebaut und sich »während seines sechswöchigen Aufenthalts durch einen soliden, moralischen Charakter« ausgezeichnet hat. In Bruck an der Leitha wird er als »geschickter, aber auch dem Trunke sehr ergebener Mann« beschrieben.

Das erste Familienmitglied, das den Namen berühmt machte: Orgelbauer Alois Hörbiger (1810–1876)

1834 heiratet Hörbiger die aus Dellach in Kärnten stammende Viktoria Ertl, die drei Jahre später in Lienz ihr erstes Kind, Amalia, zur

Welt bringen wird, der noch zwei Söhne folgen. In dieser Zeit lässt sich die Familie in der Stadt Cilli – damals Untersteiermark, heute Slowenien – nieder, in deren Umgebung Alois Hörbiger neue Wirkungsstätten findet und eine Orgel nach der anderen baut. Die Söhne treten in Vaters Fußstapfen und werden wie er Musikinstrumente anfertigen. Durch die Tochter Amalia aber nähern wir uns der Schauspieldynastie um eine Generation.

Alois Hörbiger entwickelt ständig neue Instrumente, die Neukonstruktion einer *Vox Humana* wird sogar von Kaiser Franz Joseph besichtigt, der den Orgelbauer mit der Goldenen Medaille für Kunst und Wissenschaft auszeichnet. Durch eine weitere Erfindung, dem *Harmonikon*, das in den Redoutensälen der Wiener Hofburg vorgestellt wird, erfährt Architekt Eduard van der Nüll – der spätere Erbauer der Wiener Hofoper – von Hörbigers Orgelkunst. Er überredet ihn, mit seiner Familie nach Wien zu ziehen, wo van der Nüll mehrere Sakralbauten errichten soll.

1860 wird zum Schicksalsjahr der Dynastie. Alois baut die Orgel für die von Eduard van der Nüll gestaltete Altlerchenfelder Kirche in Wien-Neubau und wird dabei von einem Orgelschnitzer namens Leeb unterstützt. Hörbigers Tochter Amalia verliebt sich in diesen und bringt am 29. November 1860 einen Sohn zur Welt, dem sie den Namen Hanns geben wird. Auch er sollte noch Geschichte schreiben – nicht nur als Vater von Paul und Attila Hörbiger.

Herr Leeb freilich, von dem wir nicht einmal den Vornamen kennen, war zum Zeitpunkt, als Hanns zur Welt kam, schon über alle Berge.

Hanns Hörbiger musste früh mit ansehen, wie schwer es für seine Mutter war, allein für den Lebensunterhalt ihres »ledigen Kindes« zu sorgen. Mit achtzehn Jahren entschloss er sich, seinem Vater auf

Schicksalhaft: Alois Hörbigers Orgel in der Altlerchenfelder Kirche, gebaut 1860

die Spur zu kommen. Er fand heraus, dass Herr Leeb in Frankreich lebte und machte sich, völlig mittellos, von Wien aus auf den Weg nach Paris. Und zwar zu Fuß!

Nach wochenlangem Marsch an der Seine angekommen, fragte sich Hanns Hörbiger so lange durch, bis er herausgefunden hatte, in welchem Pariser Café der Orgelschnitzer Leeb sein Frühstück einzunehmen pflegte. Er betrat das Lokal, erkundete beim Kellner, wer die bewusste Person sei, ging auf den Tisch zu und sagte zu seinem leiblichen Vater: »Pardon, Monsieur, ist an Ihrem Tisch ein Platz frei?«

Papa Leeb antwortete »oui«, und sein Sohn setzte sich. Dann las Herr Leeb in seiner Zeitung weiter. Hanns nahm eine Tasse Kaffee zu sich, beobachtete ihn und verabschiedete sich nach einer Viertelstunde. Dann ging's zurück nach Wien. Wieder zu Fuß!

Abgesehen von der Frage nach der freien Sitzgelegenheit hat Hanns Hörbiger sein Leben lang kein Wort mit seinem Vater gewechselt, er hat ihn auch nie wieder gesehen. Und Herr Leeb hat nie erfahren, dass er einen Sohn hatte, geschweige denn, dass er einmal mit ihm an einem Tisch gesessen ist. Alois Hörbiger hat diese kleine Geschichte nicht mehr erlebt, er ist im Jahr davor im Alter von 66 Jahren, während der Reparatur einer Orgel in Belgrad, verstorben.

Hanns Hörbiger wird durch eine Reihe von Erfindungen und Patenten, vor allem aber durch die von ihm entwickelte *Welteislehre* bekannt. Vorerst als technischer Zeichner in einer Wiener Dampfmaschinenfabrik angestellt, ging er später als Konstrukteur nach Brünn, wo ihm 1894 die bahnbrechende Erfindung des ersten reibungsfrei geführten Plattenventils gelang, das heute immer noch in dieser Form gebaut wird. Danach war er an Konstruktion und Bau der Budapester U-Bahn beteiligt. Diese Arbeit war auch der Grund dafür, dass seine Söhne Paul und Attila in der ungarischen Metropole das Licht der Welt erblickten (und in den ersten Jahren ihres Lebens kein Wort Deutsch konnten).

Durch die weltweiten Patentrechte seines Ventils wohlhabend geworden, machte sich Hanns Hörbiger daran, mit der *Welteislehre* eine neue Entstehungsgeschichte des Universums zu entwickeln. Sie besagt, dass das Planetensystem durch eine Kollision von Kalt und Heiß und die Erde aus einer riesigen Eisschicht entstanden sei. Auch wenn das Ergebnis seiner Forschungen mittlerweile widerlegt ist, gibt es auf dem Mond heute noch einen Krater, der ihm zu Ehren den Namen *Hörbiger* trägt.

Nach Hanns Hörbigers Tod im Jahre 1931 machten sich die Nationalsozialisten, allen voran der »Reichsführer SS« Heinrich Himmler, daran, seine Erkenntnisse für ihre rassistischen Theorien vom *Ahnenerbe* zu missbrauchen. Hörbigers Sohn Paul, der es als Volksschauspieler zu großer Popularität brachte, machte es sich nach dem Krieg zur Aufgabe, die Ehre seines Vaters wiederherzustellen. Er klagte jeden, der dessen Lehre missinterpretierte und erreichte 1967 eine Einstweilige Verfügung, mittels derer es untersagt wurde, »Herrn Ing. Hanns Hörbiger mit nationalsozialistischem Gedankengut in Verbindung zu bringen«.

Erfinder, Forscher und Vater der berühmten Schauspiel-Brüder: Hanns Hörbiger

Unbestritten bleibt die andere »Hinterlassenschaft« des Forschers, nämlich seine vier Söhne. Während Paul und Attila Film- und Theatergeschichte schrieben, gründeten die beiden älteren Johann und Alfred die *Hörbiger-Ventilwerke* in Wien, aus denen mittlerweile die *Hoerbiger Holding* AG mit Sitz im Schweizer Kanton Zug wurde. Der internationale Konzern besteht aus rund hundert Gesellschaften mit mehr als viertausend Mitarbeitern, die vor allem Automobil- und Erdölkonzerne beliefern.

Die Familie übersiedelte, als Paul neun und Attila sieben Jahre alt waren, von Budapest nach Wien, wo die beiden nach der Matura den Entschluss fassten, zum Theater zu gehen – und das ohne nennenswerte schauspielerische Ausbildung. Paul hatte ganze sieben Stunden in einer privaten Theaterschule besucht, »aber nur, weil da eine Elevin war, die mein Interesse geweckt hatte«, wie er erzählte. »Einen geraden Satz sprechen zu können, schien mir und meinen Klassenkollegen weniger bedeutsam als die Frage ›Was nimmst du für einen Künstlernamen?‹«. Er entschied sich zunächst für »Paul di Pauli« – blieb dann aber doch bei seinem bürgerlichen Namen. Die Karriere begann im Jahre 1919 mit einem Engagement am deutschsprachigen Theater der böhmischen Provinzstadt Reichenberg. Als man ihn zwei Jahre später von dort nach Prag holte, wurde Attila sein Nachfolger in Reichenberg – mit der Begründung: »Ich wurde Schauspieler, weil ich bei Paul gesehen habe, wie schnell man beim Theater Geld verdienen kann.«

Danach wurde Paul von Max Reinhardt nach Berlin engagiert, worauf sich das Spiel wiederholte: Nun übernahm Attila die frei werdenden Rollen seines Bruders in Prag.

Zweifellos profitierte Attila anfangs vom Talent seines um zwei Jahre älteren Bruders – auch weil er ihm ähnlich sah und die Direktoren glücklich waren, den Bruder des beliebten Schauspielers präsentieren zu können. Die Ähnlichkeit der beiden führte allerdings auch zu skurrilen Szenen: Eines Tages erschien in Attilas Wohnung in Reichenberg, die er von Paul übernommen hatte, eine ältere, beleibte Dame: »Also, Herr Heerbinger«, herrschte sie ihn an, »was is eigentlich mit der Mitzi? Haben S' jetzt ernste Absichten oder net?«

»Pardon, gnädige Frau, ich kenne keine Mitzi.«

»Jetzt wollen Sie alles leugnen? Sie glauben, Sie können meine Tochter zuerst narrisch machen und kompromittieren, und jetzt auf einmal wollen S' von nix was wissen?«

Es sei ihm nur mit allergrößter Mühe gelungen, die Dame davon zu überzeugen, dass er erst seit wenigen Tagen in Reichenberg logierte, um am Theater die Nachfolge seines Bruders anzutreten. »Es war«, erinnerte sich Attila lächelnd, »eine der schwierigsten Szenen, die ich je zu spielen hatte.«

Die Hörbiger-Brüder hatten einander diesbezüglich wenig vorzuwerfen. Beide sahen gut aus, hatten Charme und Witz und erfreuten sich großer Beliebtheit bei den Kolleginnen und auch in den Reihen des weiblichen Publikums. Und beide machten reichlich Gebrauch davon.

Neben heiteren Episoden, die Paul und Attila auf unvergleichliche Weise erzählen konnten, gibt es in der Familiengeschichte aber auch eine Reihe von dramatischen Ereignissen. So wird 1921 auf Paul ein Eifersuchtsattentat verübt, das er nur knapp überlebt: Ein Verehrer seiner späteren Frau Josepha »Pippa« Gettke – auch sie war Schauspielerin – schießt in einem Gasthof auf Paul Hörbiger und verfehlt sein Herz um Haaresbreite. Paul schwebt in Lebensgefahr und heiratet Pippa nach Erhalt der letzten Ölung auf dem Totenbett im Wiener *Sanatorium Hera*. Er erholt sich aber, bleibt mehrere Monate im Krankenhaus und kann danach seine Karriere fortsetzen.

Paul und Josepha Pippa Hörbiger hatten vier Kinder: Eines stirbt mit zwei Jahren an Gehirnhautentzündung, Tochter Christa wird eine Zeitlang Schauspielerin sein und Monica ist eine der wenigen in der Familie, die mit dem Theater absolut nichts zu tun hat – außer, dass ihr Sohn Christian Tramitz ein bekannter Schauspieler ist. Paul

Aus dem privaten
Familienalbum: Paul
Hörbiger (1894–1981)
mit Ehefrau »Pippa«
(1895–1989) und Tochter
Christa (1922–2009)

Hörbigers Sohn Thommy wird ein erfolgreicher Textautor, der Udo
Jürgens drei seiner bekanntesten Titel liefert: *Siebzehn Jahr blondes
Haar, Merci Cherie* und *Immer wieder geht die Sonne auf.*
Paul Hörbigers Ehe hielt bis 1939. In seinen Memoiren schreibt er,
dass die »vielen Tourneen und wochenlangen Aufenthalte an den
verschiedensten Drehorten« der Beziehung nicht gut getan hätten.
In Wahrheit ertrug seine Frau die Untreue des beliebten Schauspielers nicht. Und doch traf ihn die Scheidung wie ein Keulen-
schlag, da Pippa die große Liebe seines Lebens war. Sie heiratete
noch einmal, er zog mit seinen Kindern von Berlin nach Wien, wo
er 1940 ein Engagement am Burgtheater antrat. »Unser Vater hat
sehr viel gearbeitet und war daher wenig zu Hause«, erinnert sich

seine Tochter Monica. »Wir hatten zwar Erzieher, aber wirklich gekümmert hat sich niemand um uns. Was sein weiteres Privatleben betrifft, hatte er immer wieder Beziehungen, aber ›die Richtige‹ war wohl nicht dabei. Abgesehen davon, haben wir Kinder alle Frauen, die er nach seiner Scheidung mit nach Hause brachte, erfolgreich verjagt.«

Die Ehe seines Bruders Attila hielt – obwohl auch er kein Kind von Traurigkeit war – mehr als ein halbes Jahrhundert, bis ans Ende seiner Tage. »Wir hatten uns in Prag kennen gelernt, wo Attila und ich engagiert waren«, begann Paula Wessely ihre Geschichte, als sie mir in ausführlichen Gesprächen aus ihrem Leben erzählte. »Das war 1926, wir hatten eine Liebesszene, ich lief auf ihn zu und rannte ihn fast um. Von einer Beziehung war keine Rede« – wie denn auch: Attila Hörbiger war verheiratet – und zwar mit seiner Jugendliebe Consuelo Martinz.

»Meine Mutter war sicher nicht der Grund für das Scheitern der ersten Ehe meines Vaters«, meint die mittlere Tochter Christiane Hörbiger. »Die Voraussetzungen waren von Anfang an nicht gut. Consuelo hatte Schwierigkeiten mit dem Gehör und musste ihren Beruf als Opernsängerin aufgeben. Mein Vater hat immer gesagt, dass er für sie eher Mitleid als Liebe empfand.«

Paula Wessely war keine klassische Schönheit, aber eine beeindruckende junge Frau, die sofort Attila Hörbigers Interesse fand. Und auch er, der athletisch gebaute Bühnenheld, gefiel ihr auf Anhieb.

Paula Wessely war nicht die Erste in ihrer Familie, die zum Theater drängte. Als Tochter des Fleischermeisters Carl Wessely und seiner Frau Anna am 20. Jänner 1907 in Wien zur Welt gekommen, hatte sie schon eine berühmte Tante. Die legendäre k. u. k. Hof-

*Berühmte Tante: die legendäre
k. u. k. Hofschauspielerin Josefine
Wessely (1860–1887)*

schauspielerin Josefine Wessely war allerdings, als die Wessely
geboren wurde, schon seit zwanzig Jahren tot. Die Schwester ihres
Vaters wurde am Burgtheater gefeiert und starb mit nur 27 Jahren
während eines Gastspiels in Karlsbad, vermutlich an den Folgen
einer missglückten Abtreibung. »Ich las in meiner Kindheit und
Jugend viel von der Tante Josefine, und auch vom alten Burgtheater, an dem sie engagiert war«, erzählte Paula Wessely. »Nie im
Leben hätte ich gedacht, dass ich eines Tages selbst dort auftreten
würde.«

Paula Wessely und Attila Hörbiger verlieren sich zunächst aus den
Augen, er spielt in Berlin, sie im Theater in der Josefstadt in Wien,

214

wo sie den Schauspieler Hans Jaray kennen lernt, sich in ihn verliebt. »Es war eine große Liebe, meine Mutter hat oft von Jaray gesprochen und immer in den höchsten Tönen«, sagt die jüngste Tochter Maresa Hörbiger. »Während jedoch mein Vater die Gabe besaß, sie aufzurichten, ihr psychischen Halt zu geben, war es bei Jaray umgekehrt, da war sie es, die ihn – der zu Depressionen neigte – aufbauen musste.« Als Attila an die Josefstadt nach Wien kommt und sie einander wieder sehen, entscheidet sie sich für ihn.

Nun steht die Dynastie vor ihrer Gründung, aber von einer Hochzeit kann keine Rede sein, denn Hörbiger ist immer noch verheiratet. Eine Scheidung im heutigen Sinn gab es in der Ersten Republik nicht, die Ehe galt als unauflöslich, konnte nur von der katholischen Kirche annulliert werden. Doch die Chancen dafür standen nicht gut. Zwar genehmigte das Diözesangericht Wien in einem langwierigen Verfahren die Auflösung von Attilas erster Ehe, weil Consuelo angeblich »keine Kinder zur Welt bringen wollte«, doch die benötigte Zustimmung der zweiten Instanz lag im Herbst 1935 in weiter Ferne.

Länger warten konnten Paula und Attila aber nicht, denn es musste sehr schnell gehen: Die Wessely war schwanger und Elisabeth, die älteste Tochter, gab heftige Lebenszeichen von sich. In dieser Situation konnte nur noch die Politik helfen. Und siehe da: Bundeskanzler Schuschnigg persönlich bewilligte am 20. November 1935 »die Nachsicht vom Ehehindernis des Ehebandes«.

Endlich, neun Jahre nach dem Kennenlernen treten Paula Wessely und Attila Hörbiger vor den Standesbeamten. Zweifellos war die Annullierung der Ehe der Prominenz der beiden zuzuschreiben: Sie war damals bereits durch ihren ersten Film *Maskerade* eine Berühmtheit und er als *Jedermann* der Salzburger Festspiele. Beide zählten zum renommierten Ensemble Max Reinhardts, doch während man sie schon »die Wessely« nannte, sollte er nie »der Hörbiger« werden, weil das die ohnehin vorhandene Verwechslungsgefahr mit seinem Bruder Paul noch vergrößert hätte.

Jedenfalls konnte es jetzt mit der Heirat nicht schnell genug gehen, sie fand nur drei Tage nach der Annullierung von Attilas Ehe Nummer eins im Wiener Rathaus statt. Das Tempo ist verständlich: Zwei Monate später, am 8. Februar 1936 wird Elisabeth das Licht der Welt erblicken.

Die junge Familie bezog eine prachtvolle Villa in der Himmelstraße 24 im Heurigenvorort Grinzing, die die Wessely von ihren ersten Filmgagen hatte kaufen können.

Neun Jahre bis zur Heirat:
Paula Wessely (1907–2000),
Attila Hörbiger (1896–1987)

Während in Wien zu diesem Zeitpunkt die *Vaterländische Front* regierte, waren in Berlin schon die Nationalsozialisten an der Macht. Und die setzten alles daran, möglichst viele Stars zu vereinnahmen, um sich in ihrem Glanz zu sonnen. Also ließ es sich Propagandaminister Goebbels nicht nehmen, der Wessely zur Geburt der kleinen Elisabeth »ein prächtiges Blumenarrangement überreichen zu lassen«. Und Hitler gratulierte merkwürdigerweise »zum Stammhalter«, obwohl der eine Tochter war.

Paula Wessely war, zunächst ohne ihr Zutun, ins Zentrum der nationalsozialistischen Propaganda geraten. Doch das Naheverhältnis mit den neuen Machthabern sollte während der ganzen Nazizeit anhalten. Attila wurde Mitglied der NSDAP, beide bekannten sich öffentlich zum »Anschluss« und drehten 1941 den Propagandafilm *Heimkehr*, der nach dem Krieg vor allem der Wessely – da sie die Hauptrolle spielte – zum Vorwurf gemacht wurde. »Ich glaube, meine Eltern hatten einfach Angst davor«, vermutet Christiane Hörbiger, »dass die Diktatur – wenn sie die Mitwirkung in diesem Film ablehnten – zuschlägt, in welcher Form auch immer. Sie hatten Angst um ihre Kinder und Angst um ihre künstlerische Existenz. Das ist der läppische Versuch der Verteidigung meiner Eltern, ich kann nicht in sie hineinschauen, ich weiß nicht, wie sie gedacht haben und möchte nicht an ihrer Stelle gewesen sein. Zu uns haben sie nur gesagt: ›Ihr habt keine Ahnung, wie es damals war.‹ Eine andere Reaktion gab es zu diesem Thema nicht.«

Und Maresa Hörbiger sagt ganz offen: »Unsere Eltern haben aus Karrieregründen mitgemacht. Mein Vater hat diesen Teil seiner Biografie uns gegenüber bagatellisiert und meine Mutter hat geschwiegen. Ich kann aus heutiger Sicht nicht nachvollziehen, dass sie den Film *Heimkehr* gedreht hat – auch wenn niemand von uns, der diese

Zeit nicht erlebt hat, sagen kann, wie er sich in einem solchen Fall verhalten hätte. Der zweite Punkt ist jedoch: Sie war meine Mutter und er war mein Vater. Und ich habe sie beide geliebt, mit ihren Fehlern und Schwächen. Ich habe kein Problem damit, hier eine Unterscheidung zu treffen.«

Im Gegensatz zu anderen Künstlern, die im Dritten Reich Karriere machten, half das Ehepaar Hörbiger-Wessely vom Regime verfolgten Kollegen, wofür es von Goebbels auch mehrmals »gemaßregelt« wurde. Aus Dokumenten und Zeugenaussagen eines *Entnazifizierungsverfahrens*, dem sich Paula Wessely und Attila Hörbiger nach dem Krieg stellen mussten, geht hervor, dass sie sich für jüdische Freunde eingesetzt, sie finanziell und bei der Ausreise unterstützt hatten.

Wegen Attilas Parteimitgliedschaft und der Mitwirkung in dem Film *Heimkehr* wurde über das Ehepaar aber nach dem Krieg Berufsverbot verhängt, wodurch die Karrieren einen – wenn auch nur wenige Monate dauernden – Knick bekamen.

Derartige Probleme kannte Paul Hörbiger nicht, da er das Kunststück zuwege gebracht hatte, in der Nazizeit zahlreiche Filme zu drehen, ohne sich mit den Machthabern zu verbrüdern, ja mehr noch: Er geriet ständig in Konflikt mit ihnen. Einmal, weil er sich am Burgtheater weigerte, in einem Stück das in der »Ostmark« verbotene Wort »Österreich« wegzulassen. Ein andermal wurde er 1943 in Prag vorübergehend festgenommen, weil er öffentlich das Lied eines jüdischen Komponisten sang. Aus dem umfangreichen Material, das die Gestapo über Paul Hörbiger anlegte, geht hervor, dass er lange als zu populär galt, um »aus dem Verkehr gezogen« zu werden. Bis er es »zu weit« trieb und in den letzten Kriegsmonaten einer Widerstandsbewegung beitrat, der auch sein Freund und Kollege Theo Lingen nahe stand. Als die Gruppe im Jänner 1945 aufflog, wurde Paul Hörbiger verhaftet und in eine Zelle im Wiener Landesgericht gebracht. Hätten die Nazis ein paar Wochen länger regiert, wäre er vermutlich wegen Hochverrats hingerichtet worden.

Nun aber konnte er seine Karriere ungehindert, meist durch Wiener Filme an der Seite von Hans Moser, fortsetzen. Die populärsten waren *Hofrat Geiger*, *Hallo Dienstmann*, *Ober, zahlen!* und *Hallo Taxi*. Und Hörbiger trat auch wieder am Burgtheater auf.

Im Juli 1945 kam es zu einer weiteren dramatischen Situation in der Familiengeschichte, als Pauls und Attilas älterer Bruder Alfred auf mysteriöse Weise starb. Da man bei der gerichtsmedizinischen Untersuchung des Leichnams Spuren von Arsen und Quecksilber fand, war Paul nicht davon abzubringen, dass sein Bruder einem Mordanschlag zum Opfer gefallen wäre. Er erstattete Anzeige »gegen Unbekannt«, der eine wahre Flut von Prozessen folgte. Diese endeten nach zwölf Jahren mangels an Beweisen ergebnislos, haben aber die Familie total entzweit – vor allem die Brüder Paul und Attila, die einander bis dahin eng verbunden waren, jetzt aber nur noch über ihre Anwälte verkehrten, weil Attila nicht an Mord glauben wollte. »Es war schrecklich mit anzusehen, wie sehr sich mein Vater in die Sache verrannt hatte«, erinnert sich Pauls Sohn Thommy Hörbiger, der ihn zu den Verhandlungen im Wiener Landesgericht begleitete. »Er war beseelt von dem Gedanken, Alfreds Tod aufzuklären, das war in diesen Jahren sein wichtigstes Anliegen. Und er war so sicher, dass sein Bruder ermordet wurde, dass er auch uns, seine Kinder, davon überzeugte. Am Ende hatte mein Vater durch die vielen Prozesse das ganze Vermögen, das er sich in all den Jahrzehnten beim

Die vier Hörbiger-Brüder kurz vor Alfreds Tod, aufgenommen im Jahre 1945: Attila, Paul, Alfred, Hans (von links nach rechts)

Film erarbeitet hatte, verloren. Die Anwalts-, Sachverständigen- und Gerichtskosten hatten Millionen verschlungen. Man müsste annehmen, dass ein Schauspieler, der in seinem Leben an die dreihundert Filme gedreht und darin meist Hauptrollen gespielt hat, als reicher Mann gestorben ist. Das ist er aber nicht, die Prozesse haben ihn arm gemacht.« Die genauen Umstände des Todes von Alfred Hörbiger konnten nie geklärt werden – sie bleiben wohl für alle Zeiten rätselhaft.

Für die Wessely waren das Entnazifizierungsverfahren und die zeitweise Sperre von Film und Theater zu viel, sie erlitt im Herbst 1946 einen schweren Nervenzusammenbruch. »Die Situation war so ernst«, schildert Christiane Hörbiger, »dass mein Vater abends vor dem Schlafengehen seine und die Hand meiner Mutter im Bett aneinandergebunden hat, weil sie immer wieder damit drohte, sich umzubringen. Auf diese Weise konnte sie nicht aufstehen, ohne ihn zu wecken, und ihm war es möglich, jeden ihrer Wege zu kontrollieren.« Nach einiger Zeit wurde sie in die psychiatrische Abteilung des Allgemeinen Krankenhauses stationär aufgenommen. Nach sieben Monaten Pause war die Wessely soweit hergestellt, dass sie wieder auftreten konnte.

In den 1960er-Jahren sah man sie mit ihrem Mann in Schnitzlers *Das weite Land* am Burgtheater. Er als Fabrikant Hofreiter, sie als dessen betrogene Gemahlin. Maresa Hörbiger wundert sich heute noch, »dass meine Eltern das Ehepaar Hofreiter spielen konnten, denn sie gingen da Stadien durch, die sie auch in ihrem persönlichen Leben durchleiden mussten. Meine Mutter hat unter den Affären meines Vaters sehr gelitten. Ich habe mir immer gewünscht, dass sie sich – wie die Genia Hofreiter im Stück – einmal revanchieren würde, doch das hat sie nicht getan. Aber sie haben das alles durchgestanden und es zuwege gebracht, die schlechteren Zeiten ihrer Ehe zu überwinden.«

Im Alter fanden auch die Brüder Paul und Attila – über ihre Arbeit am Burgtheater – wieder zueinander, feierten gemeinsame Erfolge in *Der Alpenkönig und der Menschenfeind* und *Der Bauer als Millionär*. Kollegen schmunzelten, da die Hörbiger-Brüder, wenn sie auf Proben zusammentrafen, die Rituale ihrer Jugend fortsetzten: Beide waren über achtzig, aber Paul behandelte Attila immer noch als »kleinen Bruder«, er gab ihm Tipps, wie er die Rolle anzulegen hätte und spielte ihm das gelegentlich auch vor.

Als Paul mit Herzproblemen im Krankenhaus Lainz lag, erhielt er einen Anruf von Attila. Erstaunlicherweise sprachen sie jetzt Ungarisch miteinander – in der Sprache ihrer Kindheit, die sie seit Jahrzehnten nicht mehr gesprochen hatten. Es war ihr letztes Telefonat, Paul starb am 5. März 1981 im Alter von 86 Jahren. 20 000 Wiener

Von den ersten Filmgagen gekauft: Die »Hörbiger-Villa« in der Wiener Himmelstraße

kamen zum Begräbnis, und als die Schrammeln das *Fiakerlied* spielten, blieb kein Auge trocken.

Attila Hörbiger trat trotz seines hohen Alters weiterhin am Burgtheater auf, wenn auch in kleineren Rollen. »Meine Rolle als Winter in Raimunds *Diamant des Geisterkönigs* ist sehr klein«, sagte er. »So klein, dass, wenn jemandem bei meinem Auftritt das Programmheft herunterfällt und er sich bückt, um es aufzuheben, dann bin ich schon weg, wenn er wieder oben ist.«

Er starb am 27. April 1987, wenige Tage nach seinem 91. Geburtstag.

Paula Wesselys Leben als Witwe währte dreizehn Jahre. »Meine Mutter wollte nach dem Tod meines Vaters nicht mehr auftreten«, verrät Maresa Hörbiger. »Als er nicht mehr da war und sie es ihm nicht mehr zeigen, nicht mehr mit ihm darüber diskutieren konnte, hat sie das Theaterspielen nicht mehr interessiert. Das war, glaube ich, der wahre Grund, warum sie aufgehört hat.«

»Es war ein gnadenreiches Leben«, zog Paula Wessely in unserem letzten Gespräch im Jahre 1992 Bilanz. »Zwei Kriege, viel Leid, aber auch viel Freude durch Beruf und Familie. Ich persönlich muss den Menschen dankbar sein, dass sie mir über eine so lange Zeit so viel liebevolle Anhänglichkeit gezeigt haben.«

Sie starb am 11. Mai 2000 in ihrem 94. Lebensjahr.

Doch der Name Hörbiger lebt weiter. Acht Mitglieder sind heute »im Beruf«: die Wessely-Töchter Elisabeth, Christiane und Maresa, deren Söhne Cornelius Obonya, Sascha Bigler und Manuel Witting sowie Paul Hörbigers Enkel Christian Tramitz und Mavie Hörbiger, die durch ihre Ehe mit Michael Maertens in einen weiteren berühmten Theaterclan hineingeheiratet hat.

Und wie wir die Familie Hörbiger kennen, wird die künstlerische Tradition mit dieser Generation nicht zu Ende gehen.

»ICH BIN KEIN GENERALDIREKTOR«

Die Mautner Markhofs

Der »alte Mautner Markhof« war eine Ehrfurcht gebietende Erscheinung. Als ich den eleganten Herrn mit seinem imposanten Backenbart Mitte der Siebzigerjahre kennen lernte und ihn als »Herr Generaldirektor« ansprach, war er damit gar nicht einverstanden. Dabei hätte ich aus einer breiten Palette von Titeln wählen können, die ihn allesamt schmückten, nämlich »Diplom-Brauingenieur Dr. nat. techn. h. c., Präsident und Ritter Manfred Mautner von Markhof«. Die von mir gewählte Anrede wies er hingegen mit aristokratischer Noblesse zurück: »Ich bin kein Generaldirektor. Ich halte mir welche!«

Der »Herr Präsident« – das wäre die korrekte Anrede gewesen oder auch »Herr von Mautner« – war gar nicht böse ob der protokollarischen Entgleisung und erzählte mir sogleich die ganze Geschichte seiner legendären Familie. Es ist eine Erfolgsstory mit vielen Höhen und Tiefen, die damit begann, dass der Urgroßvater des Herrn Präsidenten als Sohn eines kleinen böhmischen Gastwirts nach Wien kam, um hier sein Glück zu finden.

Der Name Mautner wird erstmals 1690 im Mietvertrag einer Brennerei in Smirschitz bei Königgrätz erwähnt. 150 Jahre später zog es Adolf Ignaz Mautner wie viele jüdische Kaufleute in die Haupt- und Residenzstadt, um hier die St. Marxer Brauerei in Pacht zu übernehmen, die er – durch seine Erfindung der weltweit verwendeten Presshefe reich geworden – einige Jahre später dann kaufen konnte.

Durch Bier und Presshefe reich geworden: Adolf Ignaz Mautner Ritter von Markhof (1801–1889)

Der Familien- und Firmengründer starb, nachdem ihn der Kaiser infolge seiner Verdienste zum Ritter von Markhof erhoben hatte, 1889 in Wien.

Hatte ich mich beim Herrn Präsidenten mit der falschen Anrede schon einmal in die Nesseln gesetzt, so spielte es nun keine Rolle mehr, es ein zweites Mal zu versuchen. Als ich ihn nämlich fragte, ob er, wie oft kolportiert, tatsächlich der reichste Mann Österreichs sei.

»Naja, also bitte, junger Mann«, korrigierte er mich, um dann durch seinen gepflegten Backenbart zu streichen und ein wenig kryptisch fortzufahren: »Wir waren nie so reich wie alle glauben, aber heute sind wir reicher als wir es je gewesen sind.« Das Familienvermögen, erklärte MMM – wie alle Welt ihn nannte – stecke jedoch »in der Firma«.

So tüchtig der Ritter Adolf Ignaz gewesen war, so ungeeignet fürs Geschäftsleben war dessen Enkel Viktor, der das Unternehmen zur Jahrhundertwende übernommen hatte. Zumal Viktor das gesamte von seinem Großvater erwirtschaftete Vermögen innerhalb kürzester Zeit am Spieltisch verlor.

Besagter Viktor Mautner von Markhof war eine populäre Wiener Erscheinung. Aber eben nicht infolge geschäftlicher Erfolge, sondern weil er ein eleganter Lebemann und vom Spielteufel besessener Aristokrat war. Doch im Jahre 1913 besaß der durch Erbschaft reich gewordene Bierbrauer und Herr riesiger Ländereien und prächtiger Gestüte keinen Heller mehr.

Er hatte die Familie ruiniert, aber gleichzeitig bekanntgemacht, denn Bierbrauer gab's viele, aber nur einen, der ohne mit der Wimper zu zucken in einer Nacht sein ganzes Hab und Gut am Spieltisch ließ.

Dank Viktor ist der Name Mautner Markhof berühmter geworden als der jeder anderen Kaufmannsdynastie, aber davon konnte sie nicht leben. Da erwies es sich als vorteilhaft, dass der Firmengründer Ignaz und seine Frau Julie geborene Kadisch der Welt nicht weniger als zehn Kinder und 59 Enkel hinterließen, von denen Georg Heinrich und Theodor sein kommerzielles Genie geerbt hatten. Sie konnten die nahende Familienkatastrophe vorhersehen und gründeten gerade rechtzeitig die Floridsdorfer Brauerei St. *Georg* als Konkurrenzunternehmen.

Abgesehen von »Viktor dem Spieler« sollten sich die Familienmitglieder als durchaus geschäftstüchtig erweisen. Und so wurde 1935 all das wieder zurückgekauft, was Viktor auf dem Spieltisch gelassen hatte. Nicht nur das, war das Unternehmen mittlerweile zu den *Vereinigten Brauereien* Schwechat, St. Marx und Simmering fusioniert und um die Produktion von Senf, Essig und anderen Feinkostwaren erweitert worden. Und in den neu geschaffenen Statuten wurde festgehalten, dass »Familienmitglieder, welche zu

»Bierbaron« Adolf Ignaz und Julie Mautner Markhof mit ihren zehn Kindern

Spielern werden, aus dem Familienverband auszuschließen sind«.
Eine weltweit einmalige Vertragsklausel, die heute noch ihre Gültigkeit hat.

Der Fortbestand großer Dynastien bedingt es, das erworbene Vermögen nicht nur zu erhalten, sondern stetig zu vermehren. Das erreicht man am besten durch geschickte Heiratspolitik. Als es im Jahre 1989 in Wien zu einem Treffen von weit mehr als hundert, zum Teil aus aller Welt angereisten Mitgliedern der Familie Mautner Markhof kam, zählten Angehörige der Häuser Reininghaus, Rhomberg, Rokitansky, Attems, Hardegg, Karajan, Rohan, Thun-Hohenstein, Thonet und Windisch-Graetz dazu, aber auch Kammersänger Eberhard Waechter, der Regisseur Wolfgang Glück und der frühere Unterrichtsminister Theodor Piffl-Percevic. Sie alle gehörten, meist durch Eheschließung ihrer Ahnen, dem mächtigen Clan der Mautner Markhofs an.

Manfred, der Präsident wiederum, hatte 1926 in die Familie Kupelwieser eingeheiratet. Maria Kupelwieser war eine Urenkelin des berühmten Biedermeiermalers Leopold Kupelwieser, durch den die Familie allerdings nicht reich geworden wäre. Sie wurde es erst durch seinen Sohn Paul. Dieser hatte als Stahlindustrieller ein derartiges Vermögen erwirtschaftet, dass er es sich 1893 leisten konnte, die damals zu Österreich-Ungarn gehörende Trauminsel Brioni* zu erwerben.

Allerdings war Brioni in diesen Tagen keine Traum-, sondern eine Horrorinsel, grassierte dort doch eine Malaria-Epidemie, die sie unbewohnbar machte. Paul Kupelwieser kaufte das Eiland, im Bewusstsein einen solchen Besitz nie wieder so günstig erwerben zu können und engagierte den deutschen Mikrobiologen und späteren Nobelpreisträger Robert Koch, der sich gerade intensiv mit der Malariabekämpfung beschäftigte. Diesem gelang es tatsächlich, die tödliche Krankheit auf Brioni auszurotten – worauf Paul Kupelwieser die Insel durch die Errichtung großer Hotel-, Villen- und Sportanlagen zum Treffpunkt der eleganten Welt ausbaute.

Nach der Hochzeit mit Maria Kupelwieser verbrachte Manfred Mautner Markhof einige Jahre auf Brioni – bis die Trauminsel wieder verloren ging. Vorerst von Italiens »Duce« Benito Mussolini beschlagnahmt, gelangte sie nach dem Zweiten Weltkrieg in den Besitz Jugoslawiens und stand mehrere Jahrzehnte dem Staatspräsidenten Tito als Sommerresidenz zur Verfügung.

---

* Die 750 Hektar große Inselgruppe Brioni ist der heute kroatischen Hafenstadt Pula vorgelagert.

Manfred Mautner Markhof mit Ehefrau Maria geb. Kupelwieser vor ihrer Wiener Residenz

Manfred Mautner Markhof hatte durch die Heirat der Maria Kupelwieser nicht nur eine gute Partie gemacht, die Ehe war auch glücklich und hielt 55 Jahre lang – bis zu seinem Tod. Ihr entsprangen drei Kinder, dreizehn Enkel und sieben Urenkel.

Nach 1945 galt Manfred Mautner Markhof als einer der mächtigsten Männer Österreichs. Leopold Figl hat diese Tatsache einmal, halb im Scherz, so erklärt: »Unser Land verdankt die Wiederherstellung eines geordneten Wirtschaftslebens einerseits der Besonnenheit seiner sieben Millionen Einwohner, andererseits aber auch dem Umstand, dass Manfred Mautner Markhof dem Gewerkschaftspräsidenten Johann Böhm im richtigen Moment das Du-Wort angeboten hat.«

Näher gekommen waren einander der Arbeiterführer und sein einstiger »Klassenfeind« wohl durch die beidseitige Ablehnung der zu Ende gegangenen Naziherrschaft. »Die Mautners« galten, obwohl sie seit Generationen altkatholisch waren, in der Diktion der Nationalsozialisten als »Handelsjuden«. MMM war im März 1939 nach Berlin zitiert und dort in »Schutzhaft« genommen worden, um so die familieneigene Brauerei »arisieren« zu können. Da dies – weil »zu wenig Jude« – in der sonst üblichen Weise nicht möglich war, versuchte man ihn durch eine lange Haftzeit so zu zermürben, bis er das Unternehmen »freiwillig« abgeben würde. Er blieb drei Monate im Gefängnis, in dem ihm ein Buch, nämlich Dantes *Göttliche Komödie*, zur Verfügung stand, das er in seiner Zelle fünf Mal las. Gerettet hat ihn seine Freundschaft mit Richard Strauss, der aus Anlass seines 75. Geburtstags am 11. Juni 1939 in Wien ein Philharmonisches Konzert dirigierte, dem Joseph Goebbels beiwohnte. Als der Propagandaminister in der Pause hinter die Bühne kam, bat ihn der Komponist um Freilassung seines Freundes Mautner Markhof, die zwei Tage später tatsächlich erfolgte. Die Fabrik blieb während der Nazizeit im Besitz der Familie, durfte von ihr jedoch nicht geführt werden.

MMM war, als der Spuk vorbei war, nicht nur »ein« Präsident, sondern gleich mehrfacher, er sammelte Titel wie kleine Kinder die Einzelteile ihrer Spielzeugeisenbahn und präsidierte die Industriellenvereinigung, den Automobil-, Motorrad- und Touring-Club, den Männergesang- und den Trabrennverein, die Wiener Konzerthausgesellschaft und diverse Golfclubs. Schließlich war er ein so bedeutender Mäzen, dass sich sein Sohn Manfred Mautner Markhof jun. später erinnern sollte: »Mein Elternhaus war ein Ort der Begegnung für die Großen der in- und ausländischen Kunstszene. Die Gästeliste reiche von Paul Hindemith bis Jean Cocteau, ich lernte Furtwängler, Karajan, Otto Klemperer, Erich Kleiber und Friedrich Gulda kennen.« Die Tatsache, dass Mautner Markhof sen. aber junge Künstler wie Arnulf Rainer, Friedensreich Hundertwasser und Ernst Fuchs förderte, nahm Helmut Qualtinger 1959 zum Anlass, den »alten Mautner« im Kabarettprogramm *Dachl überm Kopf* zu parodieren. Qualtinger trat – in entsprechender Barttracht – auf und Carl Merz befragte den »Präsidenten« (den er im Gegensatz zu mir auch richtig ansprach) über seine Rolle als Kunstmäzen.

INTERVIEWER: Herr Präsident, Sie sind ein so bedeutender Bier- und Schnapsfabrikant, dass man wahrlich sagen kann, bei Ihnen ist weder Hopfen noch Malz verloren. Aus einer Umfrage über das Mäzenatentum geht hervor, dass man als Mäzen sehr viel Geld braucht. Ist das richtig, Herr Präsident?

MAUTNER MARKHOF: Nein, man kann auch mit hundert Schilling ein Mäzen sein. Wie ich angefangen hab, hab ich auch noch nicht so viel Geld gehabt wie heute. Ich kenne sogar Leute, die sich von ihrer Arbeitslosenunterstützung gelegentlich einen van Gogh kaufen, und es gibt Altersrentner in Lainz, die sich mit der dreizehnten Monatsrente wunderbare Kunstsammlungen angelegt haben …

INTERVIEWER: Herr Präsident, gibt es in Österreich eine Avantgarde?

MAUTNER MARKHOF: Ja, ich glaube in Schwechat bildet sich eine heran, wir haben da ein Lager, das *Schwechater Lager*.

INTERVIEWER: Stimmt es, dass Sie auch regen Anteil am Musikleben haben?

MAUTNER MARKHOF: Ja, gewiss, i hab überall einen Anteil.

231

INTERVIEWER: Wie geht die Förderung durch den Mäzen vor sich?

MAUTNER MARKHOF: Es ist verschiedentlich die Behauptung aufgetaucht, ich würde überall meinen Senf dazu geben.

INTERVIEWER: Halten Sie auch das Bier für einen kulturellen Faktor?

MAUTNER MARKHOF: Selbstverständlich. Man hat mir schon oft gesagt, dass unter den Ideen, die ich habe, nicht nur Bierideen, sondern auch Schnapsideen sind.

INTERVIEWER: Herr Präsident, wir danken für das Gespräch!

Dass Manfred Mautner Markhof sen. auch Präsident des österreichischen Olympischen Komitees war, hat den einzigen Schatten auf die makellose Erscheinung des alten Herrn geworfen. Hatte er doch 1972 in dieser Funktion die von IOC-Präsident Avery Brundage verhängte Sperre von Karl Schranz in Sapporo gutgeheißen, worauf sich der Volkszorn gegen »die Mautners« richtete und die Umsatzzahlen von Bier, Senf und Essig kurzfristig im Keller lagen.

Den Grund, warum er den in seiner Zeit doch schon etwas anachronistisch wirkenden Backenbart trug, hat MMM nie verraten. War es eine sentimentale Reverenz an jahrhundertealte Traditionen seiner jüdischen Vorfahren oder war es eine Ehrerbietung dem alten Kaiser Franz Joseph gegenüber, in dessen Regierungszeit er zur Welt gekommen war? Niemand weiß es. Eine kleine Geschichte könnte allerdings einen Hinweis darauf liefern, dass eher der zweite Fall ausschlaggebend war:

Als US-Präsident John F. Kennedy und Kremlchef Nikita Chruschtschow im Juni 1961 in Wien zusammentrafen, gab Bundespräsident Schärf im Schloss Schönbrunn ein Galadiner, zu dem die Spitzen des Staates und der Gesellschaft geladen waren, darunter natürlich auch der alte Mautner Markhof. Dieser hielt sich, als sich die beiden mächtigsten Männer der Welt am Ende der Festivität anschickten, das Schloss zu verlassen, im großen Spiegelsaal auf. Kennedy, der während des ganzen Abends einem Porträt Kaiser Franz Josephs gegenüber gesessen war, sah nun Mautner Markhof mit seinem mächtigen Backenbart leibhaftig vor sich stehen. Der Präsident der Vereinigten Staaten von Amerika ging auf ihn zu, reichte ihm die Hand und sagte: »Thank you very much!«

Manfred Mautner Markhof war in seinem Leben in zwei schwere Autounfälle – in beiden Fällen schuldlos – verwickelt. Als er den ersten mit schwersten Verletzungen knapp überstanden hatte, erhielt er den Besuch des damaligen Bundespräsidenten Theodor

Seine Leidenschaft für Autos wurde ihm zum Schicksal: Herrenfahrer Manfred Mautner Markhof (1903–1981), hier mit Ehefrau Maria

Körner. An seinem Krankenbett stehend, fragte das Staatsoberhaupt den anwesenden Klinikchef Lorenz Böhler, wie es um den Patienten stünde. »Herr Bundespräsident«, antwortete der berühmte Arzt, »in meiner nun wirklich umfangreichen Praxis ist dies der erste Fall, dass ich einen Menschen mit derartigen Verletzungen lebend durchgebracht habe.«

Worauf Körner erwiderte: »Na also, da haben wir's – sogar da hat der Mautner Markhof Protektion!«

Dreißig Jahre später hatte er diese »Protektion« nicht mehr. Manfred Mautner Markhof starb am 4. Jänner 1981 im Alter von 78 Jahren an den Folgen seines zweiten Autounfalls.

Den Konzern gibt es als *Brau AG* und als Lebensmittelfabrik immer noch, doch ist er nicht mehr im Besitz der Familie, deren große Zeit nun wohl endgültig vorbei sein dürfte. Denn es ist mehr als fraglich, ob es je wieder einen in der Familie geben wird, der alles zurückkaufen kann.

LIEBESGESCHICHTEN UND HEIRATSSACHEN

Nestroys familiäre Probleme

Der junge Mann hatte vor nicht allzu langer Zeit sein Jusstudium abgebrochen und ein Engagement als Opernsänger am Wiener Kärntnertortheater angetreten. Davon, dass er einmal Österreichs bedeutendster Volksdichter und der populärste Komödiant seiner Zeit sein würde, war noch keine Rede. Irgendwo bei einem Provinzgastspiel verstand es eine attraktive Kollegin, mit der er auf der Bühne stand, ihm den Kopf zu verdrehen. Sie nannte sich Wilhelmine von Nespiesny, hieß in Wahrheit Zwettlinger und litt ihr Leben lang darunter, als uneheliche Tochter des Grafen Franz Josef von Zichy nicht jene gesellschaftliche Anerkennung zu finden, die ihr ihrer Meinung nach zustand. Zwar war Johann Nestroy kein Aristokrat, aber Fräulein von Nespiesny spürte, dass sie als Frau dieses talentierten jungen Mannes einen sozialen Aufstieg nehmen könnte. Da bald ein Kind unterwegs war, traten der 22-jährige »Herr Johann Nep. Nestroy, k. k. Opernsänger« und die 19-jährige »Jungfrau Wilhelmine von Nespiesny« vor den Traualtar.

Das war, laut Trauungsbuch der Wiener Augustinerkirche, am 7. September 1823, und an diesem Tag begann das ganze Unglück – für beide.

»Ja, die Lieb, das is die Köchin, die am meisten anrichtet in der Welt.« *

---

* Aus der Nestroy-Posse »Die verhängnisvolle Faschingsnacht«, 1839.

Nestroy tingelte weiterhin durch die Lande und verlegte seine Karriere von der Oper zum Schauspiel. Als er im vierten Jahr seiner Ehe in Graz engagiert war, wurde er von Wilhelmine begleitet, die – da sie selbst nicht auftrat – ihre reichliche Freizeit in angenehmer Atmosphäre zu verbringen trachtete. Um den zweijährigen Gustav kümmerte sich derweilen ein Kindermädchen.

In Graz sah Frau Nestroy die Chance ihres Lebens gekommen, als sie einen echten Grafen kennen lernte, der noch dazu wie ihr längst von der Bildfläche verschwundener Vater einem ungarischen Geschlecht entstammte. Für den Grafen Batthyány wiederum hatte die Affäre mit einer Schauspielerin etwas verboten Anrüchiges. Man kam sich rasch nahe, zumal der gute Johann Nepomuk ohnehin den ganzen Tag auf der Probe stand.

*»Zuviel plauschen die Weiber erst, wenn sie alt sind. Wenn sie jung sind, verschweigen sie einem zuviel.«**

Nach der Premiere erlebte Nestroy dann eine der größten Enttäuschungen seines Lebens: Seine Frau ging mit Batthyány durch und ließ ihn in Graz zurück. Auch um ihren kleinen Sohn hat sie sich nie wieder gekümmert, der blieb in der Obhut seines viel beschäftigten und in jeder Weise überforderten Vaters.

Der Schock saß tief beim sitzen gelassenen Nestroy. Dass Frauen betrogen wurden, war damals durchaus üblich – aber einen feschen und wohlbestallten Mann zu hintergehen, das war ein Skandal. Doch die Verlockung, einem echten Grafen zu erliegen, war einfach zu groß für die falsche Gräfin, die eine traumatische Sehnsucht nach der väterlichen Welt des Adels hatte. Jetzt, dachte sie, würde sie endlich der wirklich feinen Gesellschaft angehören, nach der sie

---

* Aus der Posse »Kampl«, 1852.

Graz war sein Schicksal: Hier verließ ihn seine Gemahlin, hier lernte er die Frau fürs Leben kennen – und hier ist er auch gestorben: Johann Nepomuk Nestroy

sich immer gesehnt hatte, und nicht mehr dem etwas zwielichtigen Theatervölkchen. Mag sein, dass Nestroy an den geckenhaften Batthyány gedacht hat, als er eine seiner Figuren verächtlich sagen ließ:

»*Wenn der sich's Brot verdienen müsst! Für manchen Menschen is es a wahres Glück, wenn er a Graf is!*«*

Um den so schmählich verlassenen Nestroy brauchte man sich indes keine Sorgen machen, der wusste sich schnell zu trösten. Für einen jungen Mann am Theater war's nicht allzu schwer, sich in neue Abenteuer zu stürzen, und er machte heftigst Gebrauch davon, wenn er jetzt in Pressburg, Brünn, Klagenfurt und Lemberg gastierte, ehe er wieder nach Graz kam, wo sich durch einen Auftritt am 15. Dezember 1827

---

* Aus der Posse »Mein Freund«, 1851.

sein Leben verändern sollte. Er spielte den Sansquartier in Louis Angelis Posse *Sieben Mädchen in Uniform* am Ständischen Schauspielhaus Graz, an dem er die 18-jährige Schauspielerin Marie Weiler – die in Wirklichkeit Lacher hieß – kennen lernte.

Lacher, was für ein Nestroy'scher Name für die Geliebte eines Satirikers! Jedenfalls war es einmal mehr die steirische Metropole, die Einfluss auf sein Schicksal nehmen sollte.

Marie Weiler war nicht ganz so hübsch wie seine Ehefrau, aber von ihr ging ein eigener Reiz aus, dem sich der junge Nestroy nicht entziehen konnte. Außerdem gab's da noch Johanns kleinen Sohn Gustav, dessen sich Marie annahm. Hübsche, kokette Mädeln gab's viele am Theater, aber kaum eine wäre bereit gewesen, einen dreijährigen Knaben in eine Beziehung mit einzubeziehen.

»Die Frau«, wie er sie Dritten gegenüber stets nannte, wurde die große Stütze im Leben des Johann Nestroy, und sie schenkte ihm zwei weitere Kinder, Karl und Maria Cäcilia.

Der Dichter schätzte und achtete Marie Weiler, was allerdings keineswegs bedeutete, dass er ihr auch treu war. Auf irgendeiner Bühne gab er ein Motto von sich, das offensichtlich auch sein eigenes war:

»Ich werd mich auch nie verlieben, ich geb nur so hin und wieder Gastrollen beim schönen Geschlecht.« *

Spätestens seit er mit der Uraufführung der Zauberposse *Lumpazivagabundus* am 11. April 1833 im Theater an der Wien seinen großen Durchbruch feierte, war Nestroys steile Karriere vorgezeichnet. In jedem Stück, das er nun schrieb, baute er eine Rolle für »die Frau« ein, Verträge schloss er überhaupt nur ab, wenn sie mit ihm engagiert wurde.

---

* Aus der Posse »Die Gleichheit der Jahre«, 1834.

Er verdiente als Dramatiker, Schauspieler und später auch als Theaterdirektor viel Geld, das Marie Weiler geschickt anzulegen verstand. Sie war ihm 35 Jahre lang Geliebte, Hausfrau, Mutter seiner Kinder, aber auch künstlerische Beraterin und Verwalterin seines Vermögens.

Apropos Vermögen. Über die Kluft zwischen arm und reich hat er sich in vielen Stücken seine Gedanken gemacht.

»Wenn die reichen Leut nicht wieder Reiche einladeten, sondern arme Leut, dann hätten alle genug zu essen.« *

Nestroy war über weite Teile seines Lebens ein wohlhabender Mann. Was Marie Weilers schauspielerische Qualitäten betraf, erkannte er ihre Grenzen und schrieb immer nur kleinere Rollen für sie – ihre größte war die der verwitweten Gärtnerin Flora Baumscheer im *Talisman*.

Im Jahre 1858 war Johann Nestroy 57 Jahre alt. Stücke wie *Einen Jux will er sich machen, Liebesgeschichten und Heiratssachen, Der Zerrissene* oder *Frühere Verhältnisse* brachten Sensationserfolge, und seine Gastspiele, die ihn bis nach Paris führten, hatten ihn zu einem berühmten Mann gemacht, der in gesicherten Verhältnissen leben konnte. Ein in der damaligen Zeit dunkler Punkt seines bürgerlichen Daseins war jedoch die uneheliche Herkunft der beiden Kinder, die Marie Weiler ihm geschenkt hatte. Nestroy fasste sich deshalb ein Herz und suchte beim k. k. Obersthofmeisteramt um Audienz beim Kaiser an, um den mittlerweile 27-jährigen Karl und die 18-jährige Maria Cäcilia mit allerhöchstem Einverständnis legitimieren zu lassen. Der Dichter wurde tatsächlich von Kaiser Franz Joseph empfangen und soll, gleich nach der Begrüßung in der Wiener Hofburg, gestöhnt haben: »Majestät, i bitt untertänigst um Entschuldigung, aber mir scheint, i werd ohnmächtig.« Anderen Quellen zufolge soll

---

* Aus der Posse »Zu ebener Erde und erster Stock«, 1835.

Geliebte, Hausfrau und Mutter seiner Kinder, künstlerische Beraterin, Schauspielerin, Verwalterin seines Vermögens: Marie Weiler

er wirklich das Bewusstsein verloren haben. Jedenfalls bot ihm der Kaiser einen Stuhl an und ließ die Stirn des prominenten Besuchers durch einen Kammerdiener mit Kölnischwasser beträufeln. Danach wurde Nestroys Ansuchen in einem »Gnadenakt« positiv erledigt. Und das, obwohl er zehn Jahre davor mit seiner Revolutions-Posse *Freiheit in Krähwinkel* ein Habsburg-kritisches Stück verfasst hatte.

Von nun an durften auch seine beiden Kinder den Namen Nestroy tragen, womit dem gutbürgerlichen Schein der Familie Rechnung getragen wurde. Gutbürgerlich war ja auch die Herkunft des Johann Nepomuk Nestroy. Am 7. Dezember 1801 als zweites von acht Kindern in Wien zur Welt gekommen, war er dazu ausersehen, die Kanzlei seines Vaters Johannes Nestroy als Hof- und Gerichtsadvokat zu übernehmen. Doch die Theaterleidenschaft des lebensfrohen und zu Übermut neigenden Studenten ließ das nicht zu.

Stammbaum der Familie Nestroy
(Auszug)

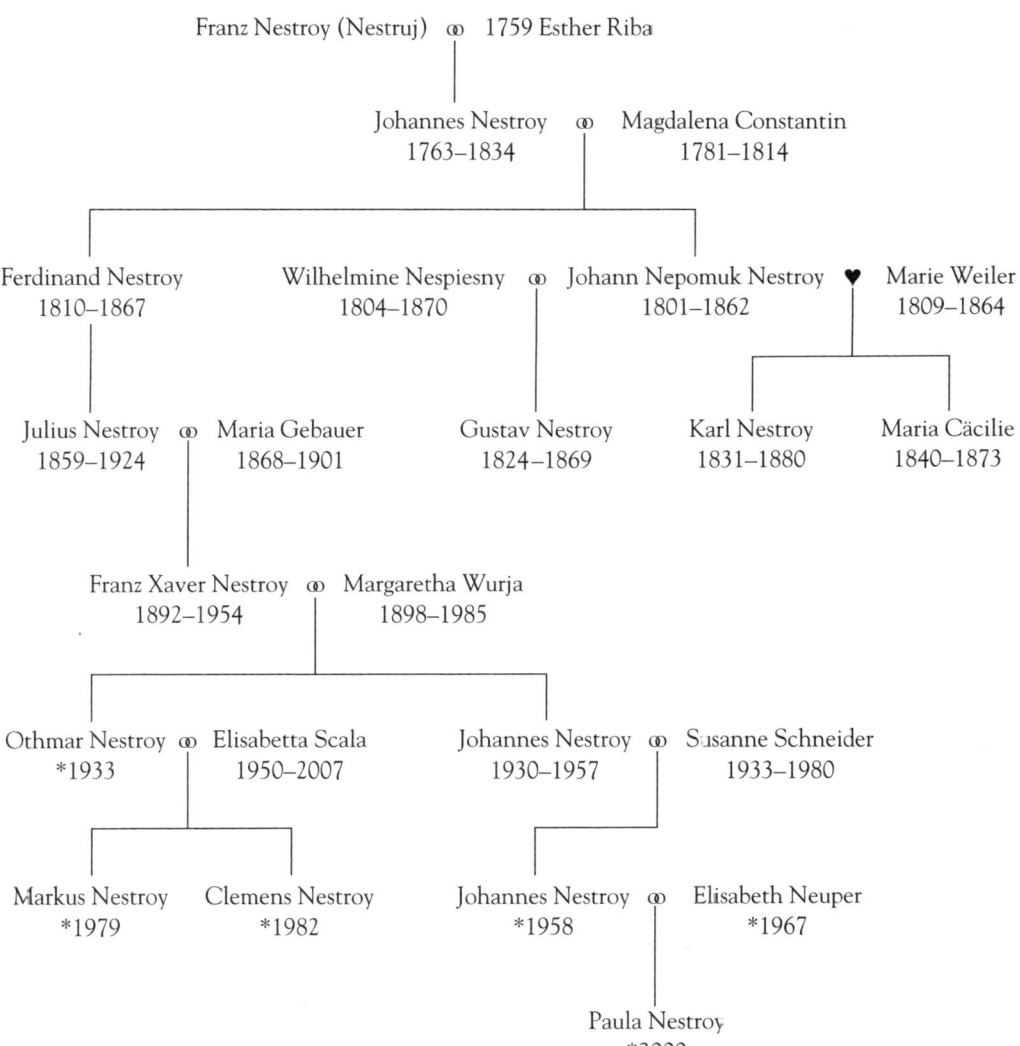

Franz Nestroy (Nestruj) ∞ 1759 Esther Riba

Johannes Nestroy ∞ Magdalena Constantin
1763–1834   1781–1814

Ferdinand Nestroy   Wilhelmine Nespiesny ∞ Johann Nepomuk Nestroy ♥ Marie Weiler
1810–1867   1804–1870   1801–1862   1809–1864

Julius Nestroy ∞ Maria Gebauer   Gustav Nestroy   Karl Nestroy   Maria Cäcilie
1859–1924   1868–1901   1824–1869   1831–1880   1840–1873

Franz Xaver Nestroy ∞ Margaretha Wurja
1892–1954   1898–1985

Othmar Nestroy ∞ Elisabetta Scala   Johannes Nestroy ∞ Susanne Schneider
*1933   1950–2007   1930–1957   1933–1980

Markus Nestroy   Clemens Nestroy   Johannes Nestroy ∞ Elisabeth Neuper
*1979   *1982   *1958   *1967

Paula Nestroy
*2000

Nestroys Theaterleidenschaft sollte auf keines seiner Kinder übergehen:

- Der ehelich geborene Sohn Gustav wurde Beamter der Nordbahn und starb im Alter von 45 Jahren.
- Sohn Karl brachte es in der k. k. Armee zum Hauptmann, heiratete 1880 die Wienerin Stefanie von Bene und starb, 49 Jahre alt, zwei Monate nach der Hochzeit.
- Nestroys Tochter Maria Cäcilia ehelichte den k. k. Major Karl Sluka, ihr 1861 geborenes Kind starb zwei Wochen nach der Geburt, sodass es in der direkten Linie des Dichters keine Nachkommen gibt. Maria Cäcilia wurde nur 33 Jahre alt.

Von den sieben Geschwistern Nestroys erreichten vier das Erwachsenenalter:

- Sein ältester Bruder Karl Korbinian Nestroy wurde niederösterreichischer Landesbeamter und starb 35-jährig an Herzlähmung.
- Nestroys Schwester Franziska hatte ein Schicksal, das einem Nestroy-Stück entnommen sein könnte: Ihr Mann Ignaz Franz »Edler von« Hoffmann wurde als Hochstapler entlarvt und wegen Banknotenfälschung zu einer dreijährigen Gefängnisstrafe verurteilt. Sie beantragte die Scheidung und versuchte sich – mit mäßigem Erfolg – als Opernsängerin, ehe sie 1866 im Alter von 63 Jahren starb.
- Nestroys jüngster Bruder Ferdinand sorgte dafür, dass der Name Nestroy nicht ausgestorben ist. Er war k. k. Hauptmann und hatte mit seiner Frau Friederike sechs Töchter und drei Söhne. Die heute lebenden Nestroys sind ausschließlich Nachkommen von Ferdinands Söhnen Gustav und Julius:
- Othmar Nestroy ist der Ur-Großneffe des Dichters und Professor

a. D. an der Technischen Universität Graz mit den Spezialgebieten Agrargeografie und Bodenökologie.

- Dessen Neffe Johannes Nestroy lebt als Facharzt für Urologie in Graz.

Fast alle Nachkommen waren also Offiziere, Akademiker oder Beamte, aber in Johann Nepomuks Fußstapfen ist keiner getreten. Einzig Othmar Nestroys älterer Sohn Markus, der ein Schauspielstudium absolvierte, hat dies zumindest vor.

Der Traum von Nestroys Ehefrau Wilhelmine, an der Seite eines Grafen einen gesellschaftlichen Höhenflug zu erleben, ist nicht in Erfüllung gegangen. Wie einst ihre Mutter, die dem Grafen Zichy fünf illegitime Kinder geschenkt hatte und mit dem Notariatsgehilfen Franz Wilhelm Zwettlinger verheiratet war, blieb auch Frau Nestroy als Geliebte eines Aristokraten die Aufnahme in die große weite Welt, die ihr so wichtig war, versagt. Darüber hinaus musste sie mit ansehen, wie ihr verlassener Ehemann an der Seite einer anderen Frau reich und berühmt wurde. 1845, fast zwei Jahrzehnte nach der Trennung, war es Nestroy gelungen, die offizielle Scheidung von Wilhelmine zu erreichen. Im Gegenzug dazu verpflichtete er sich zu einer lebenslangen Unterhaltszahlung, die ihn – wohl nicht nur auf der Bühne – zu der Erkenntnis brachte:

*»'s Sitzenlassen is immer billiger als 's Heiraten.«**

Bald nach der Scheidung ließ er seine Ex-Frau wegen angeblicher Verschwendungssucht entmündigen und vermied jeden weiteren Kontakt mit ihr. Indes war die Beziehung mit Marie Weiler schweren Krisen unterworfen. Nestroy war zweifellos sex- und bezie-

---

* Aus der Posse »Der Unbedeutende«, 1846.

hungssüchtig, er ließ keine Gelegenheit aus, sich in Affären mit jungen Schauspielerinnen einzulassen – wozu er als Theaterdirektor* genügend Gelegenheiten hatte. »In den Scenen, in denen er nicht beschäftigt war, zog er sich in seine Garderobe zurück – nicht selten in angenehmer Gesellschaft«, erinnerte sich der Dichter Eduard von Bauernfeld noch sechzehn Jahre nach Nestroys Tod in der *Neuen Freien Presse*.

In einem Vaterschaftsprozess gab die siebzehnjährige Schauspielerin Rosa W. im Jahre 1859 an, dass Direktor Nestroy der Vater ihres Kindes sei. Dieser erklärte vor Gericht, sich Rosas Gunst mit mehreren Herren geteilt zu haben und machte sich erbötig, zumindest fünf von ihnen namentlich zu nennen. Doch es half nichts: Verführung und Vaterschaft wurden anerkannt und Nestroy zur Zahlung von Unterhalt, Verdienstentgang und einer Entschädigung für Rosas »verlorene Frische der Jugend« verurteilt.

Zur Finanzierung seiner Amouren hatte Nestroy ein eigenes System geschaffen. Da Marie Weiler auch seine Buchhaltung führte, ließ er sich das Honorar für seine Gastspiele auf komplizierte Weise auszahlen: Das offizielle Honorar ging an »die Frau«, den Rest streifte er selbst ein, um sein aufwendiges Doppelleben bestreiten zu können. Nicht wenigen Choristinnen und Jungschauspielerinnen zahlte er die Miete ihrer Wohnungen, die meist in der Nähe des jeweiligen Theaters lagen. Abgesehen davon, war er auch ein leidenschaftlicher Kartenspieler, was sich ebenfalls mit hohen Ausgaben zu Buche schlug.

In einigen Fällen kam es vor, dass Nestroy – wenn er eine Beziehung zu beenden versuchte – von der jeweiligen Liebschaft erpresst

---

* Nestroy war von 1854 bis 1860 Direktor des Wiener Carltheaters.

wurde. Der Schauspielerin Karoline Köfer unterstellte er, die Urheberin eines anonymen Briefs an Marie Weiler zu sein, in dem diese über seine Untreue informiert wurde. Nestroy wies daraufhin den Theatersekretär Franz Treumann an, »der intriganten Mademoiselle Köfer die sofortige Auflösung der Beziehung mitzuteilen und ihr eine Abfindung von 500 Gulden auszuzahlen sowie weitere 300 Gulden, so sie ihm seine Liebesbriefe retournieren würde.«

Marie Weiler wurden Nestroys Seitensprünge immer wieder zugetragen. Zweimal beendete sie die Beziehung, doch flehte er sie jedes Mal unter Ausrufung aller heiligen Eide an, zu ihm zurückzukehren, und er schwor, dass Ähnliches nie wieder vorkommen würde. Dies gelang in beiden Fällen.

Johann Nepomuk Nestroy hat 84 Stücke geschrieben und 880 Rollen gespielt. Er beschloss im Alter von 59 Jahren, aus Wien wegzugehen, seinen Lebensabend gemeinsam mit Marie in Graz zu verbringen und nur noch vereinzelt bei Gastspielen aufzutreten. Und wieder wurde ihm Graz zum Schicksal.

Am 25. Mai 1862 ist er in der Stadt, in der ihn seine Gemahlin verlassen und in der er die Frau fürs Leben gefunden hat, an den Folgen eines Schlaganfalls gestorben.

Im Tode muss Wahrheit sein, schon deswegen weil er der Gegensatz vom Leben is.« *

Aus dem Testament, das Nestroy am 30. Jänner 1861 in Graz aufgesetzt hatte, geht klar hervor, wer in seinem Leben die zentrale Rolle spielte: »Als Universalerbin ernenne ich Frl. Marie Weiler, die treue Freundin meiner Tage, welche durch aufopferndes Wirken das

---

* Aus der Posse »Kampl«, 1852.

Meiste zur Erwerbung meines Vermögens* beygetragen hat. Selbstverständlich wird von dieser Universal-Erbschaft vorher der Pflichtteil meiner drey Kinder in Abzug gebracht.«

Auch für die Ex-Frau hat Nestroy in seinem Testament gesorgt: »Als Zahlungsverpflichtung übernimmt Frl. Marie Weiler nach meinem Tode den Alimentationsbetrag an die von mir gerichtlich geschiedene Ehegemahlin Wilhelmine Nestroy, so wie dieses bey meinen Lebzeiten geschehen, an den Kurator der Benannten, Herrn von Schaumburg, bis zum Ableben derselben zu entrichten.«

Letztlich zeigt Nestroy sich sogar in seinem Testament als großer Satiriker, wenn er schreibt: »Das Einzige, was ich beym Tode fürchte, liegt in der Idee der Möglichkeit des Lebendigbegrabenwerdens. Unsere Gepflogenheiten gewähren in dieser höchst wichtigen Sache eine nur sehr mangelhafte Sicherheit. – Die Todtenbeschau heißt so gut wie gar nichts, und die medizinische Wissenschaft ist leider noch in einem Stadium, dass die Doctoren – selbst wenn sie einen umgebracht haben – nicht einmal gewiss wissen, ob er todt ist.«

Marie Weiler überlebte Nestroy um zwei Jahre, ihre sterblichen Überreste wurden an seiner Seite in einem Ehrengrab der Stadt Wien beigesetzt.

Wilhelmine Nestroy suchte nach dem Tod ihres Ex-Mannes um Aufhebung der Entmündigung an, wurde vom Gericht jedoch abgewiesen. Sie starb 1870 im Alter von 66 Jahren. Als einsame und vom Leben gezeichnete Frau.

---

* Als Höhe seines Vermögens gibt Nestroy 97 000 Gulden an. Dies entspricht laut »Statistik Austria« im Jahre 2010 einem Betrag von rund 1,1 Millionen Euro.

WER WAR DIE TANTE JOLESCH?

Eine Spurensuche

Sie ist Österreichs berühmteste Tante. Dabei weiß kaum jemand, ob sie überhaupt gelebt hat. Und wenn ja, wo und wann.

»Was a Mann schöner is wie ein Aff, is ein Luxus«, lautet ihr wohl meistzitierter Ausspruch. Wer aber war die Tante Jolesch, die durch Friedrich Torberg zur Personifizierung jüdischen Humors wurde? Ich begab mich auf Spurensuche.

Torberg hat uns zwar viele Anekdoten von der Tante Jolesch und ihrer Familie hinterlassen, ohne aber mit genaueren biografischen Angaben dienlich zu sein. So viel steht jedoch fest: Sie hat wirklich gelebt, die Tante Jolesch ist keineswegs das Ergebnis dichterischer Freiheit. Friedrich Torberg selbst hat sie nie kennen gelernt, er war aber mit ihrem Neffen Franz befreundet, der in den letzten Jahren der Monarchie als »Seiner Majestät schönster Leutnant« galt.

Friedrich Torberg hat in seinem Freundeskreis oft vom Franz Jolesch gesprochen. Und dieser Franz war es auch, der ihm die Aussprüche seiner Tante überliefert hat. Torberg wiederum erzählte diese Geschichten seinem Freund Gerhard Bronner so lange, bis der eines Tages zu ihm sagte: »Jetzt kenn ich das alles schon, mach endlich ein Buch draus.«

So berichtete Franz Jolesch – um ein Beispiel zu nennen – seiner Tante einmal, er sei auf regennasser Straße mit dem Wagen ins Schleudern gekommen, wobei es »noch ein Glück war, dass ich nicht auf die Gegenfahrbahn gerutscht bin, sondern ins Brückengeländer«.

Da erwiderte die Tante: »Gott soll einen behüten davor, was noch ein Glück ist.«

Die Tante Jolesch wurde zur Symbolgestalt für einen Teil jener 200 000 Juden, die zwischen den beiden Weltkriegen in Wien lebten. Während sie aus gutbürgerlichem Milieu stammte, waren ihre Glaubensgenossen auch in ganz anderen Gesellschaftsschichten zu Hause – bei den bettelarmen, aus Galizien geflüchteten »Schtetl-Juden« ebenso wie unter den reichen Kaufleuten und unter Berühmtheiten wie Sigmund Freud, Max Reinhardt, Arthur Schnitzler, Hugo von Hofmannsthal und Arnold Schönberg.

Sicher ist, dass die Tante Jolesch – deren Vorname bisher nicht zu eruieren war – einen Mann hatte. Von ihm wissen wir, dass er auch im fortgeschrittenen Alter noch Wert auf elegante Kleidung legte. Als sich der »Onkel Jolesch« nämlich einen teuren Mantel schneidern lassen wollte, erklärte seine Frau: »Ein Siebzigjähriger lässt sich keinen Überzieher machen. Und wenn, soll ihn der Franz gleich mitprobieren.«

Wie aber hat die Tante Jolesch ausgesehen?

In ihrem Gesicht drückten sich »Güte, Wärme und Klugheit aus«, schreibt Torberg, »aber schön war sie nicht«. Fest steht, dass der Autor, ehe sein Kultbuch 1975 erstmals in Druck ging, dem *Langen Müller Verlag* ein Foto der Tante Jolesch vorlegte. Doch dem Lektor gefiel das Bild nicht, weshalb eine Zeichnung angefertigt wurde, die auf dem Umschlag platziert wurde, aber keinerlei Ähnlichkeit mit der Originaltante aufwies.

Als einige Jahre später bei *Donauland* eine Lizenzausgabe des inzwischen zum Bestseller avancierten Buches erschien, tauchte das Foto der Tante Jolesch neuerlich auf – und gelangte diesmal tatsächlich aufs Cover. Es ist mit hoher Wahrscheinlichkeit anzunehmen, dass es sich hier um die echte Tante handelte.

Das einzige Foto der Tante Jolesch (Zweite von rechts), im Kreise ihrer Familie

Ein Großteil der von Torberg erzählten Anekdoten handelt gar nicht von der Tante Jolesch selbst, sondern von legendären Kaffeehausliteraten wie Karl Kraus, Peter Altenberg, Anton Kuh, Egon Friedell oder Alfred Polgar, der einmal – so Torberg – von einem lästigen Menschen auf der Straße gefragt wurde: »In welche Richtung gehen Sie?«

Worauf Polgar antwortete: »In die entgegengesetzte!«

Doch die Aussprüche der Tante Jolesch stehen jenen ihrer prominenten Zeitgenossen an Originalität um nichts nach. »Alle Städte sind gleich«, hatte sie herausgefunden, »nur Venedig is e bissele anders.«

Ihre Geschichten fanden wohl auch deshalb Eingang in den allgemeinen Sprachgebrauch, weil sich in ihnen Wehmut und Heiterkeit auf einzigartige Weise vereinen. Nichts symbolisiert die Aufbruchstimmung der jungen Republik und das sich gleichzeitig abzeichnende, nahende Ende treffender als Torbergs *Untergang des Abendlandes in Anekdoten*.

Im *Wiener Telefonbuch* des Jahres 1925 sind drei Teilnehmer mit Namen Jolesch verzeichnet. Einer dieser Anschlüsse sollte uns zu ihrer Familie führen.

Jolesch Alexander, Wohnung, XIX/2, Probusg. 3. **12-7-35**
Jolesch Ernst, Strick- u. Raschel- warenerzeugung, XII/2, Thunhofg. 9/11. **80-2-99**
Jolesch Julius, Gen.Dir. d. Textil- werke Mautner A. G., IX/2. Michel- bauerng. 9a. **24-0-95** Wohnung, I., Franz-Josefs Kai 53. **64-1-28**

Auszug aus dem Amtlichen Wiener Telefonbuch, Jahrgang 1925

Gefühlsmäßig löste bei mir die letzte Eintragung – »Jolesch Julius, Gen. Dir. d. Textilwerke Mautner A.G.« den stärksten »Verdacht« aus. Wo aber ansetzen bei den weiteren Recherchen, zumal sich im Melderegister der Stadt Wien heute kein einziger Teilnehmer namens Jolesch findet?

Ein Gespräch mit Judith Pór-Kalbeck sollte mich dann um ein gutes Stück weiterbringen. Sie war die Witwe des bekannten Schriftstellers Florian Kalbeck, der mütterlicherseits aus der Wiener Industriellenfamilie Mautner stammte.

»Ja«, sagte Frau Pór-Kalbeck spontan, »mein Mann hat des Öfteren von der Tante Jolesch gesprochen – damals, in den Siebzigerjahren, als sie durch Friedrich Torbergs Buch berühmt geworden ist. Und er hat mir erzählt, dass sie die Frau vom Generaldirektor in der Textilfabrik seines Großvaters Isidor Mautner war.«

Womit wir einen großen Schritt weitergekommen wären. Noch

aber kennen wir weder Vornamen noch Herkunft unserer Hauptperson, der Tante Jolesch.

Das Matrikelamt der *Israelitischen Kultusgemeinde* in der Wiener Seitenstettengasse wurde zur nächsten Station meiner Nachforschungen. Und hier, genau genommen im dort aufliegenden Trauungsbuch, sollte sich das Rätsel vollends lösen.

In diesem Buch findet sich am 25. Dezember 1893 eine Eintragung bezüglich der Hochzeit des Fabrikdirektors Julius Jolesch, geboren in Iglau am 18. Februar 1862. Und jetzt kommt's: Seine Braut hieß Gisela Salacz, geboren im ungarischen Städtchen Großwardein am 4. Dezember 1875, wohnhaft bis zu ihrer Eheschließung in Wien IX., Stroheckgasse 2.

Sie ist die Tante Jolesch.

Gisela Jolesch wurde zum Zeitpunkt ihrer Heirat natürlich noch lange nicht Tante gerufen – war sie doch damals erst achtzehn Jahre alt und damit um dreizehn Jahre jünger als ihr Mann. Giselas Vater war der in Budapest ordinierende praktische Arzt Siegmund Salacz, ihre Mutter hieß Fanni und war eine geborene Schwarz. Als Trauzeugen des Ehepaares Julius und Gisela Jolesch sind im Heiratsbuch der Rechtsanwalt Eugen Weinberger aus Budapest und der Wiener Arzt David Podzabradsky eingetragen.

Somit ist uns jetzt, mehr als drei Jahrzehnte nach Erscheinen des nach ihr benannten Buches, zum ersten Mal die Identität der Tante Jolesch bekannt. Die Identität jener Tante also, der – um noch einmal Torberg zu zitieren – in ihren späteren Jahren aus dem Familienkreis die Frage gestellt wurde: »Stell dir vor, Tante, du sitzt in einem Gasthaus und weißt, dass du nur noch eine halbe Stunde zu leben hast. Was bestellst du?«

»Etwas Fertiges«, erklärte die Tante prompt.

Julius und Gisela Jolesch: Eintragung im Trauungsbuch 1893

Selbst als es dann von ihr Abschied zu nehmen galt, hinterließ uns Frau Gisela Jolesch einen bemerkenswerten Satz. Ihre Nichte Louise fragte sie an ihrem Totenbett: »Tante – ins Grab kannst du das Rezept nicht mitnehmen. Willst du uns nicht endlich sagen, wieso deine Krautfleckerln immer so gut waren?«

»Weil ich nie genug gemacht hab«, sprach die Tante, lächelte und verschied.

Das war im Jahre 1932, als sie, so Friedrich Torberg, »friedlich und schmerzlos, von der Familie umsorgt, zu Hause und im Bett« gestorben ist. »Wie damals noch gestorben wurde (und wie es bald darauf so manchem ihrer Angehörigen nicht mehr vergönnt war).«

Wenn ich mir bei der Lektüre des Torberg-Klassikers die Tante Jolesch vorgestellt habe, dann war das immer eine ziemlich betagte Dame mit sehr vielen Falten im Gesicht. Gisela Jolesch ist aber nur 57 Jahre alt geworden.

»Sie dürfen nicht wissen, woher ich komme«

Familie Hitler

Wie sieht das familiäre Umfeld eines Menschen aus, der als Massenmörder Geschichte schreibt? Wie wächst er auf, wie wird er erzogen, wer sind seine Eltern?

Auf den ersten Blick erscheinen die Hitlers als eine Familie wie viele andere auch. Die Vorfahren des »Führers« weisen weder spezielle Begabungen noch irgendwelche besonderen kriminellen Energien auf, und inzestuöse Beziehungen wie sie hier vorkommen, waren gang und gäbe. Adolf Hitler wird am Karsamstag, dem 20. April 1889, in Braunau am Inn in eine Familie hineingeboren, die durch die Beamtenposition des Vaters über eine gesicherte soziale Stellung verfügt.

Die mittelalterliche Stadt Braunau mit ihren damals dreitausend Bewohnern wurde zum Geburtsort, weil der Vater als Zollbeamter dorthin versetzt worden war. Hitlers Wurzeln väterlicher- wie mütterlicherseits liegen im Waldviertel, wo heute noch entfernte Angehörige der Familie leben.

- Der Vater. Alois Hitler kommt am 7. Juni 1837 als Sohn der Anna Maria Schicklgruber in der Gemeinde Döllersheim bei Zwettl im Waldviertel unehelich zur Welt. Er hieß also Schicklgruber, und wer sein Vater ist, kann nicht mit Sicherheit eruiert werden. Der Bauer Johann Nepomuk Hiedler aus Weitra kommt dafür ebenso in Frage wie dessen Bruder, der vagabundierende Knecht Johann Georg Hiedler. Eine dritte Variante, des »Führers« Großvater sei ein jüdischer Kaufmann namens Frankenberger, in dessen Haushalt Anna Maria Schicklgruber beschäftigt gewesen sei, ist widerlegt. Diese, von einigen Biografen verbreitete Behauptung entspringt der antisemitisch geprägten Fantasie, der zufolge »die Juden« sogar an Hitler schuld wären.

Als Alois fünf Jahre alt ist, heiratet seine Mutter den Knecht Johann Georg Hiedler, einen der beiden möglichen Väter. Alois heißt jedoch, da er nicht adoptiert wird, weiterhin Schicklgruber. Er geht nach absolvierter Volksschule in eine Schusterlehre nach Wien, wo er mit sechzehn Jahren die Gesellenprüfung ablegt. Danach bewirbt er sich erfolgreich um eine Anstellung in der Finanzverwaltung, die ihn später, bereits als »Zoll-Controlleur«, nach Braunau versetzt. 1876 ändert der mittlerweile fast vierzigjährige Alois Schicklgruber den Namen, weil er laut Testament seines Onkels – und möglichen Vaters – Johann Nepomuk Hiedler sein Erbteil nur unter der Bedingung einer Namensänderung von Schicklgruber auf Hiedler erhält. Die verschiedenen Schreibweisen Hüttler, Hiedler, Hittler und Hitler waren im 19. Jahrhundert innerhalb der Familie gebräuchlich und dürften auf zum Teil fehlerhaft ausgefüllte Dokumente im Pfarramt von Döllersheim im Waldviertel zurückzuführen sein.

Die mögliche Grußformel »Heil Schicklgruber« wurde somit erst dreizehn Jahre vor Adolf Hitlers Geburt verhindert.

Alois Schicklgruber ist dreimal verheiratet. Klara Pölzl, die Mutter des »Führers«, ist seine dritte Frau. Von der ersten wurde er geschieden, die zweite starb an Tuberkulose. Alois Hitler, wie er nun heißt, wird als pflichtgetreu, fleißig, geistig rege und egozentrisch beschrieben, er ist sparsam, pedantisch, mitunter gewalttätig. Der »Führer« wird sich später widersprechen, wenn er seinen

*Der Vater: Sein
ursprünglicher Name
Schicklgruber wird erst
verändert, als er fast vierzig
Jahre alt ist: Alois Hitler
(1837–1903) in seiner
Uniform als Zollbeamter*

Vater einmal als »Haustyrann und Trunkenbold«, dann wieder als »hervorragenden Mann, vor dem ich größten Respekt hatte«, beschreibt. Sehr viel Kontakt dürften Vater und Sohn nicht zueinander gehabt haben, da Alois Hitler seine Freizeit eher am Stammtisch im Wirtshaus als zu Hause verbringt. Daran ändert sich nicht viel, als er aus beruflichen Gründen mit seiner Familie nach Passau, später nach Lambach und Leonding übersiedelt. Als Adolf im Jahre 1895 die erste Volksschulklasse besucht, geht Alois Hitler, zuletzt Leiter des Zollamts Linz, in Pension und widmet sich fortan verstärkt seinem Hobby, der Bienenzucht. Er stirbt 1903 im Alter von 65 Jahren, ab dann ist Adolf Hitler noch mehr auf die vergötterte Mutter fixiert.

• Die Mutter. Klara Hitler kommt am 12. August 1860 als Tochter des Kleinbauern Johann Baptist Pölzl und der Johanna Hüttler in

*Die Mutter: Klara
Hitler geb. Pölzl
(1860–1907) wird als
schlichte, arbeitsame
Hausfrau beschrieben,
die ihren Sohn Adolf
verwöhnt und verhätschelt*

Spital bei Weitra im Waldviertel zur Welt. Sie ist eine Cousine
zweiten Grades ihres späteren Mannes Alois Hitler, in dessen
erster Ehe sie seinen Haushalt führte. Als Alois Hitlers zweite Frau
im Sterben lag, holte er Klara neuerlich als Hilfskraft nach Braunau, um sie nach deren Tod zu heiraten. Die im Jänner 1885
geschlossene Ehe gilt, obwohl Alois zu Zornesbrüchen neigt, als
glücklich. Dies ist wohl auf Klaras Fügsamkeit zurückzuführen, die
der Heirat mit dem um 23 Jahre älteren Mann den gesellschaftlichen Aufstieg vom armen, einfachen Dorfmädchen zur Beam-
tensgattin verdankt. Klara wird als schlichte, arbeitsame Hausfrau
und liebevolle Mutter beschrieben.

Nach dem Tod ihres Mannes lebt Klara Hitler mit ihren Kindern
in Linz und kümmert sich fürsorglich um deren Erziehung. Adolf
wird von der sanftmütigen Mutter verwöhnt und verhätschelt und
wächst in der Rolle des Muttersöhnchens auf. Auch wenn er sich

1924 in seinem politischen Machwerk *Mein Kampf* dafür aus-
spricht, »den kleinen Sprössling über das Knie zu legen und zur
Vernunft zu bringen«, dürfte er – jedenfalls nach dem Tod des
Vaters – nicht mit familiärer Gewalt konfrontiert worden sein.

Der Psychoanalytiker Erich Fromm fasst Hitlers Herkunft 1974
so zusammen: »Für jemand, der an die stark vereinfachende For-
mel glaubt, dass die schlechte Entwicklung eines Kindes etwa der
›Schlechtigkeit‹ seiner Eltern proportional ist, bietet die Untersuchung des Charakters von Hitlers Eltern eine Überraschung.
Denn – soweit aus den uns bekannten Daten zu ersehen ist –
waren sowohl sein Vater als auch seine Mutter »stabile, wohlmei-
nende und nicht destruktive Leute.« Ohne es zu wollen, dürfte die
Mutter, meint Fromm, in Adolf, dem sie stets das Gefühl gab,
»etwas Besonderes zu sein«, die Anlage des Narzissmus' entfaltet
haben.

Ob Hitler mit einer psychischen Erkrankung genetisch vorbe-
lastet war, kann nicht beantwortet werden, da keine Informationen eventueller Nervenleiden seiner Ahnen vorliegen. Hitler-
Forscher und -Biografen gehen aber davon aus, dass bestimmte
Merkmale wie seine subjektive Gewissheit, er sei »vom Schicksal
auserwählt worden, das deutsche Volk von dessen gefährlichster
Bedrohung, den Juden«, zu befreien, Anzeichen für eine Psycho-
se oder für Schizophrenie sein könnten. Gleichzeitig warnen
Experten aber deutlich davor, Hitler als geisteskrank einzustufen,
weil dies dazu führen könne, ihn wenigstens zum Teil von seiner
Verantwortung zu entbinden.

Im Oktober 1907 erfährt Klara Hitler durch ihren jüdischen
Hausarzt Eduard Bloch von ihrer Brustkrebserkrankung, der sie
am 21. Dezember im Linzer Krankenhaus der *Barmherzigen Schwes-*

tern im Alter von 47 Jahren erliegt. Eduard Bloch erinnerte sich, »nie einen jungen Menschen so schmerzerfüllt gesehen zu haben« wie den 18-jährigen Adolf Hitler nach dem Tod seiner Mutter. Er hat mit ihr die zentrale Figur seines Lebens verloren und trägt von nun an – bis zur Stunde seines Todes im »Führerbunker« – immer ihr Bild bei sich. Später stellten Biografen die Mutmaßung an, Bloch hätte Hitlers Judenhass mitausgelöst, da er die geliebte Mutter nicht retten konnte. Dem widerspricht jedoch, dass Bloch nach 1938 von Hitler als »Edeljude« bezeichnet, unter Gestaposchutz gestellt und ihm gemeinsam mit seiner Frau die Ausreise in die USA ermöglicht wurde.

- Die Kindheit. Adolf Hitler sieht sich früh in einer »Herrscher-Rolle«, tut sich im Kreis seiner Spielgefährten als Rädelsführer hervor. Er lernt die Schwächen seiner Umwelt, im Besonderen der nachgiebigen Mutter, auszunützen, gefällt sich in Kriegsspielen und lebt in der Illusion, »mächtig« zu sein. Hitler strotzt vor übersteigertem Selbstbewusstsein und hält sich für begabter als alle anderen. Freundschaften lässt er nie zu – weder als Kind noch später. Einzig August Kubizek, sein Weggefährte aus Linzer und Wiener Tagen, kommt ihm über die gemeinsame Liebe zur Musik Richard Wagners ein wenig nahe. In seinem 1953 verfassten Buch *Adolf Hitler, mein Jugendfreund* meint Kubizek, er hätte schon sehr früh die für Hitler typische Intensität der Aggression und das offensichtlich unbegrenzte Vermögen zu hassen, festgestellt.

- Die Verwandtschaft. Hitlers Vater brachte in seine dritte Ehe mit Klara einen Sohn und eine Tochter aus seiner zweiten Ehe mit: Alois jun. wird zwei Mal wegen Diebstahls verurteilt und stirbt 1956 in Hamburg. Hitlers um sechs Jahre ältere Halbschwester Angela steht Adolf in der Kindheit am nächsten und ist das einzige Familienmitglied, zu dem er sich in seiner Zeit als Politiker öffentlich bekennen wird. Angela heiratet den Linzer Beamten Leo Raubal, mit dem sie drei Kinder hat – darunter die 1908 geborene Tochter Geli.

Hitler soll mit Geli Raubal, deren Vormund er einige Jahre gewesen ist, in einem inzestuösen Verhältnis gelebt haben. Fest steht, dass er sich mit ihr zwei Jahre eine Wohnung am Münchner Prinzregentenplatz teilte. In dieser Wohnung erschoss sich die 23-Jährige am 18. September 1931. Hitler behauptete, den Tod seiner Nichte nie überwunden zu haben, und ließ Gelis Zimmer unverändert und für Besucher unzugänglich.

Klara Hitler bringt sechs Kinder zur Welt, von denen vier früh sterben – nur Adolf und die um sieben Jahre jüngere Paula überleben. Als Hitler Reichskanzler ist, weist er Paula an, fortan inkognito zu leben. Sie wohnt ab 1938 unter dem Familiennamen Wolf in einer ärmlichen Dachkammer in Wien und hat mit ihrem Bruder – obwohl sie dem Regime nahe steht – kaum Kontakt. Nach dem Krieg von der US-Besatzung kurz in Gewahrsam genommen, behauptete sie, dass Adolf Hitler »mit den Verbrechen der NS-Zeit nichts zu tun hatte und von diesen auch nichts gewusst« hätte. Sie stirbt 1960 kinderlos im Alter von 64 Jahren in Berchtesgaden, nur wenige Kilometer von der ehemaligen »Alpenfestung« ihres Bruders entfernt.

Einige Groß- und Urgroßneffen Hitlers leben noch im Waldviertel, die Nachkommen seines Halbbruders Alois jun. auf Long Island in der Nähe von New York. Sie änderten nach 1945 den Namen Hitler und konnten ein Gerichtsurteil erwirken, demzufolge ihr angenommener Name in den Medien nicht verbreitet werden darf.

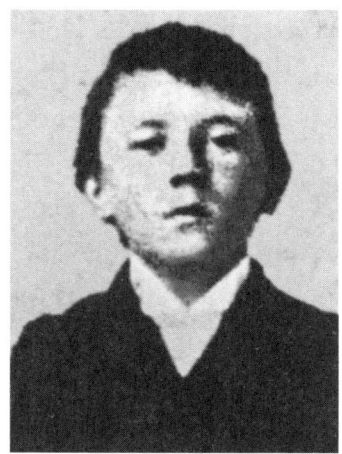

Adolf Hitler in seiner Zeit als Realschüler in Linz, um 1899

- Der Schüler. Während Hitler die Volksschule ohne Auffälligkeiten absolviert, versagt er in der Realschule total. Er muss mehrere Klassen wiederholen, zuerst in Linz, dann in Steyr, ehe er die Schule mit sechzehn Jahren ohne Abschluss beendet – und die Schuld seines Versagens den Lehrern zuschiebt. Was ihm aus der Linzer Realschulzeit bleibt, sind die unter den Klassenkameraden verbreiteten Thesen des Antisemiten Georg von Schönerer, die Hitler begeistern.

- Die Stadt Braunau und das Waldviertel. Auch wenn er dort nur die ersten drei Jahre seines Lebens verbringt, sah es Hitler »als glückliche Bestimmung, dass das Schicksal mir Braunau zum Geburtsort zuwies, weil dieses Städtchen an der Grenze jener zweier deutscher Staaten liegt, deren Wiedervereinigung uns Jüngeren als eine mit allen Mitteln durchzuführende Lebensaufgabe erscheint«. Während Braunau von den Nazis zur *Heimat des Führers* hochstilisiert wird, trachtet er die tatsächliche Herkunft seiner Ahnen zu verschweigen. Seine politischen Gegner »dürfen nicht wissen, woher ich komme und aus welcher Familie ich stamme«, erklärt Hitler 1930, bereits als NSDAP-Chef. Döllersheim, das an der österreichisch-böhmischen Grenze gelegene Dorf, aus dem seine Ahnen tatsächlich stammen, lässt er im Sommer 1938 dem Erdboden gleichmachen, auf dem Gelände wird der Truppenübungsplatz Allentsteig errichtet, die Bevölkerung umgesiedelt. Die inzestuöse Herkunft und die Abstammung von Knechten und Dienstboten sind ihm als »Führer des Deutschen Reichs« ebenso peinlich wie der Umstand, dass sich in seiner Verwandtschaft mehrere buckelige Frauen befanden, die somit keineswegs dem von ihm gepriesenen arisch-germanischen Idealbild entsprachen.

- Wien, München und die Politik. Wenige Monate vor dem Tod der Mutter, im September 1907, übersiedelt Hitler nach Wien. Er sieht seine Zukunft als Maler, bewirbt sich zwei Mal erfolglos um Aufnahme an die Kunstakademie. Hitler lebt zeitweise in

Braunau zur »Heimat des Führers« hochstilisiert: Hitlers Geburtshaus

261

Obdachlosenasylen, schlägt sich als Postkartenmaler durch und baut seine Begeisterung für eine »überlegene arische Herrenrasse« weiter aus. Als seine Vorbilder sieht er die Rassenideologen und Antisemiten Schönerer, Jörg Lanz von Liebenfels und Karl Lueger. 1913 geht er nach München und danach als Freiwilliger an die Front des Ersten Weltkriegs. In der Zeit der Weimarer Republik beginnt seine Karriere in der Nationalsozialistischen Arbeiterpartei.

Sie und seine Komplizen dort werden zu seiner neuen Familie. Der Mann, dem es zeitlebens nicht möglich war, Freundschaften zu schließen, findet doch noch einen Menschen, der ihm nahe steht: die Schauspielerin Eva Braun, die er am 29. April 1945 heiratet und die einen Tag später mit ihm in den Tod geht.

»DARF ICH UM DIE HAND IHRER GATTIN BITTEN?«

Julius Meinl I. bis V.

Julius Meinl. Das war einmal ein Name, der ausschließlich Glanz ausstrahlte. Denn Meinl ist nicht nur ein Firmenname. Julius Meinl ist ein Stück Österreich, das wir seit unserer Kindheit kennen und unsere Groß- und Urgroßeltern auch schon gekannt haben.

Kein Wunder, hat doch der Aufstieg zum internationalen Großkonzern bereits im 19. Jahrhundert begonnen. Wie viele Erfolgreiche hatte Julius Meinl I. eine Marktlücke entdeckt: Als der 38-jährige aus Kraslice in Nordböhmen zugewanderte Bäckersohn 1862 in der Wiener Köllnerhofgasse ein kleines Kolonialwarengeschäft eröffnete, mussten Cafétiers und Hausfrauen ihren Kaffee noch selber rösten, was eher kompliziert war, da die grünen Bohnen bei der Zubereitung allzuoft verbrannten. »Mein Urgroßvater hatte die Idee, fertig gerösteten Kaffee anzubieten«, erzählte mir vor Jahren das damalige Familienoberhaupt Julius IV., zu einem Zeitpunkt, als die Meinl-Welt noch in Ordnung war. Der Dienst am Kunden schlug dermaßen ein, dass die Firma rasch expandierte. Hatte es 1901 in Österreich-Ungarn sechzehn Filialen mit dem Schwerpunkt Kaffee, Tee und Spirituosen gegeben, so waren es acht Jahre später 48 und gegen Ende der Monarchie mehr als hundert.

Dabei geht die Familiengeschichte weit über das Geschäftsimperium hinaus: Julius Meinl II., der Sohn des Gründers, rief im Ersten Weltkrieg eine Friedensbewegung ins Leben, der – von Karl Kraus publizistisch unterstützt – auch der spätere k. k. Ministerpräsident Heinrich Lammasch angehörte. Die *Meinl-Gruppe*, wie sie genannt wurde, versuchte zwischen den Staaten zu vermitteln, scheiterte aber an der unnachgiebigen Haltung des Deutschen Reichs. Als Heinrich Lammasch in den letzten Tagen der Monarchie österreichischer Regierungschef wurde und just zu dieser Zeit gesundheitlich schwer angeschlagen war, bat er seinen Freund Julius Meinl in mehreren Fällen, für ihn Unterschriften auf staatlichen Dokumenten zu leisten, wie uns sein Sohn Julius III. hinterließ.

Während er nach Kriegsende Lebensmittel für die hungernde Bevölkerung in Österreich organisierte, sorgte Meinl II. auch für den Ausbau des Konzerns. In allen Nachfolgestaaten der Monarchie wurden Niederlassungen gegründet, das Filialnetz reichte vom Baltikum bis ans Schwarze Meer, Meinl gab es in Rumänien, Polen und in der Tschechoslowakei, auf den Geschäften in Italien stand *Giulio* und in Ungarn *Juliusz Meinl*. Mit fast sechshundert Filialen und zahlreichen Fabriken zählte Meinl nun zu den größten Lebensmittelkonzernen Europas.

Die meisten Mitglieder der Familie Meinl waren bestrebt, ihr Privatleben aus der öffentlichen Berichterstattung herauszuhalten – was jedoch zumindest in einem Fall spektakulär misslang. Und zwar 1931, als Julius II. auf einer Veranstaltung des *Oesterreichischen Clubs* die japanische Opernsängerin Michiko Tanaka kennen lernte. Der sechzigjährige »Kaffeekönig« verliebte sich Hals über Kopf in die um vierzig Jahre jüngere Schönheit und hielt um ihre Hand an. Sie zog nach der Hochzeit in die Dornbacher Villa des verwitweten Grandseigneurs, in der sie sich aber nicht allzuoft aufhielt, da sie nach Abschluss ihres Gesangsstudiums an die Grazer Oper engagiert wurde, wo man sie als *Madame Butterfly* feierte.

»Kaffeekönig« Julius Meinl II. und seine um vierzig Jahre jüngere Frau Michiko

Die Ehe überdauerte gerade noch das berühmte verflixte siebente Jahr und wurde dann unter äußerst ungewöhnlichen Umständen geschieden: Im Jahre 1938, kurz nach dem »Anschluss« an Hitler-Deutschland, drehte der bekannte Schauspieler Viktor de Kowa in Wien den Film *Der Optimist.* »Als ich auf der Kärntner Straße in einer Foto-Ausstellung das Porträt einer jungen fernöstlichen Dame sah«, schreibt de Kowa in seinen Memoiren, »sagte ich zu meiner Begleitung: ›Dieses Himmelsgeschöpf werde ich einmal heiraten‹.«

Die Freunde lachten ihn aus und klärten den Schauspieler auf, dass das die Frau eines der reichsten und mächtigsten Männer Wiens sei, bei der er wohl kaum Chancen haben würde. Viktor de Kowa ließ sich nicht beirren und bat um einen Termin bei Julius Meinl.

Zu dem er dann wörtlich sagte: »Gestatten, Herr Präsident, darf ich Sie um die Hand Ihrer Gattin Michiko bitten?«

Das Unglaubliche geschah: Meinl gab seine junge Frau frei und blieb auch nach der Scheidung ritterlich: Er war Trauzeuge bei der Hochzeit de Kowas mit seiner Ex-Frau!

Vielen Wienern erschien die Aufsehen erregende Affäre als Déjà-vu, hatte Michiko doch vier Jahre davor in den Rosenhügelstudios den – von Julius Meinl finanzierten – Kinofilm *Letzte Liebe* gedreht, dessen Inhalt ihre spätere Dreiecksgeschichte aufzeigte: Schöne japanische Sängerin steht zwischen zwei Männern, einem älteren Komponisten und einem jungen Dirigenten. Albert Bassermann gab damals den Ehemann, Hans Jaray den Liebhaber. Und als Sängerin war auf der Leinwand Michiko Meinl zu sehen – die *Femme fatale* hatte ihr eigenes Schicksal vorweggenommen.

Auch danach sollte Michiko noch an berühmten Männern Gefallen finden. So hatte sie eine Beziehung mit dem Dichter Carl Zuckmayer, und nach dreißigjähriger Ehe – und Victor de Kowas Tod im Jahre 1973 – war sie dem deutschen Wirtschaftsminister Egon Bahr zugetan. Die lange geheimgehaltene Liaison mit dem verheirateten Politiker, der in der Regierung Willy Brandt die Annäherung zwischen Ost und West einleitete, wurde erst durch eine in Japan erschienene Biografie Michiko Meinls bekannt.

Als mir Julius Meinl IV. aus seiner Familiengeschichte erzählte, erwähnte er auch, dass er Michiko, die dritte Frau seines Großvaters, noch in seiner Kindheit kennen gelernt und sie »als reizende Frau« in Erinnerung behalten hätte. »Doch in der Familie wurde nicht viel über sie gesprochen.«

In der hatte man mittlerweile auch ganz andere Sorgen, waren die Meinls doch infolge der Machtübernahme der Nationalsozialisten in einen erheblichen Konflikt geraten. Die Meinl AG hatte vor dem »Anschluss« 572 Filialen in acht Ländern und war mit dreitausend

Mitarbeitern der größte Industrie- und Handelskonzern Mitteleuropas. Während sich Julius II. mit den neuen Herren aus Berlin zu arrangieren versuchte, musste sein Sohn Julius III. noch im März 1938 das Land verlassen, da er mit der Jüdin Hansi Winterstein verheiratet war – und sich auch offen gegen die Nazis ausgesprochen hatte. Um die Firma zu retten, adoptierte der mittlerweile siebzigjährige Julius II. seinen Mitarbeiter Fritz Hiksch, der einst als Lehrling bei Meinl begonnen hatte, und traf mit ihm die folgende Vereinbarung: Sollte Hitler den Krieg gewinnen, würde der Konzern in den Händen des Adoptivsohns Fritz bleiben. Verliert Hitler, kehrt Julius III. nach Wien zurück, um das Familienerbe anzutreten.

In den Jahren 1938 bis 1945 musste sich jeder Mitarbeiter verpflichten, »nationalsozialistische Gesinnung zu zeigen«, und man achtete streng auf deren Einhaltung, zumal die Meinls als »Handelsjuden« galten – nicht nur, weil Julius III. mit einer Jüdin verheiratet war, sondern auch wegen des langjährigen »nicht arischen« Vorstandsmitglieds Rudolf Kraus – eines Bruders von Karl Kraus –, der später in Auschwitz ermordet wurde.

Nach dem Krieg kehrte Julius III. als britischer Staatsbürger (der er sein Leben lang blieb) aus dem Londoner Exil zurück, um den Konzern zu übernehmen. Sein Vater war indes verstorben und Adoptivbruder Fritz zog sich zurück. Während es zunächst wieder aufwärts ging, begann der Feinkosthandel ab den Sechzigerjahren die Konkurrenz der billigen Selbstbedienungsläden zu spüren. Julius III. blieb dennoch bis zu seinem Tod der untadelige und allseits geachtete Kaufmann, dessen Vertrauen erweckendes Porträtfoto von den Wänden aller Filialen auf die Kundschaft blickte. Er war mit diesem Bild und einem einzigen Satz, den er gerne verwendete, auch sein bester Werbeträger: »Ich trinke seit einem halben Jahr-

»Und ich bin immer noch
da«: Julius Meinl III.
(1903–1991)

hundert mehrere Tassen Kaffee pro Tag«, sagte er, »und ich bin immer noch da.« Julius Meinl III. starb am 10. September 1991 im Alter von 88 Jahren.

Der Niedergang des Konzerns ist ihm damit erspart bleiben. 1998 begann sein Enkel Julius V. mit dem Verkauf des Lebensmittel-handels und seiner Filialen mit Ausnahme des Luxustempels am Wiener Graben, der im Familienbesitz blieb. Er konzentrierte sich stattdessen auf Bank- und Immobiliengeschäfte.

Womit eine Ära begann, in der Julius Meinl kein Name mehr ist, der ausschließlich Glanz ausstrahlt.

»Alma war ganz anders«

Ein Besuch bei Gustav Mahlers Enkelin

Über meine Großeltern wird sehr viel Unsinn verbreitet«, sagt die zierliche, alte Dame. Kaum jemand weiß, dass die Enkelin Gustav Mahlers und Alma Mahler-Werfels in Wien lebt. Und dass sie viel zu erzählen hat. Über den großen Komponisten und seine legendäre Frau, die neben Mahler auch Klimt, Oskar Kokoschka, Franz Werfel und manch anderes Genie betörte.

»Meinen Großvater habe ich nicht mehr kennen gelernt, wohl aber meine Großmutter«, beginnt die achtzigjährige Alma Zsolnay. »Ich kann mich noch gut an diese außergewöhnliche Frau erinnern. Wenn ich mit Alma Mahler-Werfel in ein Restaurant ging, haben alle Leute bewundernd zu ihr aufgeschaut. Nicht nur, weil sie berühmt war, sondern auch wegen ihrer Ausstrahlung und ihrer Schönheit.«

Über Gustav Mahler weiß Alma Zsolnay vor allem aus den Erzählungen ihrer Mutter Anna zu berichten: »Sie hat ihn als sehr streng beschrieben. So hatte sie als Kind bei Tisch vollkommen ruhig zu sein, weil Mahler immer in Gedanken vertieft war und nicht gestört werden durfte. Das hat sie so bedrückt, dass sie eine schwere Essstörung bekam. Als Mahler erkannte, wohin seine Strenge geführt hat, ist er milder geworden, und Anna begann wieder zu essen. Meine Mutter hat erzählt, dass er durchaus auch heiter und gelöst sein konnte.«

269

Konnte auch heiter und gelöst sein: Gustav Mahler (1860–1911) auf einer der seltenen Privataufnahmen, mit Töchterchen Anna (1904–1988)

Alma Zsolnay kam 1930 in Wien als Tochter der Bildhauerin Anna Mahler und des Verlegers Paul von Zsolnay zur Welt und wuchs in der imposanten Hietzinger Familienvilla in der Maxingstraße 24 auf. Ihre Mutter war die jüngere Tochter von Gustav Mahler und Alma Mahler-Werfel.

»Die Beziehung zwischen meinen Großeltern war besser, als die meisten Menschen glauben«, erklärt die Enkelin – und das, obwohl man weiß, dass Alma nicht nur die Muse ihres Mannes war, sondern diesen durch ihre außerehelichen Affären auch in tiefe seelische Krisen gestürzt hat. »Mahler hat seine Frau abgöttisch geliebt, und sie ihn auch. Er wusste, dass sie alles Lästige von ihm fernhielt, damit er in Ruhe arbeiten konnte. Und dass sie für ihn auf vieles verzichtete.«

Nicht verzichtet hat sie auf ihr Liebesabenteuer mit dem viel jüngeren Walter Gropius.

»Natürlich«, räumt die Enkelin ein, »hat das Mahler sehr getroffen, aber er hat erkannt, dass er seine bildschöne, junge Frau vielleicht zu sehr unterdrückt hat. Als er ihr etwa untersagt hatte, selbst zu komponieren. Aber er hat, wie bescheidene, große Menschen eben sind, den Fehler bei sich selbst gesucht und gefunden.«

Auch sonst verteidigt Alma Zsolnay ihre weltberühmte Großmutter, die in neueren Biografien wenig schmeichelhaft dargestellt wird. So beschreiben sie Zeitzeugen als »sexbesessenes Luder«, das ihre Lebensgefährten schamlos ausnützte. Und auch manch antisemitische Äußerung von ihr ist überliefert.

»So ein Unsinn«, erwidert die Enkelin, die sehr impulsiv werden kann, wenn es um das Andenken ihrer Großmutter geht. »Mein Großvater wäre bitterböse, wenn er wüsste, dass es Leute gibt, die schlecht über sie reden. Zwei ihrer drei Ehemänner waren Juden, wie soll sie da Antisemitin gewesen sein? Sollte sie sich missverständlich ausgedrückt haben, dann war das halbironisch gemeint. Sie hätte sich hier von den Nazis als schöne ›Arierin‹ feiern lassen können, ging aber mit ihrem jüdischen Mann Franz Werfel in eine ungewisse Zukunft, sie hat ihn nicht allein gelassen. Man hat ein völlig falsches Bild von ihr.«

Auch Franz Werfel, den großen Schriftsteller und dritten Ehemann ihrer Großmutter, hat Alma Zsolnay noch gekannt. »Er war reizend. Es zählt zu meinen Kindheitserinnerungen, wie ich mit meiner Gouvernante – mit der ich nur Englisch sprechen durfte – die Maxingstraße hinunterging, und da eine Frau stand, die Luftballons verkaufte. Er hat mir den größten und schönsten geschenkt, ich erinnere mich, als ob's gestern gewesen wäre. Als ich dann einmal

»Mahler hat sie abgöttisch
geliebt und sie ihn auch«:
Alma Mahler-Werfel
(1879–1964)

nach einer Blinddarmoperation im Spital lag, brachte er mir einen
Teddybären, ein anderes Mal schenkte er mir eine Porzellanpuppe,
die ich in die Emigration mitnahm. Werfel behandelte mich, als
wäre ich sein eigenes Enkelkind.«

Alma Zsolnay flüchtete im Jahre 1939 mit ihrem Vater – die
Eltern waren damals bereits getrennt – nach London. »Als wir nach
dem Krieg nach Wien zurückkehrten, ging mein Vater als Erstes in
den Verlag, um nach dem Rechten zu sehen. Da kam ihm der Die-

272

ner entgegen und sagte ›Küss die Hand, Herr Paul‹ – als ob nichts geschehen wäre.« Während Paul Zsolnay den von den Nazis »arisierten« und heruntergewirtschafteten Verlag wieder aufbaute, unterstützte ihn Tochter Alma als Lektorin.

Eines Tages flog sie nach New York, um ihre dort lebende, berühmte Großmutter zu besuchen. »Sie fühlte sich immer noch mit Mahler verbunden und nannte sich ›Witwe Gustav Mahler‹, obwohl der seit vierzig Jahren tot war und sie nach ihm noch zwei Ehemänner hatte. Ich empfinde heute noch Mitleid mit ihr, da sie den Tod ihrer Tochter Manon aus der Ehe mit Walter Gropius nie verkraftet hat. Sie war eine tolle Frau, aber ich würde mein Leben um nichts in der Welt mit ihrem tauschen wollen.«

In Alma Mahlers New Yorker Wohnung entdeckte sie auch eine skurrile Seite ihrer Großmutter: »Sie dachte, der Tod ist ansteckend. Deshalb hat sie Fotos von toten Leuten nie neben solche gestellt, die am Leben waren. Sie dachte, die müssten dann auch bald sterben.«

Alma Zsolnay, die zwei Töchter und drei Enkelinnen hat, ist trotz der vielen berühmten Ahnen alles andere als reich. »Das Einzige, was ich von Gustav Mahler geerbt habe«, lächelt sie, »ist seine Migräne.«

Ihre kleine Wohnung auf der Wieden liegt nur wenige Schritte von der Wiener Staatsoper entfernt, die ihr Großvater als Direktor durch seine bahnbrechenden Reformen geprägt hat. Nein, Wien hätte ihn nicht enttäuscht, »es waren die Intrigen an der Oper, die ihm zu schaffen machten, aber die Stadt hat er geliebt. So sehr, dass er in Wien sterben wollte. Deshalb ist er als todkranker Mann noch einmal hierher gekommen. Und es ist ihm gelungen, er ist in Wien gestorben.«

273

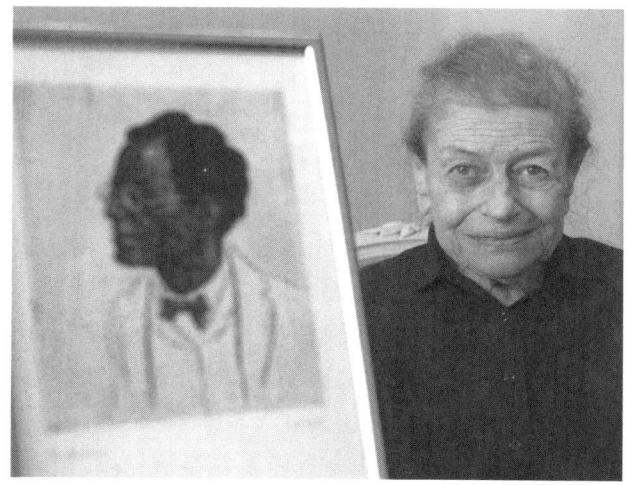

*»Ich habe nur seine
Migräne geerbt, sonst
nichts«: Gustav und
Alma Mahlers Enkelin
Alma Zsolnay (*1930)*

Während die Enkelin bemüht ist, das Bild ihrer Großmutter
zurechtzurücken, meint sie, dass das im Falle ihres Großvaters nicht
nötig sei: »Wenn man Mahlers Musik hört, hat man das schönste
und einzig richtige Bild von ihm. Da braucht man keine Worte
mehr.«

ZUSAMMENGERAUFT

Die Theaterdynastie Thimig-Reinhardt

Der berühmte Regisseur sieht die Schauspielerin in einer Vorstellung. Und entdeckt sie für sein Theater. Dabei spielt sie gar nicht mit. Tatsächlich, Helene Thimig sitzt im Publikum, zweite Reihe links. Max Reinhardt beobachtet sie aus seiner Loge im ersten Rang. Und schaut mehr auf sie als zu den Darstellern auf der Bühne. In der Pause fragt Reinhardt einen Assistenten, ob er wisse, wer die hübsche junge Dame sei. Helene Thimig, sagt der. Reinhardt kennt den Namen, er kennt auch den ihres Vaters und den ihres Bruders. Und er weiß, dass sie alle Schauspieler sind. Aber er hat Helene Thimig noch nie gesehen. Der Mitarbeiter geht ins Parkett und lädt sie ein, bei Herrn Professor Reinhardt vorzusprechen.

Vorsprechen bei Herrn Professor Reinhardt! Das ist eine Einladung, von der in diesen Tagen – wir schreiben das Jahr 1913 – sehr viele Schauspieler träumen. Einige der besten hat er schon an sein Berliner Theaterimperium verpflichtet und deren Entfaltungsmöglichkeiten gesteigert wie kein anderer. Max Reinhardt ist der berühmteste Regisseur im deutschen Sprachraum, ein Mann, der sein Publikum verzaubert.

Aber Helene Thimig sagt nein. Sie spreche prinzipiell nicht vor, lässt sie ausrichten. Wenn Herr Reinhardt sie sehen wolle, möge er doch bitte ins Königliche Schauspielhaus kommen, dort spiele sie fast jeden Abend. Der Assistent, sein Name war Felix Hollaender, richtet es dem Herrn Professor aus.

»Gehen Sie noch einmal zu Frau Thimig«, zeigt sich Reinhardt überrascht, »und sagen Sie ihr, dass ich sie am Mittwoch in meine Wohnung bitte.«

Gut, sie werde kommen, erwidert Frau Thimig, wenn's nur ja kein Vorsprechen sei. Reinhardts Wohnung liegt in einem prächtigen Palais am Berliner Kupfergraben, ein Dienstmädchen öffnet das schwere Eingangstor und Assistent Hollaender führt Fräulein Thimig in das Arbeitszimmer des Herrn Professors. Max Reinhardt, eben vierzig Jahre alt geworden, begrüßt die 24-jährige Schauspielerin und zündet sich eine Zigarre an, was ihr gar nicht gefällt, wie sie später erzählen wird, weil er ihr dadurch hinter seinen dicken Rauchwolken als gönnerhaft und überheblich erscheint. Während sich Reinhardt bei dieser ersten Begegnung ausgesucht höflich gibt, bleibt die Thimig kühl und distanziert, sie behält Hut und Mantel an und setzt sich.

»Warum wollen Sie nicht vorsprechen?«, fragt der mächtige Theatermann die junge Frau, die es wie ihn von Wien in die Theatermetropole Berlin verschlagen hat.

»Sie wissen, wo ich spiele, und dort kann man mich sehen. Außerdem nehme ich Engagements nur an, wenn ich sechs Monate Urlaub bekomme.«

Jetzt lacht Reinhardt. »Erst vorsprechen, dann verhandeln!« Die Vorstellungen im Königlichen Schauspielhaus würde er deshalb nicht besuchen, weil die ihm zu konventionell seien und zu langweilig.

Dass er damit auch noch ihr Theater beleidigt, macht sie wütend. Jetzt will sie ihm zeigen, was sie kann, und dass das weder konventionell noch langweilig ist. Helene Thimig erhebt sich, legt Hut und Mantel ab, spricht in höchster Anspannung den Text der Marianne aus Goethes Einakter *Die Geschwister* vor. Und setzt sich wieder. Sie weiß, dass sie in der kleinen Szene gut war. Doch Reinhardt sagt nichts. Unterbreitet ihr aber, nach einer kurzen Pause, ein Angebot. Frau Thimig schüttelt den Kopf, sie will mehr. Pocht auf Mitspracherecht und ein halbes Jahr Urlaub. »Und ich möchte vernünftig, nicht wie ein Schauspieler behandelt werden.«

Er lacht wieder und sagt die entwaffnenden Worte: »Aber ich will Sie doch nicht betrügen!«

Damit hatte er ihr Herz getroffen. »Das ging mir durch Mark und Bein«, schreibt sie in ihren Lebenserinnerungen, »ich habe es ihm hundertprozentig geglaubt, mein Leben lang geglaubt.«

Die junge Schauspielerin ist mit seinen Vorschlägen einverstanden. »Ich habe mich verhalten«, sagt Helene Thimig-Reinhardt Jahrzehnte später, »wie jemand, der mit Leidenschaft in sein Unglück rennen will und dabei vermeiden möchte, dass das irgendjemand in der Welt merkt.«

Ins Unglück rennt sie schneller als sie dachte. Sie hat einen gültigen Vertrag mit dem Königlichen Schauspielhaus, der noch zwei Jahre läuft, und der Intendant ist nicht bereit, sie frei zu geben. Schon gar nicht für Max Reinhardt, den verhassten Konkurrenten, der Berlins Theaterlandschaft aufgewühlt und zutiefst irritiert hat.

Es sollte von da an vier Jahre dauern, bis Helene Thimig Mitglied der Bühnen von Max Reinhardt wird. Dessen Imperium ist inzwischen weiter gewachsen, neben dem Deutschen Theater besitzt er das Große Schauspielhaus, das Berliner Theater, die Kammerspiele, die Komödie, die Theater am Schiffbauer- und am Kurfürstendamm, später kommen noch die Salzburger Festspiele und das Theater in der Josefstadt in Wien dazu.

277

Endlich kann die Zusammenarbeit des Königs der Regisseure und der sensiblen Schauspielerin beginnen. Sie tritt in Hauptmanns *Winterballade*, am Deutschen Theater Berlin auf. »Er war ein Baumeister«, wird sich Helene Thimig erinnern, »er baute Theater wie Vorstellungen, er baute Schauspieler wie Menschen, er baute Stücke wie das Leben.«

Private Berührungspunkte zwischen Max Reinhardt und Helene Thimig gibt es im Jahre 1917 noch keine. Wie denn auch, beide sind vergeben – wenn auch alles andere als glücklich. Helene hat, nachdem sie bei Reinhardt ebenso erfolgreich wie ergebnislos vorgesprochen hatte, ihren Wiener Jugendfreund und Schauspielkollegen Paul Kalbeck geheiratet. Sie, die Tochter des Hofschauspielers Hugo Thimig, und er, der Sohn des prominenten Musik- und Theaterkritikers Max Kalbeck, führten jedoch eine Ehe wie Kinder, in völliger Ahnungslosigkeit. Und auch Max Reinhardt ist verheiratet.

Doch diese Helene Thimig, erkennt er bald, ist anders als die Mädchen vom Theater, die sich ihm zuweilen an den Hals werfen. Nobel ist sie, zurückhaltend, fast schüchtern. Dabei war sie es, die ihm während einer Probe das Zeichen ihrer Zuneigung gab. Sie hatte eine Liebesszene zu spielen, schaute bei den entscheidenden Worten jedoch nicht zu ihrem Partner auf der Bühne, sondern zu Reinhardt in den Zuschauerraum. Und der verstand. Nach einem gemeinsam verbrachten Sommerurlaub an der Ostsee ist beiden klar, dass sie zusammenbleiben wollen.

Helene Thimigs Ehe mit Paul Kalbeck ist nicht das Problem. Sie sagt ihm, dass sie die Trennung will. Der scheint fast erleichtert – und die Angelegenheit ist erledigt. Ganz anders ist das bei Reinhardt, dessen Frau unter keinen Umständen bereit ist, einer Scheidung zuzustimmen. Else Heims, eine schöne und begabte

Die Geschichte einer Liebe voller Komplikationen: Helene Thimig, Max Reinhardt

Schauspielerin mit erotischer Ausstrahlung, wollte immer nur eines: Frau Reinhardt sein – und bleiben. Ein Scheidungskampf von selten da gewesener Härte zieht sich über fast zwei Jahrzehnte hin.

Max Reinhardt scheut weder Kosten noch Mühen, seine Ehe für null und nichtig erklären zu lassen. Aber Else Heims lässt nicht mit sich reden. Scharen von Anwälten studieren internationale Scheidungsgesetze, um Schlupflöcher zu finden. Reinhardts Klage wird von den Advokaten seiner Frau verschleppt, seine Vorschläge, es in Prag zu versuchen, scheitern. 1932 probiert er es in Lettland, das für seine liberalen Scheidungsgesetze bekannt ist. Da man dort mehrere Monate gemeldet sein muss, um die Trennung einreichen zu können, inszeniert er an der Nationaloper von Riga *Die Fledermaus*.

Vergebens. Die Ehe wird nach lettischem Recht geschieden, aber die Scheidung gilt nur in Lettland. Würde Reinhardt Helene

Thimig in Wien oder Berlin heiraten, müsste er wegen Bigamie vor Gericht.

Else Heims bleibt unerbittlich, erpresst ihn mit den gemeinsamen Söhnen. Bis Gottfried, einem der beiden, 1935 die Vermittlung zwischen Vater und Mutter gelingt. Max Reinhardt geht auf alle Forderungen ein, verpflichtet sich zu immensen Zahlungen.

Die Ehe ist beendet. Nach fast zwanzigjährigem Scheidungskampf.

Helene Thimig muss sich an der Seite des Theatermannes an ein völlig neues Leben gewöhnen. Dass sie lange nur »Max Reinhardts Freundin« ist, stört sie nicht. Viel eher, dass ihn der immense Erfolg seines Bühnenimperiums zu einem steinreichen Mann gemacht hat. Und dass er all den Luxus, den er sich leisten kann, genießt und gerne herzeigt. Max Reinhardt ist von Lakaien umgeben, lebt in Grandhotels und Palästen, gibt Feste, deren Inszenierungen um nichts weniger aufwendig sind als die auf seinen Bühnen.

Der Schauspieler Max Pallenberg fragte einmal während einer Premierenparty, die Reinhardt auf seinem Salzburger Barockschloss Leopoldskron gab, den Schriftsteller Egon Friedell: »Findest du es notwendig, dass er ein Schloss mit Kerzenbeleuchtung, livrierten Dienern, ja sogar einen eigenen Teich mit zwanzig weißen und schwarzen Schwänen hat?«

»Tja also, ich hab den Reinhardt schon gekannt«, antwortete Friedell, »als er noch völlig mittellos war und nichts hatte als ein möbliertes Zimmer, einen alten Tisch, einen wackeligen Sessel – und höchstens zwei oder drei Schwäne!«

Die Schwäne und all der Pomp passen nicht in die Welt der Helene Thimig, die in einer für ihre bürgerliche Zurückhaltung bekannt

»Als er nur zwei oder drei Schwäne hatte«: Max Reinhardts prachtvolles Schloss Leopoldskron in Salzburg

gewordenen Künstlerfamilie aufgewachsen ist. Und plötzlich ist alles anders.

Sein Zeitgenosse Sigmund Freud hätte leicht erklären können, warum Reinhardt es so liebte, möglichst viele Menschen an seinem Reichtum teilhaben zu lassen. Reinhardt war 1873 mit dem Namen Maximilian Goldmann als ältestes von sieben Kindern in Baden bei Wien zur Welt gekommen. Sein Vater, ein Kaufmann, hatte beim großen Bankenkrach im Jahr seiner Geburt das ganze Vermögen verloren. Der Sohn hat es sich unter dem Namen Max Reinhardt gleichsam wieder zurückgeholt. Und möglichst jeder sollte das wissen.

Maximilian Goldmann begann seinen Weg als Banklehrling in Wien, begeisterte sich aber damals schon für nichts anderes als die Bühne und war auf der Stehplatzgalerie des Burgtheaters öfter anzutreffen als zu Hause. »Ich atmete mit den Schauspielern, weinte,

281

lachte, tötete, starb mit ihnen. Und wenn der Vorhang fiel, war ich glücklich, dass das ganze Leben nur ein Spiel war.«

Reinhardt trat zum ersten Mal als 17-Jähriger im Matzleinsdorfer Eleventheater auf, um in schaurig überzeichneter Maske einen Greis zu spielen. Über Salzburg ging's nach Berlin, wo er mit anderen die Kleinkunstbühne Schall und Rauch gründete. 1901 eröffnete er das erste eigene Theater Unter den Linden, danach wurden seine Bühnen immer größer. Er selbst trat kaum noch auf, inszenierte lieber, bis ihm im Jänner 1905 mit dem *Sommernachtstraum* der Durchbruch als Regisseur gelang. Die Liebespaare jagten zum Entzücken des Publikums durch einen echten Birkenwald, Reinhardts Theater betörte alle Sinne der Zuschauer, die es nicht fassen konnten, dass sich die Bühne plötzlich drehte – etwas, das man bis dahin nicht kannte. Reinhardt hatte die besten Bühnenbildner, Musiker und Dramaturgen, der Stern des Abends aber war er selbst. Sein völlig neuartiger Weg, Theater zu machen, eroberte den Globus, seine Produktionen wurden in London, Paris, Rom und New York gezeigt. Man nannte ihn jetzt den *Zauberer des Theaters*, als der er über Nacht weltberühmt wurde.

Im Deutschen Theater begegnete er also der um sechzehn Jahre jüngeren Helene Thimig aus dem berühmten Wiener Theaterclan. Auch Reinhardt gehörte einem Clan an, der zwar viel kleiner, aber um nichts weniger bedeutend war. Max ist fürs Künstlerische zuständig, während sein kongenialer Bruder Edmund die Finanzen betreut. Gemeinsam gelingt es ihnen ein einzigartiges Ensemble zu schaffen, dem die wichtigsten Schauspieler ihrer Zeit angehören. Von Elisabeth Bergner, Werner Krauß, Käthe Dorsch, Alexander Moissi, Albert Bassermann, Ewald Balser über Ernst Deutsch, Emil Jannings, Heinrich George, Paul und Attila Hörbiger, Paula Wessely,

Max Pallenberg, Hans Moser, Theo Lingen bis Alma Seidler und Heinz Rühmann.

Und nun auch Helene Thimig.

Die Thimigs. Ihre Geltung ging damals schon weit über Österreichs Grenzen hinaus. Da war zunächst Hugo, der Vater und Gründer der Dynastie, dann dessen Kinder Helene, Hermann und Hans. Später sollte die Theaterfamilie durch diverse Heiraten noch größer werden. Doch Max Reinhardt wird vom Clan keineswegs mit offenen Armen empfangen, ganz im Gegenteil. Hugo, der Patriarch, Hofrat und Hofschauspieler, ist empört. Zwei Welten prallen da aufeinander. Hier das gute alte Theater der Traditionen, dort der Rebell, der alles verändern will. Hugo Thimig war Reinhardts erbittertster Gegner, als dieser sich 1920 um die Direktion des Burgtheaters bewarb. Erfolglos übrigens – und das nicht zuletzt dank Hugo Thimigs Einwänden und Intrigen.

Und dieser Reinhardt will jetzt in die berühmte Theaterfamilie? »Der zieht doch nur unseren guten Namen in den Schmutz«, tobt Hofrat Hugo und verbietet seiner Tochter jeden Kontakt mit ihrem neuen Verehrer, den er noch dazu für einen Scharlatan hält.

Helene ist eine brave Tochter. Sie zieht sich von Reinhardt zurück. Weil's der Papa verlangt hat. Max Reinhardt akzeptiert dessen Befehl, auch wenn ihm das alles andere als leicht fällt.

Doch dann beginnt das Schicksal Regie zu führen. Helene erkrankt ernsthaft. Max Reinhardt lässt bei Herrn Hofrat Thimig anfragen, ob er unter diesen Umständen nicht doch ausnahmsweise ins Spital kommen dürfe. Es könne ihrer Genesung förderlich sein.

Hugo Thimig liebt Leni, wie er seine Tochter nennt, über alles. Wenn es um ihre Gesundheit geht, dann bitte. Aber nur dieses eine Mal!

Helene wird gesund – und weicht von diesem Tag an nie wieder von Reinhardts Seite. »Ich habe mich mit Lenis Beziehung zu Reinhardt abgefunden«, notiert Hugo Thimig am 1. März 1923 in seinem Tagebuch. »Seitdem ich von Hermann gehört habe, dass sie in ihrer lebensgefährlichen Krankheit, in der sie nicht nach mir oder ihrer Mutter verlangte, wohl nur durch die Suggestion erhalten blieb, die Max Reinhardt, als der von ihr geliebte Mann, auf sie ausüben konnte, habe ich gelernt, dass ich gar nicht mehr ins Spiel gehöre und Lenis Schicksal sich gänzlich ohne meine väterliche Sorge und Anteilnahme erfüllen muss.«

Später wird es Reinhardt gelingen, auch die anderen Mitglieder der Familie von sich und seiner Theaterkunst zu überzeugen. Und zwar restlos. Alle Thimigs – wirklich alle, inklusive des alten Hofrats – werden noch bei Max Reinhardt auftreten. Er wird ihren Namen nicht »in den Schmutz ziehen«, wie Hugo befürchtete, sondern in eine völlig neue Zeit des Theaters führen. Aber es dauert noch ein wenig, ehe man sich zusammengerauft hat.

Wie so ein Clan entsteht! Hugo Thimig war 1854 als Sohn eines Handschuhmachers in Dresden zur Welt gekommen, hatte gegen den Willen der Eltern Schauspiel studiert und wurde mit zwanzig ans Burgtheater engagiert.

Als Hugo 34 Jahre alt war, erhielt er eine Nachricht seines Freundes und Kollegen Hermann Schöne, der die Osterfeiertage in Stuttgart verbrachte. Hermann Schöne kannte Hugo so gut, dass er sicher sein konnte, ihm mit dem folgenden Telegramm Glück zu bringen: »komme sofort – stop – habe frau für dich gefunden.«

Hugo Thimig setzte sich in den nächsten Zug und fuhr nach Stuttgart. Er traf die ihm anempfohlene Kaufmannstochter Fanny

Hummel und notierte am selben Tag, dem 2. April 1888, in sein Tagebuch: »Fanny gesehen. Es ist die Rechte.« Eine Woche später wird Verlobung gefeiert, im August geheiratet. Es muss wohl eine große Liebe gewesen sein: Hugo Thimig hat sich zwei Tage nach dem Tod seiner Frau, am 24. September 1944, im Alter von neunzig Jahren das Leben genommen.

Hugo Thimig war es in den letzten Jahren der Monarchie gelungen, das Burgtheater als dessen Direktor über die schweren Zeiten des Ersten Weltkriegs zu bringen.

Als Max Reinhardt 1924 das Theater in der Josefstadt übernahm, sollte es zur Versöhnung kommen. Als Eröffnungspremiere war Goldonis *Diener zweier Herren* angesetzt. Sie wurde zum Triumph für Reinhardt – und den Thimig-Clan. Hugo, Hermann und Helene brillierten. In *Kabale und Liebe* treten sie sogar gemeinsam auf, Hugo Thimig als alter Miller, Reinhardt – in seiner letzten Rolle – als Kammerdiener und Helene als Luise. Zu guter Letzt kommt auch noch der jüngste Thimig-Sohn Hans in Reinhardts Ensemble an die Josefstadt, die in dieser Zeit von den Wienern nur noch »Thimig-Theater« genannt wird.

Damit wir aber nicht nur von den Sonnenseiten sprechen: Es gab noch einen Thimig, von dem man kaum je etwas hörte. Er hieß Fritz, war der mittlere – und angeblich nicht minder begabte – Sohn Hugos und beging 1936 Selbstmord. Weil er als einziger Thimig im Leben versagte, den Eltern Kummer bereitete, in keinem Beruf Fuß fassen konnte.

Im Oktober 1970 erzählte mir Hermann Thimig, dass sein Vater »auf keinen Fall vor hatte, eine Theaterfamilie zu gründen, ganz im Gegenteil, er wollte, dass wir alle in bürgerliche Berufe gingen.«

285

Helene hatte es am schwersten, sie musste für ihre jüngeren Brüder Pionierarbeit leisten. In der eleganten Villa im Währinger Cottage war das Theater nie ein Thema. Papa ging abends spielen, wirkte aber eher wie ein Bankangestellter. Helene musste in einem Büro arbeiten, hielt's nicht aus und erbettelte einen Vorsprechtermin bei Vaters großer Kollegin Hedwig Bleibtreu. Die hört sich das an und meint: »Liebe Leni, das reicht höchstens bis Brünn!«

Um ihr das zu beweisen, verschafft die Bleibtreu der kleinen Thimig ein Engagement am Sommertheater – wenn schon nicht in Brünn, so in Baden bei Wien. Und dann die große Überraschung: Die Bleibtreu ist hingerissen, erkennt, dass in dieser scheuen jungen Frau mehr steckt, als sie anfangs dachte. Von Baden wird Helene über Meiningen nach Berlin geholt. Gut möglich, dass das Vorsprechen bei Hedwig Bleibtreu dazu geführt hat, dass sie sich weigern wird, bei Max Reinhardt vorzusprechen.

Im Juni 1935 ist es soweit. Reinhardts Scheidungskrieg ist beendet, er und Helene Thimig können endlich heiraten. Doch die Welt hat sich in der Zwischenzeit gewaltig verändert. Hitler ist in Berlin an die Macht gekommen, Reinhardts Theaterimperium »arisiert«. Das Angebot, zum »Ehrenarier« erklärt zu werden und dafür seine Bühnen behalten zu können, lehnt er ab. Noch bleiben ihm die Josefstadt und das Reinhardtseminar in Wien, die Salzburger Festspiele und Schloss Leopoldskron. Er und Helene Thimig ziehen in ihre alte Heimat. Doch Reinhardt erkennt bald, dass es Zeit ist, auch in Österreich die Zelte abzubrechen. Er geht im Herbst 1937, früher als die meisten anderen.

In den USA muss er trotz seiner Prominenz gewaltige Niederlagen einstecken. Der Erfolgsverwöhnte kann weder im Film noch am Theater reüssieren, und auch eine in Hollywood gegründete Schau-

Der Theaterclan auf einen Blick: Hans, Hermann Hugo und Helene Thimig (v. l.)

spielschule muss wieder geschlossen werden. Seinen Lebensabend verbringt der einstige Theatermogul an der Seite von Helene Thimig in eher bescheidenen Verhältnissen in New York.

Dort stirbt der Siebzigjährige an den Folgen eines Schlaganfalls.

Die Theaterfamilie Thimig in Wien ist unterdessen gewachsen. Hermann hat seine Kollegin Vilma Degischer geheiratet und Hans in seiner erster Ehe die Schauspielerin Christl Mardayn. Während Hermann in der Nazizeit ein paar harmlose Unterhaltungsfilme – vom *Weißen Rössl* bis zur *Austernlilli* – drehte, übernahm Hans gemeinsam mit Heinz Hilpert die Direktion des Theaters in der

Josefstadt, an dem er den Einfluss der Nationalsozialisten, zum Teil mit Erfolg, einzuschränken versuchte.

Als sich am 31. Oktober 1943 in Wien die Nachricht vom Tod Max Reinhardts verbreitete, ließ es sich Hans Thimig nicht nehmen, seinen Schwager in einer internen Trauerfeier im Theater in der Josefstadt zu würdigen – was damals zweifellos lebensgefährlich war. Die meisten der anwesenden Schauspieler hatten die Blütezeit des Theaters unter Reinhardt miterlebt, und sie wussten, dass ihm die Rettung der Josefstadt zu danken war.

Helene Thimig kehrte 1946 aus den USA nach Österreich zurück. Sie trat am Burgtheater und an der Josefstadt auf und ließ die legendäre *Jedermann*-Inszenierung ihres Mannes bei den Salzburger Festspielen wieder aufleben. Max Reinhardts Witwe leitete das Reinhardtseminar und verbrachte ihre letzten Jahre in einer Lebensgemeinschaft mit dem Schauspieler Anton Edthofer, nach dessen Tod sie mit ihren ehemaligen Schülern Michael Heltau und Loek Huismann zusammenlebte. Sie starb am 4. November 1974 in ihrem 86. Lebensjahr.

ANHANG

Quellenverzeichnis

Bücher

Friedrich Adler vor dem Ausnahmegericht, nach dem stenographischen Protokoll, Berlin 1919.

Rosa Albach-Retty, *So kurz sind hundert Jahre*, Erinnerungen, aufgezeichnet von Gertrud Svoboda-Srncik, Wien–München 1978.

Eva Bakos, *Geniale Paare, Künstler zwischen Werk und Leidenschaft*, Wien 2002.

Joan and Clay Blair Jr., *The Search for JFK*, New York 1976.

Egon Caesar Conte Corti, *Die Kaiserin, Anekdoten um Maria Theresia*, Berlin 1940.

Egon Caesar Conte Corti, *Die Rothschilds, Des Hauses Aufstieg, Blütezeit und Erbe*, Frankfurt am Main 1962.

Felix Czeike, *Historisches Lexikon Wien*, Wien 1992–1997.

Robert Dachs, *Johann Strauß, Was geh ich mich an?!*, Graz 1999.

Robert Dallek, *John F. Kennedy. Ein unvollendetes Leben*, München 2003.

Ein Jahrhundert Creditanstalt-Bankverein, Wien 1957.

Hans-Jürgen Eitner, *Der Führer, Hitlers Persönlichkeit und Charakter*, München-Wien 1981.

Giuseppe Farese, *Arthur Schnitzler, Ein Leben in Wien 1862–1931*, München 1999.

Otto Forst de Battaglia, *Johann Nestroy*, Leipzig 1932.

Edda Fuhrich und Gisela Prossnitz (Hrsg.) *Max Reinhardt, ein Theater, das den Menschen wieder Freude gibt*, München–Wien 1987.

Wolfgang Fürweger, *Die PS-Dynastie, Ferdinand Porsche und seine Nachkommen*, Wien 2007.

Anton Girardi, *Das Schicksal setzt den Hobel an*, Braunschweig 1941.

Franz Hadamowsky (Hrsg.), Hugo *Thimig erzählt, Briefe und Tagebuchnotizen*, Graz–Köln 1962.

Friedrich Hartau, *Metternich*, Reinbek bei Hamburg 1991.

Fred Hennings, *Solange er lebt*, Wien–München 1970.

Martin Hürlimann (Hg.), *Die Walzer-Dynastie Strauß in Zeugnissen ihrer selbst und ihrer Zeitgenossen*, Zürich 1976.

Peter Kemp, *Die Familie Strauß, Geschichte einer Musikerdynastie*, München 1987.

Viktor de Kowa, *Als ich noch Prinz war von Arkadien, Eine Biografie*, Nürnberg 1955.

Franz Kreuzer, *Was wir ersehnen von der Zukunft Fernen, Der Ursprung der österreichischen Arbeiterbewegung, Das Zeitalter Victor Adlers*, Wien 1988.

Johannes Kunz, *Bösendorfer – Eine lebende Legende*, Wien 2002.

Margareta Lehrbaumer, *Womit kann ich dienen? Julius Meinl, auf den Spuren einer großen Marke*, Wien 2000.

Ann Tizia Leitich, *Maria Theresia*, Wien 1963.

Norbert Linke, *Musik erobert die Welt, Wie die Wiener Familie Strauß die Unterhaltungsmusik revolutionierte*, Wien 1987.

Karl Ludvigsen, *Ferdinand Porsche – Genesis der Genies*, Cambridge 2010.

Georg Markus, *Die ganz Großen, Meine Erinnerungen an die Lieblinge des Publikums*, Wien–München 2000.

Georg Markus, *Meine Reisen in die Vergangenheit*, Wien–München, 2002.

Georg Markus, *Sigmund Freud, Die Biographie*, München 1989.

Georg Markus (Hrg.), *Mein Elternhaus*, Düsseldorf–Wien–New York 1990.

Georg Markus, *Geschichten mit Geschichte*, Wien–München 1992.

Georg Markus, *Die Enkel der Tante Jolesch*, Wien–München 2001.

Georg Markus, *Die Hörbigers, Biografie einer Familie*, Wien–München 2006.

Georg Markus, *Neues von Gestern*, Wien-München 2004.

Manfred Mautner Markhof, *Haltestellen und Stationen in meinem Leben*, Wien 1978.

Pauline Metternich, *Geschehenes, Gesehenes, Erlebtes*, Wien–Berlin 1920.

Tatjana Fürstin Metternich (Hrsg.) *Léontine, Das intime Tagebuch der Tochter Metternichs*, Wien–München 1990.

Frederic Morton, *Die Rothschilds, Porträt einer Familie*, München–Zürich 1962.

Melissa Müller, Monika Tatzkow, *Verlorene Bilder, verlorene Leben, Jüdische Sammler und was aus ihren Kunstwerken wurde*, München 2009.

Herbert S. Parmet, *Jack, The Struggles of John F. Kennedy*, Norwalk/Connecticut 1986.

Ferry Porsche, *Autos sind mein Leben*, Stuttgart 1994.

Marcel Prawy, *Johann Strauß, Weltgeschichte im Walzertakt*, Wien–München–Zürich 1975.

Rio Preisner, *Johann Nepomuk Nestroy, Der Schöpfer der tragischen Posse*, München 1968.

Gottfried Reinhardt, *Erinnerungen an Max Reinhardt*, München–Zürich 1973.

Gottfried Riedl, *Johann Nestroy, Stätten seines Lebens*, Wien 2009.

Arthur Schnitzler, *Tagebuch 1879–1931*, Wien 1981–2000.

Heinrich Schnitzler (Hrsg.), *Arthur Schnitzler. Sein Leben, sein Werk, seine Zeit*, Frankfurt am Main 1981.

Hermann Schreiber, *Geschichte der Päpste*, München 1995.

Walter Schübler, *Nestroy. Eine Biographie in 30 Szenen*, Salzburg–Wien–Frankfurt 2001.

Renate Seydel (Hrsg.), *Ich Romy, Tagebuch eines Lebens*, München 1988.

Anton Skrabal, Karl Freiherr Auer von Welsbach in *Neue Österreichische Biographie, Band VII*, Wien-München 1931.

Therese Gräfin von Spaur, *Papst Pius' IX. Fahrt nach Gaeta*, Schaffhausen 1852.

Helene Thimig-Reinhardt, *Wie Max Reinhardt lebte*, Percha am Starnberger See 1973.

Friedrich Torberg, *Die Tante Jolesch oder Der Untergang des Abendlandes in Anekdoten*, Wien–München 1975.

Friedrich Torberg, *Die Erben der Tante Jolesch*, Wien–München 1978.

Jürgen Trimborn, *Romy und ihre Familie*, München 2008.

Katrin Unterreiner, *Tu felix Austria nube – Kinder als Opfer der Heiratspolitik* in: *Habsburgs Kinder*, Ausstellungskatalog, Schlosshof 2001.

Peter Weiser, *Manfred Mautner Markhof (1903–1981)*, in *Neue Österreichische Biographie, Band XXI*, Wien–München 1982.

Henry Vallotton, *Maria Theresia, Die Frau, die ein Weltreich regierte*, München 1978.

Renate Wagner, *Nestroy zum Nachschlagen, Sein Leben, sein Werk, seine Zeit*, Graz–Wien–Köln 2001.

Stefan Zweig, *Die Welt von Gestern, Erinnerungen eines Europäers*, Frankfurt am Main 1970.

Zeitungen und Magazine

Angelika Hager, Sebastian Hofer, *Eine Klasse für sich – die Meinls*, »Profil«, 17. September 2007.

Christina Höfferer, Andreas Kloner, *Auf der Hörbig fängt alles an*, »Die Presse«, 5. Februar 2010.

Walter Mayr, *Der Führer, mein Onkel*, »Der Spiegel« 28/2001.

Hans Werner Scheidl, *Kaffee und Tee, Essig und Senf. Zwei Dynastien, Mautner Markhof und Meinl vermissen ihre Patriarchen*, »Die Presse«, 25. Jänner 2008.

Personenregister

Bösendorfer, Ludwig 117, 120ff.
Brahms, Johannes 117
Brandt, Willy 266
Braun, Eva 262
Brodmann, Josef 115
Bronner, Gerhard 247
Brundage, Avery 232
Bunsen, Robert Wilhelm 152
Buschin, Rosalia 49

Canetti, Elias 145
Cappellini, Arnoldo 168
Caracciola, Rudolf 40
Carl Ludwig, Erzherzog 106
Casanova, Giacomo 124
Caspar, Mizzy 53f.
Charcot, Jean Martin 182
Chruschtschow, Nikita 232
Clauser, Suzanne 167
Cobenzl, Johann Graf 91
Coch, Pferdemaler 177
Cocteau, Jean 231
Colloredo, Gräfin 89

D'Ans, Jean 157
Dallek, Robert 25
Dante Alighieri 230
Degischer, Vilma 287
Delon, Alain 79
Deutsch, Ernst 282
Deutsch, Felix 195
Dier, Karl 89f.
Dietrichstein, Franz Joseph Graf 88
Dorsch, Käthe 282

Edison, Thomas Alva 150, 155
Edling, Gräfin 92
Edthofer, Anton 288
Edward VIII., englischer König 111
Egger, Béla 34f.
Ehrbar, Friedrich 123
Ehrenreich, Richter 63
Eichmann, Adolf 113
Einstein, Albert 61
Elisabeth, Kaiserin 108f., 117, 139
Eppinger, Hans 175f.
Ertl, Viktoria 205

Fay, Paul B. 25
Fellinger, Karl 176
Ferdinand I., Kaiser 136

Ferdinand I., König von Neapel-Sizilien 93
Ferdinand II., König von Sizilien 68
Ferdinand Karl, Erzherzog 84, 88
Ferdinand von Bourbon-Parma, Herzog 94
Ferdinand, Kaiser 102f., 139
Ferenczi, Sándor 193
Ferguson, Niall 100
Ferstl, Heinrich von 106
Fichtl, Paula 198, 200
Figl, Leopold 229
Fischer, Verena 17ff., 23, 26
Fließ, Wilhelm 187
Foges, Arthur 147
Foges, Kathrin 142, 144ff.
Foges, Peter 16, 141ff., 146ff.
Foges, Wolfgang 141, 145f., 149
Frankenberger, Kaufmann 254
Franz Ferdinand, Erzherzog 27, 37, 139